Annette Panhorst

Wo war Varus?

Geographie und Chronologie
der römischen Okkupation
in Germanien

Annette Panhorst

Wo war Varus?

**Geographie und Chronologie
der römischen Okkupation
in Germanien**

Bibliografische Information der Deutschen Nationalbibliothek.
Die Deutsche Nationalbibliothek verzeichnet diese Publikation in
der Deutschen Nationalbibliografie; detaillierte bibliografische
Daten sind im Internet über http://dnb.dnb.de abrufbar.

Impressum
© 2016 Annette Panhorst
Alle Rechte vorbehalten. Alle Angaben ohne Gewähr für Vollständigkeit und Richtigkeit.

Herstellung und Verlag:
BoD - Books on Demand, Norderstedt

ISBN 978-3-7412-8252-2

Inhaltsverzeichnis

    Die Situation 11
    Die Historiker 13
    Die Personen 14

I   Das Imperium 15

    Die Ausgangslage 15
    Die Theorie 15
    Lagertheorie 17
    Marschtheorie 18
    Welche Theorie könnte richtig sein? 19
    Augustus in Frankreich 21

    Die Infrastruktur 23
    Römerlager Nijmegen 23
    Römerlager Xanten 25
    Holz-Erde Kastelle 26
    Heeresordnung 27
    Versorgung 29
    Standlager - Ein Beispiel 30
    Straßenbau 32
    Flüsse 33
    Der Mittellandkanal 36

II Drususzeit 41

    Die Unterwerfung Germaniens 41
    Wer war Drusus? 41
    Nordsee - Unternehmung 44
    Drususkanal 46
    Ijssel-Vechte-Kanal 48
    Ems-Vechte-Kanal 49
    Lippefeldzug 11 v. Chr. 52
    Die Emmer 53
    Die Cherusker 53
    Raub der Kinder Arminius und Flavus 54

Schiffgraben 55
Aberloh 57
Wo könnte Aberloh gewesen sein? 57
Römerlager Aliso 58
Römerlager Mainz 59
Die Chatten 59
Römerlager Rödgen 60
Römerlager Hedemünden 60
Zweiter Feldzug an die Elbe 62
Drusus erreicht die Elbe 62
Der Unfall 63
Der Tod des Drusus 64
Der Hildesheimer Silberfund 68
Der Schatz von Boscoreale 70
Wem gehörten die Silberschätze? 71
Nach Drusus' Tod 72

III Tiberiuszeit 75

Ausbau der Infrastruktur 75
Wer war Tiberius? 75
Die Germanen 76
Friedensvertrag 76
Nachfolgesuche 78
Neuer Statthalter Ahenobarbus 80
Immensum Bellum 82
Tiberius' Rückkehr von Rhodos 84
Adoptionen 85
Erneut Feldzüge nach Germanien 86
Kanal-Einweihung in Holland 87
Neue Baustelle - Bifurkation 90
Die Hase [Lepia] 92
Die Else [Iulia] 94
Die Staustufen (Kaskaden) 95
Der Steinbruch 98

Tiberius' Weg ins Cheruskerland und über die Weser 100
Winterlager des Tiberius 102
Die Kemenade und das Rittergut Warringhof 103
Erkundungsfahrt 105
Triumph für Tiberius 109
Anreppen - Speicherstadt 110
Die Werre 113
Wachtürme 116
Die Brücke - Viadukt 118
Löhne - Warenumschlagplatz - Zentrallager 120
Teutoburger Wald 122
Wiehengebirge 123
Geschichte der Diedrichsburg 123
Angriff auf die Markomannen 125
Illyrisches Beben 128

IV Varuszeit 129

Romanisierung 129
Wer war Varus? 129
Arminius 131
Sommerlager des Varus 131
Neue und andere Überlegungen: 133
Das Sommerlager des Varus 135
Gerichtsverhandlungen 143
Plan des Arminius 145
Das Dreilegionenlager (Sammellager) 148

Der Angriff 151
Nach der Lagertheorie 151
Nach der Marschtheorie 151
Abschiedsessen - Verrat 151
Der Anschlag 153
Die Massenpanik 154

Das zweite Schlachtfeld 160
Folterungen 163

Varus' Tod 167
Reaktion der Legaten 168
Ausbruch der Fußsoldaten 169
Auf dem Hohn 170
Die nächste Flut 171
Flucht nach Aliso 173
Feier der Germanen 175
Ende des Krieges in Pannonien 179
Reaktion in Rom auf die Ereignisse 180
Tiberius wieder am Rhein 184

V Germanicuszeit 189

Nach der „Varus-Katastrophe" 189
Wer war Germanicus? 189
Meuterei der römischen Legionen an der Donau 189
Die prätorischen Kohorten 192
Meuterei der römischen Legionen am Rhein 203
Angriff auf die Marser 215

Feldzüge im Jahr 15 n. Chr. 223
Raubzug zu den Chatten 223
Familienstreit 227
Raubzug zu Segest 229
Besuch bei Segest 229
Arminius' Reaktion 236
Raubzug zu den Brukterern 239
Der große Feldzug zum Schlachtfeld des Varus 243
Das Schlachtfeld 244
Bestattung der Toten 246

Spurensuche 249
Aufteilung des Heeres 249
Caecinas Spurensuche 251
Kalkriese 253

Rückweg 255

Die „Langen Brücken" [pontes longi] 255
Rückweg des Germanicus zur Nordsee 255
Rückweg des Caecina über die „Langen Brücken" 255
1. Tag 256
2. Tag 258
3. Tag 261
4. Tag 263
Caecinas Ankunft am Rhein 265
Doch wo war Germanicus? 265
Rückweg über die Ems 266
Vitellius' Fußmarsch 267
Winterlager 270

Feldzüge im Jahr 16 n. Chr. 271
Neue Pläne 271
Ziel des Germanicus 275
Die neuen Schiffe 277
Raubzug zu den Chatten 279
Raubzug nach Aliso 280

Der große Feldzug nach Osten 282
Bootsfahrt über das Meer und die Ems 284
Hase-Überquerung 286
Ankunft an der Weser 288
Flavus 289
Die Weserbrücke 292
Die Holländer 294
Veltheim 296
Vor der Schlacht 300
Germanicus' Ansprache 303
Arminius Ansprache 305

Idistaviso - Die Schlacht 308
Bockshornberg 310
Großartiger Sieg 311
Tropaeum Nr. 1 312

Die Schlacht am Angrivarierwall 313
Der Damm 314
Die Falle 317
Wo könnte die Schlacht gewesen sein? 319
Blutbach 320
Tropaeum Nr. 2 322

Nach der Angrivarier Schlacht 323
Rückzug 323
Das Unwetter 325
Trireme 328
Nach dem Unwetter 329
Bestrafung der Germanen 330
Raubzüge zu den Chatten und Marsern 330
Winterlager 332
Tiberius' Pläne 333

Das Jahr 17 n. Chr. 335
Triumph 335
Maruboduus 335

Zeittafel 337

Literaturverzeichnis 339

Quellenverzeichnis 340

VI Kartenteil 345
Einzugsgebiet der oberen Hase 345
Staustufen 347
Treidelpfade 349
Fußwege der Römer 351
Großer Weserbogen 353
Höhenprofil Wartturm bis Lager Anreppen 355

Die Situation

Die Varusschlacht war im Jubiläumsjahr 2009 in aller Munde. Aber es gibt immer noch viele offene Fragen, die bisher nicht beantwortet wurden.

War Varus in Kalkriese? War sein Sommerlager in Minden an der Weser oder in Hildesheim? War die Varusschlacht in Kalkriese oder in der Dörenschlucht? War das Winterlager des Tiberius in Anreppen oder in Aliso? Nichts von all diesen Aussagen ist wirklich gesichert.

Orte, die als gesichert angesehen werden, können trotz vieler Funde falsch sein. Allen Aussagen muss man ein „Vielleicht" voranstellen oder hinzufügen.

Namen sind „Schall und Rauch". Dieser Ausdruck wird oft angewendet, wenn man nicht genau weiß, auf welche Begebenheit ein Name zurückgeführt werden kann. Doch auch diese Aussage kann falsch sein.

Namen haben sehr wohl eine Bedeutung. Jedem Namen liegt eine wirkliche Bedeutung zu Grunde. Es ist daher wichtig zu wissen, dass jedem Namen ein Ursprung zuzuordnen ist, auch wenn die ursprüngliche Bedeutung nicht sofort offensichtlich ist.

Der Ursprung des Namens ist auch geographischen Orten und historischen Begebenheiten zuzuordnen.

Man muss bedenken, dass sich die Römer nur begrenzt bewegen konnten, sie hatten keine Autos, keine Maschinen, alles geschah mit

Muskelkraft. Sie versuchten daher, ihre Pläne und Vorstellungen mit Überlegung leichter und einfacher in die Tat umzusetzen. Trotzdem waren viele Bemühungen mit viel Quälerei verbunden.

Im Vergleich zur Technik der Germanen war die römische Technik sehr weit fortgeschritten. Römische Technik hatte bereits einen hohen Standard. Ein Beispiel waren die Wasserleitungen, die Frischwasser aus den Bergen in die römischen Städte brachten.

Die alten Historiker haben uns Schriftquellen hinterlassen, die uns von den Vorstellungen der Römer erzählen. Es ist nun unsere Aufgabe, aus den römischen Plänen die Begebenheiten herauszulesen, ihre Machbarkeit zu erkennen und zu verstehen.

Was planten die Römer damals? Was hatten sie vor?

Die Historiker

Florus, Publius Annaeus	um 125 n. Chr.	Römischer Geschichtsschreiber
Velleius, Paterculus, Gaius?	um 20 v. Chr. -nach 30 n. Chr.	Römischer Geschichtsschreiber
Tacitus, Publius Cornelius	um 56 n.Chr. - um 117 n. Chr.	Römischer Geschichtsschreiber
Strabo(n)	um 63 v. Chr. -nach 28 n. Chr.	Griechischer Geschichtsschreiber
Suetonius, Caius Tranquillus	um 75 n. Chr. - um 140 n. Chr.	Römischer Geschichtsschreiber
Manilius, Marcus	lebte z.Zt. der Varusschlacht	Römischer Geschichtsschreiber
Frontinus, Sextus, Iulius	um 35 n. Chr.-103 n. Chr.	Römischer Geschichtsschreiber
Dio, Cassius Cocceianus	um 155 n.Chr.-nach 235 n. Chr.	Griechischer Geschichtsschreiber

Die Personen

Die Römer	
Augustus	Kaiser in Rom
Quinctilius Varus	Röm. Feldherr in Germanien
Nero Claudius Drusus	Röm. Feldherr in Germanien, Stiefsohn des Kaisers Augustus, Bruder des Tiberius Nero, Vater des Germanicus
Tiberius Claudius Nero nach Adoption: Tiberius Julius Caesar	Römischer Feldherr in Germanien, Stiefsohn des Kaisers Augustus, Bruder des Claudius Drusus, Stiefvater des Germanicus, ab 14 n.Chr. Kaiser in Rom
Nero Claudius Drusus Germanicus nach Adoption: Gajus Julius Caesar Germanicus	Römischer Feldherr in Germanien, Sohn des Claudius Drusus, Stiefsohn des Tiberius Nero
Die Germanen	
Arminius (Hermann)	Cheruskerfürst, Sohn des Segimer
Thusnelda	Frau des Arminius, Tochter des Segest
Flavus	Bruder des Arminius
Segest	Vater der Thusnelda
Segimerus	Bruder des Segest
Inguiomerus	Onkel des Arminius
Segimund	Sohn des Segest, Bruder der Thusnelda

> Die richtige Rekonstruktion, einmal gefunden, pflegt sich darin zu bewähren, dass auch andere Stücke der Überlieferung, sonst schwer zu verstehen, eine einfache und einleuchtende Erklärung finden.
>
> Delbrück:
> Die Geschichte der Kriegskunst

I   Das Imperium

Die Ausgangslage

Die Theorie

Über die Römer in Germanien ist schon viel geschrieben worden, viele Geschichten, viele Berichte. Zum Jubiläumsjahr der Varusschlacht 2009 gab es viele Ausstellungen, die drei größten „Imperium" (Haltern am See), „Konflikt" (Kalkriese) und „Mythos" (Detmold) verzeichneten viele Besucher. Die Resonanz in der Bevölkerung war sehr groß, das Interesse an der Varusschlacht hat an Aktualität nichts verloren. Doch noch immer hat die Bevölkerung Zweifel, ob die erzählten „Wahrheiten" auch der Wahrheit entsprechen[1].

Es gab römische Geschichtsschreiber, die die Eroberungen in Germanien schriftstellerisch begleitet haben. Von diesen alten Schriften haben sich einige bis heute erhalten. Diese historischen Quellen sind die Grundlage für unser Verständnis über die damalige Zeit.

Das wichtigste Ereignis dieser Zeit war die Varusschlacht, in der der Cherusker Arminius[2] drei Legionen der römischen Armee unter dem Feldherrn Varus vernichtete.

An 700 verschiedenen Orten soll sie stattgefunden haben, die berühmte Varusschlacht. Viele hochrangige Professoren haben sich bemüht, Licht in das Dunkel der Geschichte zu bringen. Auch viele Heimatforscher haben sich der Sache angenommen. Bisher ist nur sicher, dass die Varusschlacht im Herbst des Jahres 9 n. Chr. stattgefunden hat; denn Ort und Ablauf der Schlacht sind bis heute immer noch nicht bekannt und nicht geklärt. Selbst die vielen Funde in Kalkriese beweisen nicht, dass die Varusschlacht in Kalkriese war[3].

Vom Verlauf dieser Schlacht gibt es zwei unterschiedliche Versionen. Die ältere Version wird von den römischen Historikern Paterculus, Tacitus, Florus, Strabon usw. durch nur wenige einzelne Bruchstücke angedeutet.

Die jüngere Version von Cassius Dio Coccelanus (um 200 n. Chr. entstanden) überliefert uns eine zusammenhängende Darstellung, bei der das Wetter eine entscheidende Rolle spielt. Dabei stehen die älteren Schriftsteller wie Paterculus, Tacitus, Florus, usw. im Gegensatz zu dem jüngeren Schriftsteller Cassius Dio.

Die älteren Schriftsteller befürworten die Lagertheorie, der jüngere Schriftsteller Dio beschreibt uns die Marschtheorie. Die Verfechter der Lagertheorie und der Marschtheorie stehen sich unversöhnlich gegenüber.

Was war denn eigentlich passiert, was war vorausgegangen?

Lagertheorie

Nach der Version der älteren Historiker verbrachte Varus mit seinen drei Legionen, der XVII., XVIII. und XIX. Legion, den Sommer des Jahres 9 n. Chr. in einem Sommerlager im Cheruskerland. Arminius und Varus kannten sich, sie waren sogar befreundet. Varus übte in seinem Lager römische Gerichtsbarkeit über Germanen aus.

Diese älteren Historiker berichten in ihren Schriften, die im ersten Jahrhundert n. Chr. entstanden sind, nur kurz und in Bruchstücken über die Varusschlacht. Sie vermitteln den Eindruck, dass sie den Ort und den Ablauf der Varusschlacht zwar genau kennen, aber ihr Wissen nur andeuten. Sie wollen uns nicht direkt davon in Kenntnis setzen, sie wollen, wenn überhaupt, ihr Wissen nur widerwillig preisgeben.

Nach dieser älteren Version wurde in das Varuslager eingedrungen. Wer oder was eingedrungen ist, wird nicht erwähnt. Man geht davon aus, dass die Germanen das Lager gestürmt haben. Der größte Teil der Römer war anschließend tot, nur wenige hatten den Angriff überlebt. Die Soldaten, die fliehen konnten, kapitulierten in der Nähe des Sommerlagers.

Der römische Feldherr Germanicus besuchte im Jahr 15 n. Chr. das zerstörte Römerlager und das Schlachtfeld, um die Gebeine zu bestatten.

Ein Name des Schlachtortes wird von keinem Autor benannt. Ein römischer Name für das Schlachtfeld ist nicht bekannt. *(1)*

Marschtheorie

Erst die jüngere Version des Griechen Cassius Dio Coccelanus beschreibt uns eine zusammenhängende Darstellung über einen Schlachtverlauf. Nach Dio's Sichtweise verlässt Varus das Sommerlager, um mit Hilfe des Arminius einen aufständischen Germanenstamm zu bestrafen. An drei oder vier Marschtagen wird das römische Heer von den Germanen gänzlich vernichtet. Kein Römer kann fliehen oder überleben.

Die Niederlage der drei kampferprobten Legionen ist verheerend und allumfassend. Für diese Schlacht macht Dio das schlechte Wetter in Germanien verantwortlich. Wir wissen nicht, auf welche Quellen er seine Aussagen stützt oder ob die ganze Geschichte seiner Phantasie entsprungen ist.

Der jüngere Geschichtsschreiber Dio lebte 200 Jahre nach der Schlacht und hatte als Informationsquelle nur Senatsakten, die selbst nach Dios Meinung das Ergebnis in einem verfälschten Licht darstellten.

Welche Theorie könnte richtig sein?

Die Quellen zur Varusschlacht sind also nicht einfach und übereinstimmend. Im Gegenteil, die Angaben erscheinen miteinander unvereinbar zu sein, noch schlimmer, sie scheinen einander zu widersprechen. Man könnte sogar den Eindruck gewinnen, dass von zwei völlig verschiedenen Ereignissen die Rede ist. Der Unterschied zwischen diesen beiden Versionen ist gravierend.

Trotzdem ist man immer geneigt, diese beiden verschiedenen Versionen zu harmonisieren. Doch die Berichte sind und bleiben grundverschieden. Wir müssen uns entscheiden, welchen Historikern wir vertrauen, den älteren wie Paterculus, Tacitus, Florus usw. oder dem jüngeren Dio.

Die Wissenschaftler in Kalkriese berufen sich auf Dio, also auf die Marschtheorie. Es gibt bis heute zwar viele Funde in Kalkriese, aber immer noch keinen einzigen Beweis, dass die Varusschlacht wirklich in Kalkriese stattgefunden hat. Es hat dort sicherlich ein Scharmützel gegeben, aber die große Varusschlacht ist in Kalkriese trotz der vielen Funde immer noch nicht bewiesen.

Nach meiner Vorstellung kann die Dio-Version nicht stimmen. Arminius konnte unmöglich so viele Krieger aufbieten, die die Römer hätten schlagen können. Ich halte es für nicht machbar, innerhalb von 3 bis 4 Tagen die hochgerüstete römische Armee auch nur annähernd zu gefährden. Arminius hätte auf gar keinen Fall Truppen in entsprechender Größe zusammenziehen können, ohne dass die Römer die Truppenbewegungen bemerkt hätten.

Es wird immer erzählt, dass der Ort der Varusschlacht nicht wichtig sei, da man das Ergebnis kenne. Damit wird vorausgesetzt, dass der Ort austauschbar ist. Dem ist jedoch nicht so. Der Ort der Varusschlacht ist keineswegs austauschbar. Die Varusschlacht konnte nur an einer ganz bestimmen Stelle stattfinden.

Auch der Ablauf der Schlacht ist bis heute unbekannt. Man weiß nicht, was wirklich passiert ist. Man weiß nur, dass drei Legionen ausgelöscht worden sind. Das ist zu wenig. Wir müssen uns darum kümmern, warum die Person Arminius mit sehr geringem Aufwand drei Legionen hochgerüsteter Soldaten überwältigen konnte.

Irgendwo muss bei grundsätzlich aller Vorsicht in Bezug auf die Quellenlage, in den vielfältigen historischen Überlieferungen ein Schlüssel zur Wahrheitsfindung liegen. Den Schlüssel wollen wir finden.

Es bietet sich an, den älteren Geschichtsschreibern zu vertrauen; denn die älteren Geschichtsschreiber kannten alle Begebenheiten, sie waren aus erster Hand informiert und konnten daher den Ablauf der Varusschlacht wahrheitsgetreu beschreiben.

Damit man die Umstände, die zur Varusschlacht geführt haben, besser versteht, muss man sich zuerst mit der Zeit vor der Varusschlacht, den damals herrschenden Personen, der Infrastruktur des Landes usw. auseinandersetzen.

Augustus in Frankreich

Gaius Julius Caesar, Stiefvater des Kaisers Augustus, hatte 44 v. Chr. Frankreich [Gallien] erobert, das war eine tolle Leistung. Gallien war jetzt eine reiche römische Provinz. Das weckte bei den Germanen Begehrlichkeiten. Der Rhein bildete die Grenze zwischen Gallien und Germanien. Die Grenze war lang und schwierig zu verteidigen. Immer wieder kamen die Germanen über den Rhein und plünderten die römischen Niederlassungen.

Als im Jahre **16 v. Chr.** dem Statthalter Marcus Lollius eine Reiterabteilung der 5. Legion samt Adlerstandarte verloren ging, war das Maß voll. Augustus wollte den Plünderungen Einhalt gebieten[4].

Kaiser Augustus war zu dieser Zeit auf dem Höhepunkt seiner Macht. Er reiste im Jahre 16 v. Chr. nach Frankreich und blieb dort drei Jahre lang. Er wollte die dortigen Verhältnisse ordnen, d. h. die Distrikte wurden neu eingeteilt, die Grenzen zwischen den vier gallischen Provinzen Narbonensia, Aquitania, Lugdunensis und Belgica wurden neu geregelt und die Steuern festgesetzt.

Der wichtigste Punkt dieser Reise war jedoch die geplante Eroberung von [Germania Magna], dem rechtsrheinischen Germanien. Es gab schon umfangreiche Aufklärungsarbeiten. Aber Augustus wollte sich selbst ein Bild von der Landschaft machen, die es zu erobern galt. Das germanische Gebiet wurde in Augenschein genommen. Alle germanischen Stämme bis zur Elbe sollten zunächst unterworfen und in das römische Imperium eingegliedert werden. Die Okkupation wurde akribisch vorbereitet. Es wurde nichts dem Zufall überlassen.

Denn die Römer hatten sich ein ausgeklügeltes strategisches System ausgedacht. Sie wollten die weiten Wege in Germanien per Schiff zurücklegen. Augustus war es ein Gräuel, dass seine Soldaten vom Rhein bis zur Elbe laufen sollten. Schiffstransporte waren viel vorteilhafter. Die Römer dachten in großen Dimensionen.

Wir wissen von Plutarch (46-125 n. Chr.), dass schon Caesar darüber nachgedacht hatte, das römische Reich massiv zu erweitern. Es sollte vom nördlichen Ozean (Nordsee/Ostsee) bis zum Parther-Reich (Iran) reichen. Die östliche Grenze sollten die Flüsse Düna und Dnjeper [Borsysthenes] darstellen. Die Wasserscheide zwischen den beiden Flüssen, die mit Pferd und Wagen bewältigt werden müsste, beträgt nur ca. 80 Kilometer. Diese beiden Flüsse bilden ansonsten eine einheitliche Wasserverbindung von Riga in Lettland an der Ostsee [Mare Suebicum] bis zum Schwarzen Meer [Pontos Euxeinos]. Die Halbinsel Krim [Crimea] war zur Zeit des Augustus bereits römisches Gebiet. Auch der Bosporus war römisch.

Lassen wir Florus sprechen:
Epitomae rerum romanorum 2,30,22 *(1)*
„Aber weil er (Kaiser Augustus) wusste, dass sein Vater Gaius Julius Caesar zweimal auf einer Brücke den Rhein überschritten hatte, um Krieg vom Zaume zu brechen, trachtete er danach, es [Germanien] zur Provinz zu machen. Und es wäre gelungen, wenn die Germanen unsere Missgriffe so hätten ertragen können wie unsere Herrschaft."

Die Römer waren vorsichtig und bauten sich zunächst ihre Basis in sicherer Lage am Rhein.

Die Infrastruktur

Römerlager Nijmegen

Als die Römer begannen, das Gebiet östlich des Rheins zu erschließen, brauchten sie unbedingt Stützpunkte auf der sicheren linken Rheinseite.

Schon während der Anwesenheit des Augustus begannen die Römer mit der Planung und Anlage der ersten Kastelle. Der erste Stützpunkt solle in Nijmegen [Botavodurum] sein. Zu dieser Zeit war das niederrheinische Gebiet nur dünn besiedelt.

Um **15 v. Chr.** begannen die Römer, auf dem Hunerberg bei Nijmegen[5] ein erstes Standlager [Noviomagus] zu errichten. Das Gelände war ca. 42 ha groß. Das Kastell war von der Größe her so angelegt, dass es zwei Legionen aufnehmen konnte.

Der Platz war ausgezeichnet gewählt. Es lag strategisch vorteilhaft am linken Ufer der Waal, gleich gegenüber der Bataverinsel. Denn an der Bataverinsel Betuwe beginnt das Rheindelta. Der Rhein teilt sich in zwei unterschiedliche Flussarme, in Waal und Niederrijn. Der Niederrijn verändert seinen Namen weiter flussabwärts in Lek.

Nach Fertigstellung dieses Lagers errichteten sie ein weiteres kleineres Lager auf dem Kops-Plateau östlich des Hunerberges, das nur gut 4 ha groß war. In der Umgebung des Plateaus fällten sie fast alle Bäume, so dass eine weite Sicht nach allen Seiten möglich wurde.

Auf dem Kops-Plateau bauten sie ein außergewöhnlich großzügiges und prachtvoll ausgestattetes Prätorium für ihren Statthalter. Die abgeholzten Bäume benutzten sie als Palisaden für die Umwehrung des Lagers. Die Flusslandschaft konnte so wunderbar kontrolliert und verteidigt werden.

Südwestlich des Kops-Plateaus errichteten sie eine umfangreiche Pferdestallanlage. Jetzt waren sie in der Lage, den unteren Rhein zu kontrollieren und mögliche Gefahren rechtzeitig abzuwehren. Sie konnten den feindlichen Germanen Paroli bieten.

Diese beiden Lager hatten eine wichtige Aufgabe. Sie waren Ausgangspunkt für den Bau eines Kanals, der in einem ersten Abschnitt bei Fertigstellung vom Rhein bis an die Elbe reichen sollte. In weiteren Abschnitten sollte er nach Fertigstellung bis an die Flüsse Düna und Dnjepr reichen. Die Römer strebten die Weltherrschaft an.

Lassen wir Tacitus sprechen: Annalen II,6,4 *(1)*
„Denn der Rhein, der sich in einem Bett hält oder kleine Inseln umfließt, teilt sich am Beginn des Bataverlandes in zwei Arme: er behält Namen und gewaltige Strömung bis zum Ozean, wo er an Germanien vorbeifließt; er fließt am gallischen Ufer breiter und ruhiger - die Anwohner nennen ihn mit anderem Namen Waal [Vacalus] - und ändert diesen Namen bald in Maas [Mosa] und fließt in dessen gewaltiger Mündung in den Ozean."

Römerlager Xanten

Um **13/12 v. Chr.** begannen die Römer mit der Errichtung eines weiteren Stützpunktes [Vetera], in Birten[6] bei Xanten [Tmiana], der für ca. eine Legion ausgelegt war. Auch der Platz dieses Lagers war strategisch gut gewählt. Er lag auf dem Fürstenberg gegenüber der Mündung der Lippe in den Rhein. Das Umland war sumpfig und moorig, was jedoch für das Lager auf der Anhöhe vorteilhaft war. Dieses Lager wollten sie als Ausgangspunkt für die Feldzüge in das rechtsrheinische Germanien über die Lippe nutzen.

An einem geschützten Seitenarm des Rheins, etwa 2 Kilometer nördlich des Stützpunktes Xanten errichteten die Römer einen Hafen. Dort wurden die enormen Warenströme für den Bedarf des Militärs umgeschlagen. Die Römer ließen 1.000 Schiffe bauen, die die Versorgung sicherstellen sollten.

In Xanten herrschte reges Treiben. Xanten entwickelte sich schnell zu einem der größten und wichtigsten Stützpunkte des ganzen Imperiums. Viele Zivilisten fühlten sich von dem Treiben angezogen. Sie bauten mit ihren Familien eigene Häuser und siedelten sich in der Nachbarschaft an. Die Händler, Kaufleute, Handwerker, Gastwirte und auch Veteranen der Armee wohnten in der Nähe des Hafens, sie gründeten die Vorstadt, die [Canabae]. Der Name ‚Canabae' war ursprünglich die Bezeichnung für die Schenken und Buden in der Nähe der römischen Militärlager, später dann für die Siedlungen, die sich daraus entwickelten. In kurzer Zeit wuchs die Siedlung Xanten zu einer respektablen Größe heran. Xanten beherbergte zeitweise bis zu 10.000 Legionäre.

Die Kastelle in Nijmegen und Xanten wurden durch weitere Kastelle ergänzt. Den rechtsrheinischen Flussmündungen wurden Kastelle auf der linken Rheinseite, dem gallischen Ufer, entgegengesetzt. So folgten weitere Kastelle in Moers-Asberg, Neuss, Köln, Bonn, Mainz usw.

Holz-Erde Kastelle
Alle diese Kastelle waren nur aus Holz und Erde erbaut. Ein 2-4 Meter breiter und 2 Meter tiefer Graben schützte das Lager. Die Umwehrung bestand aus einer Holz/Erde-Mauer. Diese dicke Mauer bestand wiederum aus zwei festen hölzernen Wänden, zwischen die Erde eingefüllt wurde.

Die Kastelle hatten vorzugsweise eine rechteckige Form. Die beiden Hauptstraßen kreuzten sich in der Mitte des Lagers. In der Mitte stand das Prätorium für den Statthalter. Auch dieses Haus war aus Holz/Erde erbaut. Die Tore wurden durch Wachtürme gesichert.

Im Lagerinneren gab es Fachwerkbauten, auch aus Holz und Erde erbaut, die als Kasernen oder Vorratsscheunen, Ställe usw. dienten. Man geht davon aus, dass zu dieser frühen Zeit Legionen samt Tross in demselben Lager untergebracht waren.

Bei den Ausgrabungen wurden keinerlei Mauersteine gefunden, weder Natursteine noch Ziegelsteine, die man den Bauwerken zuordnen könnte. Die Spuren, die gefunden wurden, bestehen lediglich aus den Einschnitten, die die Gräben der Umwehrung und die Einbettungen der Pfostenlöcher für die Bauten in dem gewachsenen Boden hinterlassen haben.

Doch solch ein Erdloch ist unvergänglich. Auch wenn es später noch so dicht zugefüllt wurde oder der Pfosten darin stehen geblieben und verfault ist, die Füllung des Lochs ist immer vom anders gefärbten Boden zu unterscheiden[7].

Heeresordnung

Um die riesigen Aufgaben bewältigen zu können, brauchte der Kaiser Augustus eine neue Heeresordnung. Er formte zu diesem Zweck aus dem Bürgerheer ein Berufsheer. Die bestehende Heeresordnung wurde entsprechend verändert.

Bisher bestand für alle männlichen, freigeborenen Bürger des römischen Reiches eine allgemeine Wehrpflicht. Das galt zukünftig nur noch theoretisch. Die Bürger wurden ab sofort nur noch bei Bedarf und/oder in Krisenzeiten eingezogen. Die Dienstzeit wurde auf 25 Jahre verlängert.

Das Heer war zweigeteilt in Legionen und Hilfstruppen. Eine Legion war ein römischer Truppenverband, bestehend aus 6.000 bewaffneten Soldaten und 120 Reitern (Alen), gegliedert in Zenturien, Kohorten und Manipel.

Das Heer wurde verstärkt durch Hilfstruppen [Auxiliareinheiten]. Diese Soldaten stammten meist aus den eroberten Gebieten. Dazu gehörten sämtliche Arten des leichten Fußvolks, die Bogenschützen und die Reiterei. Sie wurden in dieser frühen Kaiserzeit in regulären Regimentern zu 500 Mann zusammengefasst. Diese Soldaten leisteten ebenfalls eine 25-jährige Dienstzeit. Am Ende ihrer Dienstzeit wurde ihnen das römische Bürgerrecht verliehen.

Die Auxilien glichen sich den römischen Legionen im Laufe der Zeit immer mehr an. Auch ihre Waffen und ihre Ausrüstung wurden immer mehr der Ausrüstung der Legionen angepasst. Ihre Einheiten übernahmen auch mehr und mehr die Aufgaben der Legionen, so dass eine Vielvölkerarmee entstand, die in einer offenen Feldschlacht kaum besiegt werden konnte[8].

Die Römer kämpften mit sehr modernen Methoden und ihre Überlegenheit war überwältigend. Für ihr Schlachtfeld benötigten sie eine Fläche von ca. 600 m Länge und 200 m Breite. Sie entwickelten die größte Kriegsmaschinerie der Antike. Für ihre Feinde gab es kein Entrinnen.

Sie hatten schon Geschütze auf Karren montiert, die darauf ausgerichtet waren, maximalen Schaden anzurichten. Das Ziel wurde durchbohrt, um eine abschreckende Wirkung zu erzielen. Mit ihren gefürchteten Waffen konnten sie jeden Feind in die Flucht schlagen.

Wenn das Heer unterwegs war, schafften die Legionen pro Tag eine Strecke von ca. 15 bis 18 Kilometer. Das erscheint uns wenig. Berücksichtigen muss man jedoch, dass jeder Soldat schweres Gewicht zu tragen hatte. Allein die Rüstung aus Eisenhelm und Brustpanzer wog schon 15 Kilogramm.

Dazu kam das lebensnotwendige Gepäck. Bei Geländemärschen wurde es in der Mitte geführt und rechts und links marschierten die Soldaten.

Die Soldaten waren zudem noch schwer bewaffnet. Denn zu Eisenhelm und Brustpanzer kam noch als Hieb- und Stichwaffe das

Schwert, das links am Gürtel hing. Der kurze Dolch wurde rechts getragen, passend für den Nahkampf. Der hohe, längliche, etwas gewölbte Schild schützte die linke Körperhälfte. Die rechte Körperhälfte blieb weitgehend ungeschützt.

Die Bewaffnung allein reichte jedoch nicht aus. Die Bedienung der Waffen musste trainiert werden. Eine Ausbildung war unerlässlich. Die Handhabung der Waffen wurde mit Weidenschild und hölzernen Keulen geübt, die doppelt so schwer waren wie die regulären Waffen. Es wurden Speerwurf und Lanzenstich geübt, ebenso das Schleudern und Werfen schwerer Steine, und nicht zu vergessen, das Kämpfen mit Schwertern und Schilden.

Auch das Marschieren wurde trainiert, bei Übungsmärschen über 30 Kilometer mit 30 Kilogramm Gepäck wurde die Ausdauer verbessert. Ihre Spaten hatten die Soldaten immer im Gepäck. Außerdem gehörten zur Ausrüstung Sägen, Beile, Körbe, Taue.

Jeden Abend wurde ein Lager aus Baumstämmen errichtet, die auch mitgeführt werden mussten. Auch die Zelte aus Leder hatten ihr Gewicht. Selbst wenn die schwersten Teile von Maultieren und Wagen transportiert wurden, blieben für die Soldaten noch genügend Lasten übrig. *(4)*

Versorgung
Die Soldaten hatten sich unterwegs selbst zu versorgen. Sie bekamen dazu alle zwei Wochen 15 Kilogramm Getreide, welches sie selbst zermahlen und zu Brot backen mussten. Für die dazu notwendigen Gerätschaften wie Handmühlen und Vorratsbehälter hatten sie selbst zu sorgen. Fleisch gab es äußerst selten.

Sehr wichtig war reines, gutes Trinkwasser. Die Wasserversorgung war immer das größte Problem. Menschen und Tiere brauchten Unmengen an Wasser. Auf ihren Wegen konnten sie sich deshalb nicht weit von den Flüssen entfernen. Die Wasseranlaufstellen mussten immer in entsprechenden Abständen zur Verfügung stehen und einen genügenden Wasservorrat aufweisen. Frisches Quellwasser war dem Flusswasser immer vorzuziehen.

Die Eroberung Germaniens fand zudem nur im Sommer statt. Im Frühjahr zogen die Römer in das Innere Germaniens. Sie verließen Germanien immer im Herbst vor Beginn des Winters. Es wurde kalt und ungemütlich. Die Zelte boten nicht genügend Schutz. Die Nahrungsmittel waren knapp. Die Versorgung war nicht sichergestellt. Sie zogen sich daher zurück in ihre Kastelle am Rhein.

Standlager - Ein Beispiel

Ein Standlager, das für eine Legion errichtet wurde, war ca. 25 ha (600 m Länge und 460 m Breite) groß. Solch ein Lager zählte in der frühen Kaiserzeit 6.000 Schwerbewaffnete zu Fuß und 120 Reiter. Eine Legion wurde ergänzt durch 2.000 Fußsoldaten sowie 702 Reiter der Auxiliarverbände. Dazu kamen 400 Veteranen, die in ruhigen Zeiten ihren Dienst in den Handwerksstuben verrichteten, in kritischen Lagen aber ebenfalls zu den Waffen griffen.

Außerdem war jeder Zeltgenossenschaft - dem Contubernium, der kleinsten Einheit der Legion - ein Knecht zugeteilt. Jeder Reiter hatte deren zwei, ebenso jeder Centurio. Den elf Stabsoffizieren standen je sechs, dem Legaten zwölf Burschen zur Verfügung.

Da auch die Bundesgenossen, die Auxiliareinheiten, in etwa entsprechender Weise mit ‚Putzern' versorgt waren, zählte ein Legionslager nach der Niessenschen Rechnung 2.142 Planstellen für Nichtstreiter. Schließlich aber wollten auch noch 2.460 Pferde und Lasttiere untergebracht werden. Es kamen also auf je einen Hektar im Durchschnitt mindestens ca. 500 Menschen und 100 Tiere.

Selbst wenn man berücksichtigt, dass so ein Lager wohl selten voll belegt war, lässt sich leicht ausrechnen, welch drangvolle, fürchterliche Enge in der Festung herrschte und welches Maß an Zucht, Ordnung und Disziplin den auf derartig knappem Raum zusammengepferchten fast 12.000 Menschen abverlangt wurde.

Die Leidtragenden waren - selbstverständlich - die gemeinen Soldaten, vornehmer ausgedrückt: die Mannschaftsdienstgrade. Eine Zeltgenossenschaft, die in Neuss [Novaesium] in der Regel 8 Mann umfasste, ‚bewohnte' einen Raum von 4,50 mal 4,25 Meter. Das sind weniger als 20 Quadratmeter, auf den einzelnen Legionär umgerechnet knapp 2 ½ Quadratmeter.

Vor der gemeinsamen Behausung lag die Waffenkammer des Contuberniums. Das Dach sprang von hier aus vor und bildete nach der Gasse hin einen offenen Raum, wo der Knecht mit den Packtieren kampierte. In der Gasse selbst befand sich die Kochgrube der Gruppe.

Je zwölf solcher Gelasse lagen einander gegenüber, je 96 Mann also oder - wenn man die Chargen dazu zählt, das heißt: den Centurio, den Optio, seinen Stellvertreter, den Tesserarius, der als Ordonanz fungierte, und den Signifer, den Fähnrich, der gleichzeitig die Kassengeschäfte betreute - je eine Centurie, die beide zusammen den Manipel bildeten.

Die Soldaten hatten nur einen gemeinsamen Ausgang, der an den Runen des Centurio sowie einer ständige Wache vorbei führte - ein ebenso simples wie raffiniertes Kontrollsystem, das Tag und Nacht funktionierte.(4)

Straßenbau
Der Plan des Augustus sah vor, dass Germanien zunächst bis zur Elbe unterworfen werden sollte. Die Römer brauchten also Straßen zum Marschieren. Die alten germanischen Heerstraßen benutzte das römische Heer nur bedingt. Als große Heerstraßen waren sie den Römern nicht gut genug.

Sie bauten für ihr Heer große breite Straßen, die schnurgerade die Landschaft durchzogen. Sie wurden möglichst eben, ohne große Steigungen angelegt, tiefe und feuchte Stellen wurden durch Dämme erhöht. Sie mussten bequem und sicher angelegt werden, so dass das Heer ohne Störung marschieren konnte.

Parallel zu den Flüssen (auch den kleineren Flüssen) bauten sie Straßen, die die vielen Windungen, die die Flüsse verursachten, nicht mitmachten, immer darauf bedacht, dass mögliches Hochwasser diese Straßen nicht beschädigen konnte. Heute sind diese Straßen oft Eisenbahnlinien.

Die besten Straßen waren jedoch die Wasserstraßen. Die Römer begradigten Flüsse, um die Wege zu verkürzen, sie beseitigten Untiefen und störendes Strauchwerk. Flussabwärts schwammen die Schiffe mit eigener Kraft, doch bergauf gegen die Strömung wurden sie von Pferden oder Maultieren die Flüsse hochgezogen. Dazu brauchten sie Treidelpfade entlang der Flüsse für ihre Pferde bzw. Maultiere, damit das Gepäck auf dem Wasser transportiert werden konnte. Beim Treideln werden die Schiffe gezogen, entweder von Tieren oder auch von Menschen.

Flüsse
Die großen Flüsse in Germanien Rhein [Rhenus], Ems [Amisia], Weser [Visurgis] und Elbe [Albis] fließen in die Nordsee. Ihre Richtung verläuft von Süden nach Norden. Sie sind durch Wasserscheiden getrennt.

Es gibt nur den Main [Moenus], der von Osten nach Westen fließt und die Lippe [Lupia], die ebenfalls von Osten nach Westen fließt. Der Main kommt aus dem Fichtelgebirge, durchfließt in weiten Schleifen ein gebirgiges Gelände und mündet bei Mainz in den Rhein.

Die Lippe entspringt am Westhang des Eggegebirges, in Bad Lippspringe. Sie fließt in Richtung Schloß Neuhaus bei Paderborn, wo sie das Wasser der Alme und der Pader aufnimmt. Von dort aus fließt sie weiter in westlicher Richtung. Sie durchfließt das südliche Münsterland und mündet bei Wesel in den Rhein.

Der Main mit seinen weiten Umwegen und mit den Quellen im Fichtelgebirge war für die Eroberung Germaniens bis zur Elbe durch römische Truppen nicht geeignet. Das Gelände war zu bergig.

Besser geeignet war da schon die Lippe, die durch das weite ebene Münsterland fließt. Sie hat nur wenig Gefälle und konnte von den Soldaten einfacher mit Schiffen befahren werden. Die Lippe war von ihrer Mündung bei Wesel bis Schloß Neuhaus bei Paderborn schiffbar. Ab Schloß Neuhaus mussten alle Waren auf Wagen oder Tragtiere umgeladen und dann Richtung Osten weitertransportiert werden. Dieser Weg war zwar eine einfache Lösung, um die östlichen Landstriche zu erobern. Sie konnten und würden ihn vorerst nutzen, aber diese Lösung war noch nicht optimal. Denn eigentlich brauchten die Römer von Westen nach Osten quer durch Europa eine Binnen-Wasserstraße.

Es wäre also erforderlich, neue Querverbindungen zwischen den großen Flüssen herzustellen. Die Römer hatten in ihren Reihen sehr gute Baumeister, die durchaus in der Lage waren, schwierige Wasserwege über sehr weite Strecken zu führen. Bestand die Möglichkeit, eine derartige Wasserstraße zu realisieren?

Flüsse mit Nebenflüssen bilden ein Flusssystem. Das von einem Fluss mit allen seinen Nebenflüssen oberirdisch und unterirdisch entwässerte Gebiet nennt man Einzugsgebiet. Alle Flüsse haben ein Einzugsgebiet.

Die Einzugsgebiete der einzelnen Flüsse sind durch Wasserscheiden getrennt. Wasserscheiden sind Berge oder Anhöhen, die zwischen den Einzugsgebieten der Flüsse liegen. Diese Anhöhen müssten überquert werden. Diese Berge bzw. Anhöhen zu überwinden war das größte Problem, das ging nicht so einfach.

Doch für die Binnen-Wasserstraße hatten die Römer bereits erste Pläne. Die großen Flüsse sollten durch Kanäle verbunden werden. Dazu mussten sie die günstigsten und einfachsten Verbindungen herausfinden. Sie brauchten unbedingt Querverbindungen von einem großen Fluss zum anderen. Für diese Querverbindungen mussten sie jeweils einen Nebenfluss rechts und links vom Hauptfluss ausbauen.

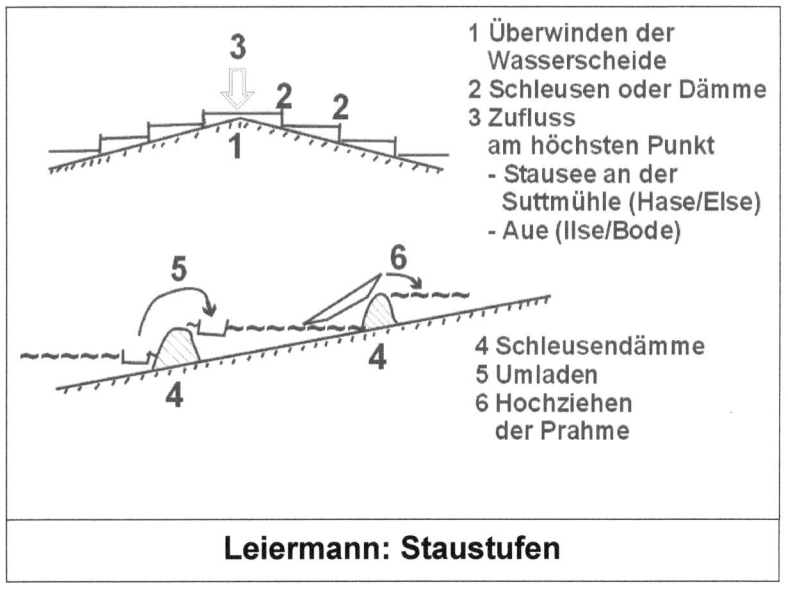

1 Überwinden der Wasserscheide
2 Schleusen oder Dämme
3 Zufluss am höchsten Punkt
 - Stausee an der Suttmühle (Hase/Else)
 - Aue (Ilse/Bode)
4 Schleusendämme
5 Umladen
6 Hochziehen der Prahme

Leiermann: Staustufen

Die Wasserscheiden zwischen den einzelnen Flüssen mussten schiffbar gemacht werden. Sie brauchten Kanäle mit Staustufen, um die Wasserscheiden zu überwinden. Auch kleine Bäche mussten sie nutzen, die durch Staustufen schiffbar gemacht werden konnten.

Die Römer trauten sich zu, diese Schwierigkeiten zu meistern. Eine derartige Wasserstraße wäre unabhängig von der gefährlichen Nordsee; denn die Nordsee konnte mit Binnenschiffen nicht befahren werden.

Der Mittellandkanal

Vom Rhein aus wollten sie in das Innere Germaniens vorstoßen. Die Planungen sahen vor, dass als erstes die Wasserscheide zwischen Rhein und Ijssel überwunden werden sollte. Dazu sollte ein Kanal gebaut werden, der den Rhein mit der Ijssel verband. Zwischen Westervoort und Doesburg (Niederlande) sollte er verlaufen. Man könnte nach Fertigstellung vom Rhein über die Ijssel zum Ijsselmeer [Flevomeer] per Schiff fahren und die Nordsee erreichen.

Das war jedoch nicht genug. Man musste unbedingt eine Fahrt über die gefährliche und unberechenbare Nordsee vermeiden.

Mit einer Fahrt über die Vechte käme man der Ems sehr nahe. Man brauchte also einen weiteren Kanal, der die Vechte mit der Ems verband. Es wäre möglich, auch diese Wasserscheide durch einen Kanal so zu verändern, dass Boote für den Warenverkehr eingesetzt werden könnten.

Durch Staustufen wären die Höhenunterschiede überwindbar. Die oberste Staustufe würde gespeist von einem Stausee der Vechte. Das Wasser würde sich dann durch das natürliche Gefälle über sämtliche Staustufen verteilen. Dadurch würde der Schiffstransport von der Vechte bis zur Ems ermöglicht.

Eine weitere Wasserscheide zwischen Ems und Weser an der Bifurkation bei Gesmold (Stadt Melle) sollte ebenfalls durch Staustufen schiffbar gemacht werden. Von den untersten bis zu den obersten Staustufen müssten auch hier die Waren umgeladen werden.

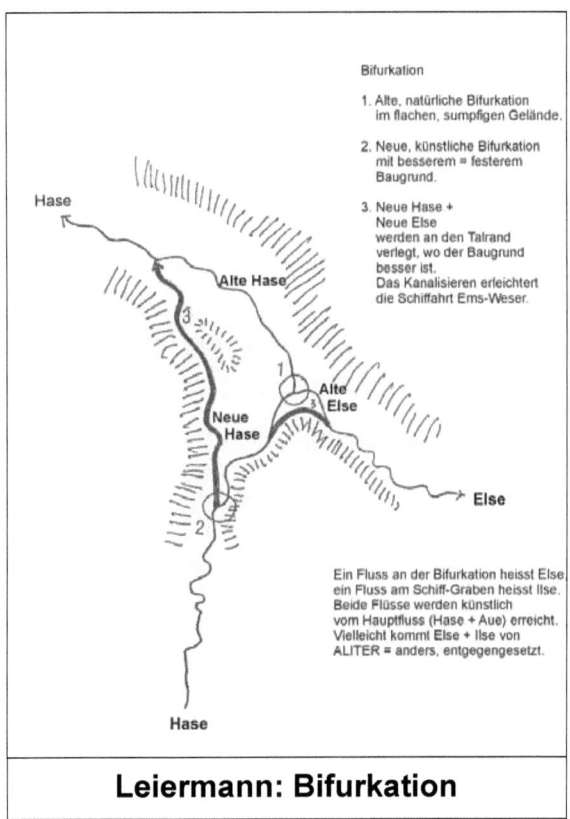

Leiermann: Bifurkation

Die oberste Staustufe würde gespeist von der Hase [Lepia] durch einen Stausee in Höhe der heutigen Sut(t)mühle[9] (Bissendorf, Kreis Osnabrück).

Nach Überwindung dieser drei Wasserscheiden könnten weite Strecken in Germanien per Schiff zurückgelegt werden. Das riesige Einzugsgebiet der Weser würde hierdurch erschlossen. Detmold, Hameln, Höxter, Kassel, Minden, Bad Oeynhausen, Nienburg, Bremen,

Hannover oder Hildesheim wären dann vom Rhein aus über Binnen-Wasserstraßen erreichbar.

Um die vierte Wasserscheide zwischen Weser und Elbe zu überwinden gab es zwei Möglichkeiten, denn an zwei verschiedenen Stellen könnte diese Wasserscheide zwischen Weser und Elbe durchbrochen werden.

Möglichkeit Nr. 1:
Der Drömling[10] ist ein flaches Feuchtgebiet mit einer sehr niedrigen Wasserscheide zwischen Weser und Elbe. Diese fast abflusslose Mulde wird von einem niedrigen Höhenzug umschlossen und ist dadurch ein natürliches Speicherbecken für die Hochwässer von Aller und Ohre. Auch hier besteht die Möglichkeit, mit Staustufen diese Wasserscheide zu überwinden.

Heute durchquert der Mittellandkanal das Sumpf-Gebiet in Ost-West-Richtung. Auch die Bahnstrecken Wolfsburg-Stendal und Hannover-Berlin verlaufen fast parallel zum Mittellandkanal.

Dieses Feuchtgebiet stellt eine Klimagrenze zwischen Ost und West dar und gilt als westlichste Ausdehnung der Sibirischen Taiga.
Die Römer entschieden sich jedoch für Möglichkeit Nr. 2.

Im nördlichen Harzvorland befindet sich ein fast waagerechtes Gewässer, das künstlich hergestellt wurde, wahrscheinlich durch römische Soldaten. Andere Volksgruppen kommen für ein so großes Bauwerk nicht infrage. Es erstreckt sich von Westen nach Osten und speist sich über die seitlichen Zuflüsse und den feuchten Untergrund. Der westliche Teil heißt „Schiffgraben", der östliche Teil wird „Großer Graben" genannt[11]. Das Gewässer ist ca. 46 km lang und hat kaum Gefälle. Der Scheitelpunkt liegt etwa bei 86 m über NN.

Der kleine Steinbach, der an der Steinmühle in den Vorfluter mündet, bildet die Bifurkation aus. Er kann sein Wasser wechselseitig nach Westen (in den Schiffgraben) bzw. Osten (in den Großen Graben) weiterleiten.

Schiffgraben/Großer Graben haben nördlich und südlich je einen Vorfluter, die das Wasser der vielen kleinen Bäche aufnehmen können. Die größten Zuflüsse sind die Schöninger Aue von Norden und die Hessen Aue von Süden.

Im Westen hat der Schiffgraben eine Verbindung über eine Pseudobifurkation mit der Ilse, die bei Börßum[61] in die Oker mündet und damit zum Weser-Einzugsgebiet gehört; der „Große Graben" hat bei Oschersleben[12] eine Verbindung mit dem Elbe-Einzugsgebiet, diesmal über eine Pseudobifurkation mit der Bode[13], die in die Saale und weiter in die Elbe mündet.

Über die Aller[14] (Nebenfluss der Weser) und die Oker (Nebenfluss der Aller) könnte man über die Ilse den Schiffgraben/Großer Graben erreichen und per Schiff weiter bis zur Elbe fahren.

Nach Fertigstellung all dieser Kanäle könnte man durch halb Europa fahren. Man könnte per Schiff von Rom bis Berlin und auch von Hamburg bis Prag fahren. Alles wäre möglich.

Der Kanal war nicht sofort fertig. Die Erstellung eines solchen Bauwerkes dauert viele Jahre. In der Zwischenzeit wollten und mussten die Römer die Lippe nutzen.

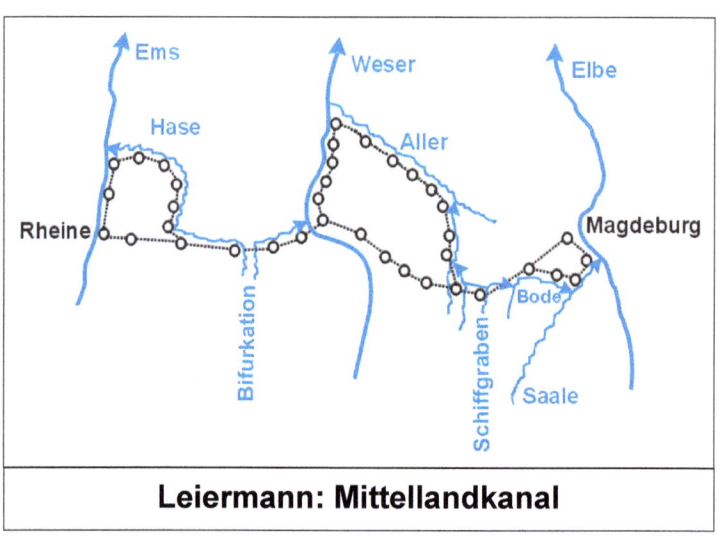

Leiermann: Mittellandkanal

II Drususzeit

Die Unterwerfung Germaniens

Wer war Drusus?

Nero Claudius Drusus *14.1.38 v. Chr., † im September 9 v. Chr. war römischer Politiker und Heerführer, Stiefsohn des Kaisers Augustus. Er war ein Sohn der Livia, der Frau des Augustus, aus ihrer ersten Ehe mit Tiberius Claudius Nero. Sein älterer Bruder war der spätere Kaiser Tiberius.

Drusus[15] war verheiratet mit Antonia Minor, einer Tochter von Marcus Antonius und Augustus Schwester Octavia. Seine Kinder waren Germanicus, Livilla und der künftige Kaiser Claudius.

Drusus war der Lieblingssohn des Kaisers Augustus, der beste Prinz im ganzen Lande, er war der Kronprinz, ein Vorbild für die Menschen im ganzen Reich. Das Reich war riesengroß, es reichte vom Atlantik bis in den Orient, alles war römisch. Alles rund um das Mittelmeer. Und Drusus sollte nach Augustus der neue Kaiser werden, er sollte ihn beerben.

Drusus wuchs im Hause des Augustus auf und begann, wie sein Bruder, schon in jungen Jahren eine politische und militärische Karriere.

Schon **15 v. Chr.** war Drusus mit seinem Bruder Tiberius in den Alpen gewesen, um die dortigen Völkerschaften zu unterwerfen. Die Brüder kamen mit ihren Armeen von Osten und Westen gleichzeitig. Sie nahmen die Völkerschaften in die Zange. Sie besiegten die

Schweiz [Rätien] und Teile Österreichs [Noricum] und machten sie zur römischen Provinz. Das war wunderbar gelungen. Der Erfolg war großartig und durchschlagend gewesen. Die Römer siegten immer. Alle mussten sich unterwerfen, neue Städte wurden gegründet, neue Straßen wurden gebaut und in Monaco gab es ein riesiges Denkmal mit den Namen der eroberten und unterworfenen Völker. Die Donau [Danubius] bildete von nun an die Nordgrenze des römischen Reiches.

Als der Alpenfeldzug der beiden Brüder beendet war, schickte Augustus im Jahre **12 v. Chr.** seinen Stiefsohn Drusus an den Rhein. Er sollte sich dort seine Lorbeeren verdienen, er war dazu ausersehen, Germanien zu erobern. Er sollte die Ausführung der Pläne organisieren. Die in Frankreich frei gewordenen Truppen wurden an den Rhein verlegt.

Drusus begab sich zunächst nach Lyon [Lugdunum], wo er einen Altar für Rom und Augustus zu weihen hatte und anschließend nach Germanien. Sein Weg führte wahrscheinlich über die Rhone [Rhodanus], die Saône [Arar] und die Mosel [Mosella] nach Köln [Colonia].

Drusus war tatendurstig. Er nahm keine Rücksicht auf die Eigenheiten der einzelnen Germanen. Er schlichtete Streitereien zwischen den germanischen Stämmen, siedelte einzelne Stämme um in andere Gebiete und spielte und trickste die einzelnen Stämme gegeneinander aus.
Er besiegte die Sugambrer, die in der Nähe des Rheins wohnten, und die unter ihrem Führer Melon den Krieg begonnen hatten (Strabon: Geographica 7,1,4,3). *(1)*

Er überwältigte auch die Usipeter, zog durch die Gebiete der Tenkterer und der Chatten und schlug die Markomannen. Drusus war nicht zimperlich. Alles was sich ihm in den Weg stellte, wurde niedergemacht. (Orosius, Paulus: Historiarum adversus paganos 6,21,15). *(1)*

Das wissen wir auch von Florus.
Epitomae rerum romanorum 2,30,23
„Der in jene Provinz geschickte Drusus überwältigte die vordersten Usipeter, hierauf eilte er durch (das Gebiet) der Tenkterer und Chatten. Ja, einen gewissen, aus den Rüstungen und Feldzeichen der Markomannen errichteten Hügel gestaltete er in Form eines Siegeszeichens." *(1)*

Die Markomannen waren ein germanischer Stamm, der zu den Sueben gehörte. Mit ihrem König Marbod [Maroboduus][16] wanderten sie vorsorglich ab, sie zogen sich zurück, zunächst an den oberen Main, später nach Böhmen (Tschechien). Marbod hatte sich in jungen Jahren selbst in Rom aufgehalten und kannte sich mit dem römischen Militär aus. Er wusste, dass er gegen das römische Heer keine Chance hatte. Er wollte sich lieber aus allen Kämpfen heraushalten.

Drusus' Hauptaufgabe war jedoch die Eroberung Germaniens bis zur Elbe. Eine Eroberung über die Elbe hinaus war zunächst nicht vorgesehen. Augustus wollte schrittweise vorgehen.

Nordsee - Unternehmung

Die größte Unternehmung von Drusus im Jahr 12 v. Chr. war eine Fahrt über die Nordsee. Er wollte die Küste erkunden. Er musste diese Fahrt wagen; denn mit dieser Umrundung konnte er die nördlichen Landgebiete der Friesen und Chauken für das römische Reich vereinnahmen. Die Friesen bewohnten die Küste zwischen den Niederlanden und der Ems, die Chauken bewohnten den Küstenstrich zwischen Ems und Weser.

Der römische Historiker Plinius d.Ä. (in ‚Naturalis historia') beschreibt uns das Leben der germanischen Küstenbewohner, aus römischer Sicht:

„Ich habe im Norden das Volk der Chauken gesehen. Dort wird mit ungeheurer Bewegung zweimal innerhalb jedes Tages und jeder Nacht der flutende Ozean ins Unendliche getrieben, und zweifeln mag man, ob es ein Teil des Landes oder des Meeres sei. Dort haust das elende Volk auf Hügeln oder auf Erhöhungen mit den Händen gemacht, um die größte Höhe der Brandung zu erproben und mit ihren so erbauten Hütten, Schiffen ähnlich, wenn die Gewässer die Umgebung überdecken, Schiffbrüchigen, wenn jene zurückgewichen und sie den mit dem Meere fliehenden Fischen rings um die Hütten nachjagen. Ihnen ist nicht beschieden, Vieh zu halten, nicht mit Milch sich zu ernähren, wie ihre Nachbarn, nicht einmal mit den wilden Tieren zu kämpfen, weithin ist jeder Strauch verbannt. Von Seegras und den Binsen der Sümpfe flechten sie Stricke, um den Fischen Netze zu stellen, und indem sie den mit den Händen gewonnenen Kot mehr durch den Wind als die Sonne trocknen, erwärmen sie mit Erde die Speisen (Torf war den Römern unbekannt) und ihre vom Nordsturm starrenden Eingeweide. Ihr einziger Trank ist Regenwasser, in Gruben im Hausflur aufbewahrt" *(7)*.

Die Nordsee war für Drusus ein völlig unbekanntes Meer. Er hatte noch nie das Wattenmeer mit den Gezeiten Ebbe und Flut gesehen. Aber er wollte es wagen, den gefährlichen nördlichen Ozean zu befahren.

Drusus war mutig. Er fuhr mit Schiffen vom Flevomeer in die Nordsee hinein und erreichte sogar die Wesermündung. Die Friesen und Chauken unterwarfen sich ohne Kampf. Die Römer hatten Ruderboote mit viereckigem Segel.

Auf dem Rückweg fuhr er in die Ems hinein und besiegte die Flotte der Brukterer. Die Brukterer[17] waren ein germanischer Volksstamm, der im flachen Münsterland siedelte. Auf seinem weiteren Heimweg geriet er auf der Nordsee in einen Sturm. Die Friesen halfen ihm, so dass er unbeschadet zurückkam. Doch der Weg über die Nordsee blieb weit und gefährlich.

Mit dieser Umrundung hatte er die Friesen und die Chauken besiegt. Sie wurden durch Verträge an das römische Reich gebunden.

Auch Drusus erkannte, wenn die Römer das rechtsrheinische Germanien erobern wollten, brauchten sie einen Kanal, der die gefährliche Nordsee vermied. Die Römer brauchten eine ungefährliche Binnen-Wasserstraße.

Es war unbedingt erforderlich, diesen Kanal zu bauen. Man musste zwingend die starke Strömung des Rheins vermeiden, die die Boote unweigerlich weit aufs Meer hinaus trieb. Ein Anrudern gegen die Strömung des Rheins war praktisch unmöglich. Auch die Fahrt über die Nordsee war äußerst gefährlich. Die Nordsee war unberechenbar, wild und tückisch.

Drususkanal
Drusus begann mit dem Bau des Kanals[18] in Holland. Die Planungen sahen vor, das erste Teilstück des Kanals vom Rhein bis zur Ijssel zu bauen. Der Kanal sollte gegraben werden. Durch Erdaushub war es möglich, diesen Kanal zu erstellen. Die Römer hatten viele Soldaten, die diese Arbeiten ausführen konnten. Die Bataver, ein germanischer Volksstamm, der im Rheindelta lebte, unterstützte die Arbeiten der römischen Soldaten.

Die Ijssel[19] entspringt bei Raesfeld im Münsterland. Sie fließt zunächst in südwestliche Richtung bis kurz vor Wesel. Sie ändert dann abrupt ihre Richtung und fließt in nordwestlicher Richtung weiter parallel zum Rhein, in einem Abstand von ca. 15 km. Hier ist die Ijsselniederung ein flaches, sehr feuchtes Gelände. Die Ijssel ändert bei Westervoort abermals ihre Richtung, fließt in nördlicher Richtung weiter und bei Zwolle in das Ijsselmeer [Flevomeer].

Zwischen Westervoort am Rhein und Doesburg an der Ijssel sollte der neue Kanal gegraben werden. Diese Rinne gibt es. Die Leute nennen diese Rinne heute noch „Drususgracht".

Schiffe, die auf dem Rhein fuhren, musste man entladen, die Waren bis zum Kanal bringen und auf ein anderes Schiff umladen. Das andere Schiff führe dann über den Kanal bis zur Ijssel. Dann würde die Ware erneut auf ein anderes Schiff umgeladen und über die Ijssel weitertransportiert zum Ijsselmeer.

Im Prinzip macht man das heute noch genauso. Nur heute werden die Schiffe nicht mehr umgeladen, die Waren bleiben auf demselben Schiff. Man benutzt Schleusen für diesen Vorgang. Aber die Römer hatten viele Menschen, die diesen Lade-Vorgang ausführen konnten.

Vom Ijsselmeer aus könnten die Schiffe dann bis zur Nordsee fahren. Das Ijsselmeer war zu dieser Zeit eigentlich nur ein kleiner Binnensee, der bereits einen Ausgang zur Nordsee hatte. Zu dieser frühen Zeit hatte die Nordsee die große Fläche des Ijsselmeers noch nicht aus dem Land herausgerissen.

Alte Landkarte: Unsingis

Den Ausgang zur Nordsee nennt Tacitus „Strom" [amnis, *is m*] Tac. I,70,5. Der eigentliche Name „Unsingis" war Tacitus nicht bekannt. Es reichte jedoch nicht aus, einen Ausgang zur Nordsee zu haben. Man musste die gefährliche Nordsee umgehen. Die Römer brauchten zusätzlich eine Verbindung zur Ems.

Ijssel-Vechte-Kanal
Als nächster Fluss bot sich die Vechte an. Die Vechte entspringt in den Baumbergen westlich von Münster und fließt in nordwestlicher Richtung über Nordhorn und ebenso wie die Ijssel bei Zwolle in das Ijsselmeer.

Die beiden Flüsse Ijssel und Vechte fließen in Zwolle parallel, bevor sie in das Ijsselmeer münden. Zwolle, der zentrale Ort, liegt auf einem Sandhügel zwischen den beiden Flussmündungen von Ijssel und Vechte.

Unter Vermeidung des am Ufer flachen Ijsselmeers sollte die Ijssel in Zwolle durch einen Stichkanal mit der Vechte verbunden werden. Das Kastell [Castellum Flevorum] T. 4,72 schützte diese Unternehmung.

Man könnte dann nach Fertigstellung des Stichkanals von dem einen Fluss ‚Ijssel' in den anderen Fluss ‚Vechte' fahren. Das Ijsselmeer würde so umgangen.

Das Ijsselmeer musste auch umgangen werden, denn Schiffe können nur auf Flüssen getreidelt werden, auf Seen ist treideln unmöglich. Boote brauchen auf den Seen einen eigenen Antrieb, entweder mit Motor, Paddel, Ruder oder Segel.

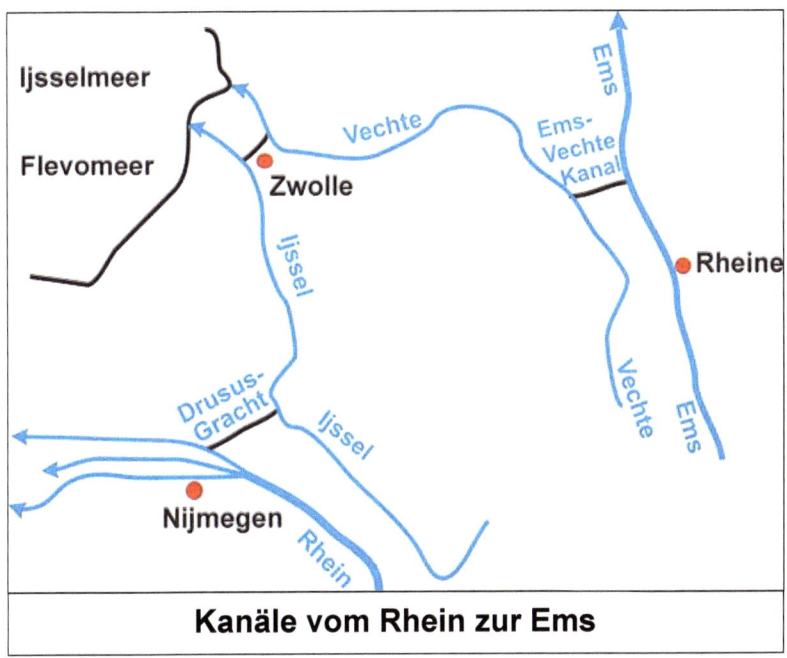

Kanäle vom Rhein zur Ems

Ems-Vechte-Kanal

Die Vechte konnte, ebenso wie die Ijssel, mit kleineren Binnenschiffen befahren werden, mit Prahmen, Schuten und Pünten. Die Boote wurden mit Pferden getreidelt oder auch mit Segeln angetrieben.

Mit einer Fahrt über die Vechte käme man der Ems sehr nahe. Man brauchte einen weiteren Kanal, der die Vechte mit der Ems verband[20].

Es wäre möglich, auch diese Wasserscheide durch einen Kanal so zu verändern, dass kleinere Boote für den Warenverkehr eingesetzt werden könnten. Um den Höhenunterschied von der Vechte zur Ems zu überwinden, müssten Staustufen gebaut werden; die Boote müssten über mehrere Staustufen immer wieder umgeladen werden bis sie die Höhe der Ems erreichten.

Die oberste Staustufe würde gespeist von einem Stausee der Vechte. Das Wasser würde sich dann durch das natürliche Gefälle über sämtliche Staustufen verteilen. Dadurch würde der Warentransport mit kleineren Schiffen von der Vechte bis zu Ems ermöglicht. Man würde über den Ems-Vechte-Kanal bei Hanekenfähr die Ems erreichen.

Der römische Schiffs-Frachtverkehr könnte so über die Vechte zur Ems laufen (Vechte = Vectura = Transport, Fuhre, Zufuhr, Fracht). Die Staustufen müssten aus Steinen gebaut werden, die vom Osten, also von Osnabrück aus herangeschafft werden sollten.

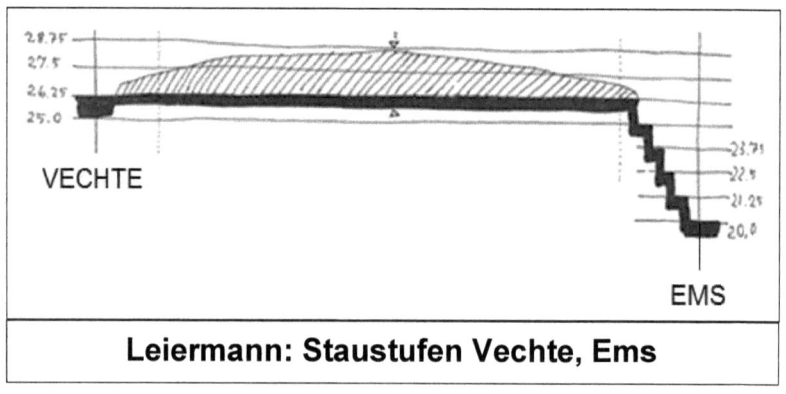

Leiermann: Staustufen Vechte, Ems

Lassen wir Caius Suetonius Tranquillus (um 75-140) sprechen: Divus Claudius (10 v. Chr. – 54 n. Chr.) Kindheit und Jugend des Tiberius Claudius Drusus Caesar:
„Dieser Drusus hatte als Quaestor und Praetor ein Kommando im Rätischen (Schweiz), danach im Germanischen Krieg; in dieser Funktion segelte er als erster römischer Feldherr über den nördlichen Ozean und legte jenseits des Rheins Kanäle an; diese Arbeit trieb er tätig voran, es war ein gewaltiges Unternehmen. Diese Kanäle (Plural) führen bis in unsere Zeit noch immer seinen Namen."
(1,2) ... „Oceanum septemtrionalem primus Romanorum ducum navigavit transque Rhenum fossas novi et immensi operis effecit, quae nunc adhuc Drusinanae vocantur. ..."

Lassen wir Sextus Iulius Frontinus sprechen, er war leitender Beamter der städtischen Wasserversorgung in Rom:
„Kein anderer Bau erfordert größere Sorgfalt in seiner Ausführung als einer, der dem Wasser standhalten soll. Daher ist für einen solchen Bau in allen Einzelheiten Gewissenhaftigkeit vonnöten - ganz im Sinne der Regeln, die zwar alle kennen, aber nur wenige befolgen."

Lippefeldzug 11 v. Chr.

Drusus hatte den Winter 12/11 v. Chr. in Rom verbracht. Im Frühjahr kehrte er zurück mit neuem Tatendrang.

Die Römer bauten ihren Aktionsraum kontinuierlich aus. Nun wurde die Lippe der bevorzugte Fluss, der für die Feldzüge in das innere Germanien benutzt werden sollte. Das Kastell in Xanten war Ausgangspunkt für die Feldzüge entlang der Lippe.

Die Lippe bei Wesel

Sie bauten die Lippe als Transportweg für die römischen Schiffe aus. Treidelpfade entlang der Lippe wurden angelegt. Die Schiffe wurden über die Treidelpfade getreidelt, d. h. sie wurden mit Pferden oder Maultieren den Fluss hochgezogen. Beide Seiten der Lippe wurden zusätzlich durch Straßen gesichert und mit Stützpunkten versehen. Derartige Stützpunkte bzw. Marschlager fand man in Dorsten-Holsterhausen, Haltern, Beckinghausen, Olfen usw.. Man geht davon aus, dass am Lippeknie in Bergkamen-Oberaden ein erstes rechtsrheinisches Standlager auf germanischem Gebiet entstand. Alle Baustellen und Stützpunkte mussten mit Material- und Versorgungsgütern beliefert werden.

Drusus zog die Lippe entlang, weiter über den Teutoburger Wald [Teutoburgensis saltus] und durch das Lipper Bergland. Sein Weg ging an der Emmer [Ambriuna] entlang Richtung Osten.

Die Emmer

Die Emmer[21] ist ein linker Nebenfluss der Weser. Sie entspringt in Bad Driburg an der Ostseite des Eggegebirges und fließt in nordöstlicher Richtung zur Weser hin. Sie durchfließt die Orte Nieheim, Steinheim, Lügde und Bad Pyrmont und mündet zwischen Bodenwerder und Hameln in die Weser. Auf ihrem Lauf speist sie bei Schieder-Schwalenberg den heutigen Emmer-Stausee. Sie ist 62 km lang. Auf ihrem Lauf treibt sie mehrere Mühlräder an.

Die Cherusker

Im Lipper Bergland wohnten die Cherusker[22]. Sie waren ein mächtiger germanischer Völkerstamm, der zu beiden Seiten der oberen Weser wohnte. Ihr Verbreitungsgebiet erstreckte sich vom Harz im Osten bis zum Teutoburger Wald im Westen. Im Norden reichte es bis an das Wiehen-/Wesergebirge heran, im Süden über das Lippische Bergland hinaus bis an die Nethe oder die Diemel.

Als sich die Cherusker seinem Durchmarsch widersetzten, nahm Drusus bedenkenlos den Kampf auf. Alles was sich ihm entgegenstellte wurde niedergemacht. Die Römer siegten immer, das Heer war bestens durchorganisiert.

Das Brandgräberfeld an der Bahnlinie in Himmighausen[23] (Stadt Nieheim) Kreis Höxter, könnte aus dieser Zeit stammen.

Raub der Kinder Arminius und Flavus
Auch die Cherusker hatten keine Chance, die Römer aufzuhalten. Bei dieser Gelegenheit nahm Drusus möglicherweise in Lügde an der Emmer die beiden Söhne ‚Hermann' [Arminius] und ‚der Blonde' [Flavus] des Cheruskerfürsten Segimer mit und schickte sie nach Xanten und später zur Ausbildung nach Rom. Die Kinder waren ca. 9 und 7 Jahre alt. Das genaue Alter kennt man nicht. Ihre germanischen Namen sind ebenfalls unbekannt.

Es war nicht unüblich, Kinder von besiegten Fürsten zur Ausbildung nach Rom zu schicken. Die Kinder wurden in der Regel gut behandelt. Sie sollten später, wenn sie erwachsen waren, in ihre Heimatländer zurückgehen und romfreundliche Politik machen.

Die Quellen sagen darüber nichts aus. Es existiert jedoch eine Gedenkmünze aus dem vorchristlichen 1. Jahrzehnt, die die Übergabe eines Kindes als Geisel von einem germanischen Fürsten an Augustus zeigt. Falls die Vermutungen stimmen, dass Arminius schon im Kindesalter als Geisel der Römer genommen wurde, so könnte dies das einzige, jedoch sehr spekulative Zeugnis davon sein[24].

Schiffgraben

Drusus zog weiter nach Osten. Bei Emmern (Kreis Hameln-Pyrmont) wurde die Weser überquert.

Wir sehen auf den Landkarten, dass die Wege des Drusus immer nur einen Hinweg kennen. Sie verlieren sich im Niemandsland. Doch sein Ziel war der Harz. Der Bau des Schiffgrabens sollte in Angriff genommen werden. Drusus musste die Baustelle am Schiffgraben einrichten.

Nirgendwo wird explizit erwähnt, dass der Schiffgraben gebaut wurde, aber der Schiffgraben ist eine Tatsache. Er wurde von Menschenhand erschaffen. Die Germanen haben diesen aufwendigen Kanal sicherlich nicht angelegt. Einzig die Römer hatten ein Interesse daran, einen Wasserweg bis zur Elbe zu errichten[11].

Schiffgraben / Großer Graben

Damit die Baustelle erreichbar wurde, brauchten die Römer eine Straße. Die Straße führte von Hameln über Hildesheim und Wolfenbüttel zum Schiffgraben. Bei Jerxheim bauten sie einen Viadukt über das sumpfige Gelände. Die Straße führte bis in den Harz. Die Rohstoffe (Erze) sollten abgebaut werden.

Viadukt bei Jerxheim

Die Arbeiten begannen gleichzeitig im Westen am Drususkanal in Holland und im Osten am Schiffgraben. Die Römer arbeiteten gern mit Zangenbewegungen.

Möglicherweise hat eine Legion Soldaten am Schiffgraben gearbeitet, eine zweite Legion baute die Kanäle in Holland und eine dritte war mit Straßenbauarbeiten und Lagerbau beschäftigt. Die Soldaten wären dann im ganzen Land verteilt gewesen.

Aberloh

Für den Rückweg wählte Drusus eine etwas andere Strecke aus. Er nahm nicht denselben Weg durch das Tal der Emmer wie beim Hinweg, sondern wählte den Weg entlang an Bega, Werre und Aa. Beim Übergang über den Teutoburger Wald geriet seine Truppe bei Aberloh urplötzlich in einen Hinterhalt[25]. Die Cherusker forderten die geraubten Kinder zurück.

Die römischen Soldaten sahen sich in einem Engpass, einer engen und hohlen Stelle, an allen Seiten von Cheruskern umzingelt. Sie hatten die Verbindung zu ihren anderen Truppenteilen verloren und mussten sich nun gegen die angreifenden Germanen zur Wehr setzen. Drusus wurde unruhig. Sie mussten unbedingt dem Kessel entfliehen. Aber Drusus' Truppe war sehr gut organisiert. Sie kämpfte sich durch, sie schaffte es, sich zu befreien.

Drusus war zwar draufgängerisch, aber auch umsichtig. Denn es hatte vorher schon Warnhinweise gegeben. Ein Schwarm Bienen hatte sich im Zelt seines Lagermeisters Hostilius Rufus so niedergelassen, dass die Bienen das vorgespannte Seil und die an das Zelt geheftete Lanze umgaben. Die Wahrsager werteten so etwas immer als böses Omen. Drusus war abergläubisch und hörte auf die Wahrsager. Das Unheilsvorzeichen blieb bestehen und wartete weiter auf seine Erfüllung[26].

Wo könnte Aberloh gewesen sein?

Wenn Drusus den direkten Weg vom Schiffgraben am Harz in Richtung Westen genommen hätte, könnte er auch von Hameln aus an Bega, Werre und Aa entlang Richtung Teutoburger Wald gezogen sein. Er hätte dann in Bielefeld-Sieker den Teutoburger Wald überqueren müssen. Sein Weg ging dann möglicherweise am Mühlenbach entlang Richtung Westen über die Osningstraße. Dort gibt es ein Gelände mit Namen Aberloh[27]/Haferloh.

Römerlager Aliso
Wir wissen von Dio, dass Drusus nach der Schlacht bei Aberloh zwei neue Lager errichtete. Das erste lag am Zusammenfluss von Lippe und Elison. Drusus nannte es Aliso, das zweite Lager lag am Rhein.

Aus dem Bericht geht hervor, dass die beiden Flüsse Lippe und Elison offenbar gleichwertig zusammen fließen. Es handelt sich anscheinend nicht um einen größeren Fluss, in den ein kleinerer Fluss hineinfließt.

Das erste Kastell könnte demnach in Schloß Neuhaus bei Paderborn gewesen sein. Denn am Oberlauf der Lippe brauchten die Römer unbedingt einen Magazinplatz. Die Waren könnten per Schiff über die Lippe bis Schloss Neuhaus gebracht werden, anschließend müssten die Waren auf Wagen oder Tragtiere umgeladen werden. Schloß Neuhaus liegt an der oberen Lippe, am Zusammenfluss von Lippe und Alme. Der genannte Elison könnte die Alme gewesen sein. Das Lager Aliso hat man bisher noch nicht gefunden.

Lassen wir Dio sprechen: Römische Geschichte 54,33,4 *(1)*
„So aber wurden sie (die Germanen) von ihm (Drusus) geschlagen und hatten dann nicht mehr den gleichen Mut, sondern suchten den Römern nur noch aus der Ferne Schaden zuzufügen. Zum Nahkampf wagten sie sich nicht mehr heran, so dass Drusus, der sie nun auch verachtete, dort, wo die Lippe und der Elison zusammenflie-

ßen, ein Kastell gegen sie errichtete (Aliso), sowie ein anderes im Gebiet der Chatten, direkt am Rhein."

Wo errichtete Drusus das zweite Kastell im Gebiet der Chatten? Das zweite Lager lag am Rhein.

Römerlager Mainz

Um **10 v. Chr.** wurde auf einem Hochplateau, genannt Kästrich in Mainz [Moguntia][28] gegenüber der Mainmündung ein weiteres Legionslager erbaut. Dieses Lager wurde [Moguntiacum] genannt. Es war ca. 36 ha groß und konnte 2 Legionen aufnehmen.
Auch dieser Platz war ausgezeichnet gewählt. Das Lager diente als Ausgangspunkt für die bevorstehenden militärischen Operationen gegen die Chatten, die auf der rechten Rheinseite wohnten. Durch seine strategisch günstige Lage am Rhein, gegenüber der Mainmündung, wurde dieses Lager ebenfalls zu einem der wichtigsten militärischen Stützpunkte.

Die Chatten

Die Chatten[29] hatten ihr Verbreitungsgebiet im heutigen Hessen. Sie bewohnten die Täler von Eder, Fulda und der oberen Lahn. Im Osten reichte ihr Gebiet bis Kassel, im Westen bis Gießen. Im Norden grenzte ihr Gebiet an das Gebiet der Cherusker, im Süden an das Gebiet der Sueben (Markomannen).

Die Sueben[30] siedelten ursprünglich im Bereich der Ostsee, später südlich der Elbe, dann nördlich des Mains. Ihr Verbreitungsgebiet hatte sich immer wieder verändert.

Von Mainz aus erkundete Drusus den Herkynischen Wald (Böhmer Wald). Die Markomannen zogen sich weiter zurück nach Böhmen.

Lassen wir Florus sprechen:
Epitomae rerum romanorum 2,30,26-27 *(1)*
„Und außerdem verteilte er (Drusus) zum Schutz der Provinz Stützpunkte und Wachtposten überall an Maas, Elbe und Weser. Am Rheinufer jedenfalls errichtete er mehr als 50 Kastelle. Borma und Gesoriac (Boulogne) band er mit Brücken (an das Straßennetz) an und sicherte sie durch Schiffe. Den nie erblickten und dazu bis zu der Zeit unzugänglichen Hercynischen Wald machte er gangbar."

Römerlager Rödgen
Auch in diesem Jahr ging Drusus' Weg Richtung Elbe bzw. Schiffgraben. Es wurden weitere Kastelle angelegt. Das Lager Rödgen[31] (Wetterau) wurde als großes Versorgungslager eingerichtet mit großen Lagerkapazitäten. Der Nachschub sollte immer reibungslos laufen.

Drusus bekämpfte die Chatten, die in Hessen wohnten. Die einzelnen Germanenstämme hatten keine Chance. Das Heer verwüstete die Äcker, raubte das Vieh und plünderte die Bevölkerung aus. Die Germanen hatten dem Ansturm nichts entgegen zu setzen.

Römerlager Hedemünden
Drusus legte in Hedemünden[32] an der Werra auf dem Burgberg ein weiteres großes Lager an. Der Berg ist ca. 200 m hoch und fällt im Süden und im Osten sehr steil ab, der Steilhang ist ein natürlicher Schutz für dieses Lager. In den vergangenen Jahren wurden dort

viele Funde gemacht, so dass sich die Vermutung auf ein römisches Militärlager bestätigte.

Wall und Graben waren in Holz-Erde-Bauweise mit umlaufendem Graben errichtet. Im Inneren wurden große Gebäude gefunden, die man als Principia und als Prätorium erkannt hat. Außerdem gab es einen fast quadratischen Zentralbau mit einer Kantenlänge von 40 Metern. Es wurden viele Waffen- und Werkzeugteile gefunden, ferner viele Wagenteile und Zaumzeug und anderes.

Wichtig war eine heute sumpfige Quelle, da die Römer sehr viel Wert auf frisches Quellwasser legten.

Drusus kehrte im Winter 10/9 v. Chr. nach Rom zurück, wo er 9 v. Chr. das Konsulat übernahm.

Zweiter Feldzug an die Elbe

Drusus gelang einfach alles. Nach seiner Rückkehr nach Germanien versuchte er erneut, die Elbe zu erreichen. Er kam wieder von Mainz aus **(9 v. Chr.)**.

Inzwischen hatten sich die drei germanischen Volksgruppen Cherusker, Sueben und Sugambrer verbündet. Ihre Wohngebiete grenzten zwar aneinander, sie berührten sich jedoch nicht. Wie alle germanischen Siedlungen waren sie durch Gebirge oder Ödlandstreifen getrennt. Aber diese drei Volksgruppen hatten offensichtlich zusammengearbeitet und 20 römische Centurionen gekreuzigt. Diese Tat verband die Germanen wie ein Eid zu einer Schicksalsgemeinschaft. Das konnte Drusus nicht ungestraft lassen.

Wir wissen von Florus, dass Drusus gleichzeitig die Cherusker, die Sueben und die Sugambrer angriff. Die Germanen waren siegesgewiss und hatten vorab schon ihre Beute aufgeteilt. Die Cherusker wollten die Pferde, die Sueben das Gold und das Silber, und die Sugambrer wollten die Gefangenen übernehmen. Aber alles kam umgekehrt. Denn Drusus gewann diesen Kampf. Er war der Sieger. Er verteilte und verkaufte die Pferde, das Vieh und die Halsketten von ihnen und sie selbst als Beute.*(1)*

Drusus erreicht die Elbe

Drusus zog mit seinem Gefolge weiter und erreichte diesmal die Elbe in der Gegend von Magdeburg. Er errichtete stolz sein Siegesdenkmal an der Elbe. Hier war der am besten geeignete Ort für sein Tropaion; denn hier war der Wendepunkt seiner militärischen Exkursion. Er hatte sein Ziel, den Endpunkt erreicht.

Der Unfall

Auf dem Rückweg von der Elbe zur Weser hatte Drusus eine Erscheinung. Eine riesengroße germanisch aussehende Frau soll ihm zugerufen haben: „Wohin willst du, unersättlicher Drusus? Nicht alles das zu schauen, ist dir bestimmt. Nein, kehre um! Denn schon ist das Ende deiner Taten und dein Lebensende nahe." Sie kündigte ihm seinen nahen Tod an… Diese Prophezeiung ging auch gleich in Erfüllung. Wie fürchterlich! Drusus stürzte vom Pferd und brach sich den Schenkel. Zu dieser Zeit war eine derartige Verletzung tödlich.

Wir fragen uns, wo ist der Unfall geschehen? Das soll an der Salas gewesen sein. Er geschah möglicherweise in Teufelsberg bei Elze, da wo die kleine Saale in die große Leine mündet.

Diese kleine Saale[33] ist ein linker Nebenfluss der Leine in Niedersachsen. Der Name Saale bedeutet: „Ein mit Saal-Weiden bestandener Fluss." Der Name tritt in Deutschland mehrfach auf.

Von der Unglücksstätte wurde er (Drusus) bis in das Sommerlager transportiert (Sen. dial. ad Marciam 3: Text) und in diesem ist er gestorben (Suet. Claud. 1). Dies lag tief im Barbarenland (Val. Max. 5,5,3)[34].

Der Tod des Drusus

Die Verletzung war sehr schwer, Drusus hatte das Bein gebrochen. Sein Bruder Tiberius weilte zu dieser Zeit in Pavia (Italien), er wurde schnellstens unterrichtet. Tiberius kam sofort.

Er überquerte die Alpen, erreichte Mainz und ritt, nur von dem Germanen Andabag begleitet, bei Tag und bei Nacht 300 Kilometer durch das kaum unterworfene Land, um einen „letzten Blick und Gruß mit seinem Bruder zu tauschen".

Drusus, schon an der Schwelle, „wo Leben und Tod sich scheiden", befahl, ihm entgegen zu reiten, und ließ die Legionen zur Parade antreten, um ihm Titel und Amt des Konsulars und Oberfeldherrn zu übergeben.

Nach dreißig Tagen Krankenlager verstarb Drusus im Lager, das nach seinem Tode „das Unheilvolle" [Castra Scelerata] genannt wurde, in den Armen seines Bruders Tiberius.

Er starb, von seinen Soldaten tief betrauert, während Wölfe heulend das Lager umkreisten, klagende Frauenstimmen in den Lüften gehört wurden, Sterne vom Himmel fielen und gespenstische Reiter über das Feld sprengten ... So jedenfalls wird es von den römischen Geschichtsschreibern berichtet. *(4)*

Der deutsche Historiker Prof. Dr. Theodor Mommsen (1817-1903) schrieb dazu: Römische Geschichte Bd.8 *(6)*:

„Er (Drusus) verschied nach 30-tägigem Leiden in dem fernen Lande zwischen Saale und Weser, das nie vor ihm eine römische Armee betreten hatte, in den Armen des aus Rom herbei geeilten Bruders, im dreißigsten Jahre seines Alters, im Vollgefühl seiner Kraft und seiner Erfolge, von den Seinigen und dem ganzen Volke tief und lange betrauert, vielleicht glücklich zu preisen, weil die Götter ihm gaben, jung aus dem Leben zu scheiden und den Enttäuschungen und Bitterkeiten zu entgehen, welche die Höchstgestellten am schmerzlichsten treffen, während in der Erinnerung der Welt noch heute seine glänzende Heldengestalt fortlebt.

Dass der Sturz in der Saalegegend erfolgte, wird aus Strabon 7,1,3 p.291 gefolgert werden dürfen, obwohl er nur sagt, dass er auf dem Heerzuge zwischen Salas und Rhein umkam und die Identifikation des Salas mit der Saale allein auf der Namensähnlichkeit beruht."

Und wir fragen uns, wo das Sommerlager gewesen sein könnte, in dem Drusus gestorben ist? Wir wissen von Valerius Maximus, dass es 200 Meilen = 300 km vom Rhein entfernt war. Das könnte am Schiffgraben gewesen sein. Das Sommerlager war sicherlich ein Standlager. Ein Marschlager hätten die Soldaten an der Unfallstelle einrichten können. Der Schiffgraben ist etwa 300 km von Xanten oder auch von Mainz entfernt (Luftlinie).

Das Lager könnte in Westerburg/Huy (Sachsen-Anhalt) gewesen sein. Westerburg[35] ist heute ein Wasserschloss. Es liegt südlich des Schiffgrabens/Großen Grabens in der Mitte zwischen Börßum und Oschersleben. Dieses Lager war durch Wälle und zwei Wassergräben gesichert. Um 1800 wurde der äußere Wall entfernt durch hineinschütten der Erde in den äußeren Graben.

Wasserschloss Westerburg

Tribunen und Centurionen trugen den Leichnam nach Mainz, von wo er mit einem Ehrengeleit den Weg in die Heimat (Rom) antrat. Der tote Drusus wurde mit zahlreichen Ehrungen versehen, unter anderem mit Leichenreden von Augustus und Tiberius, Lobdichtungen und Monumenten.

Auf dem Forum in Rom wurden die sterblichen Reste des Feldherrn verbrannt, nachdem ihm Bruder (Tiberius) und Vater (Kaiser Augustus) vor allem Volke die Leichenrede gehalten hatten. Der Senat verlieh ihm den Ehrennamen ‚Germanicus', der auf den Sohn des Drusus überging, und errichtete ihm einen Ehrenbogen, der zusammen mit dem Bildnis des Feldherrn auf Münzen dargestellt wurde.

Lassen wir Florus sprechen:
Epitomae rerum romanorum 2,30,28 *(1)*
„Schließlich gab nicht aus Schmeichelei, sondern wegen der Verdienste, dem dort gestorbenen, sehr tapferen Jüngling der Senat

selbst, wie niemals anderen, den Beinamen [„Germanicus"] nach der Provinz."

Lassen wir Sueton sprechen: 5 Claudius 1,3 a,c *(1)*
„...Als er (Drusus) nach seiner Prätur unverzüglich das Konsulat aufnahm und den Feldzug (zur Elbe) wiederholt hatte (9 v. Chr.), starb er an einer Krankheit im Sommerlager, das danach „Das Unheilvolle" genannt wurde. Übrigens errichtete das Heer ihm zu Ehren einen Hügel, um den von da ab jährlich am festgelegten Tage das Heer paradierte und die Stämme der Gallier von Staates wegen beteten."

Der Ort, an dem dieser Ehrenhügel errichtet wurde, ist bis heute unbekannt. Er könnte der Drusus-Altar bei Kleinenberg (Kreis Lichtenau) in der Nähe von Aliso gewesen sein.

Auch in Mainz welkte die Erinnerung an den jugendlichen Heerführer nicht. Ein halbes Jahrhundert nach seinem Tod, wahrscheinlich unter Kaiser Claudius, wurde das heute noch stehende Mal errichtet - mythischer Mittelpunkt des großen Waffenplatzes am Rhein, - und mit Paraden, Waffenübungen und Opfern fortan einmal im Jahr das Gedächtnis des geliebten Generals beschworen, der seinen Legionen wie Gott Mars selbst vorangeritten war.*(4)*

Drusus war insgesamt vier Jahre in Germanien. Der „Drususstein"[36] in Mainz könnte der Überrest eines Kenotaphs (Scheingrab) für Drusus sein.

Die Angaben zur Drusus-Zeit sind sehr unsicher.

Auf dem Rückweg von diesem Sommerlager am Schiffgraben/Großer Graben zur Lippe und zum Rhein vergruben die Soldaten sorgfältig in der Nähe von Hildesheim das Silbergeschirr von Drusus unter einem dicken Findling.

Unter einem Findling hat man einen Silberschatz gefunden, der Varus zugeschrieben wird. Aber der Schatz hat wahrscheinlich dem Drusus gehört. Den Varus-Schatz müssen wir an einem anderen Ort suchen.

Der Hildesheimer Silberfund

ist ein wahrscheinlich um die Zeitenwende vergrabener Schatz: Es handelt sich um römisches Tafelsilber bestehend aus 69 reichverzierten Gefäßen aus der Zeit des Kaisers Augustus, es sind gallische, römische und griechische Arbeiten.

Der umfangreiche Silberfund wurde am 17. 10. 1868 auf dem Westhang des Galgenbergs im Südosten von Hildesheim entdeckt.

Bei dem Fundort handelte es sich um eine Grube, in der die Fundgegenstände in geordneter Form als Dreieck aufgestellt waren. Die geordnete Einbringung des Silberfundes spricht für ein sorgfältiges Verstecken.

Bei allen Fundstücken handelt es sich um Ess- und Trinkgerätschaften, so dass man insgesamt von einem Tafelgeschirr sprechen kann.

Bei den gefundenen Gegenständen handelt es sich um drei große Gefäße – ein Eimer, ein Krater (Kanne) und ein Kantharos (Kessel) – sie enthielten eine Reihe kleinerer Gefäße, daneben befanden sich zwei silberne Humpen, ein Klappdreifuß, ein Kandelaber und eine große rechteckige Schale. Einige der gefundenen Gegenstände zeigen starke Nutzungsspuren.

Aus den gepunzten antiken Nummerierungen und Gewichtsangaben kann man schließen, dass es sich um die Hälfte eines Tafelgeschirrs handelt. Eingravierte Besitzernamen weisen darauf hin, dass die Geschirrbestandteile unterschiedlichen Vorbesitzern gehörten und das Tafelgeschirr offenbar aus verschiedenen Quellen zusammengestellt wurde.

Aus Sicht von Lokalforschern sind bedeutende Stücke des Hildesheimer Silberschatzes eine schlichte Kelle und die so genannte Athenaschale, deren Gravuren als Initialen des Varus gedeutet wurden. Es handelt sich überwiegend um augusteische Silberarbeiten, der Rest ist etwas älter.

Da für eine Reihe von Bestandteilen des Geschirrs genau die Hälfte des angegebenen Gesamtbestands gefunden wurde, gehen einige Wissenschaftler davon aus, dass hier eine bewusste Teilung eines einst doppelt so großen Silberensembles vorgenommen wurde.

Während dieser Grabungen fand man ferner zahlreiche Pferdegerippe und u. a. Fragmente römischer Fibeln.

Der Hildesheimer Silberfund befindet sich heute in der Antikensammlung der Staatlichen Museen zu Berlin[37].

Der Schatz von Boscoreale
besteht ebenfalls aus römischem Tafelsilber. Er ist vergleichbar mit dem Hildesheimer Silberfund.

Beim Ausbruch des Vesuv am 24.08.79 n. Chr. wurde die Villa Rustica am Festland in der Nähe von Neapel verschüttet und mit ihr das Silbergeschirr. Bei späteren Ausgrabungen hat man diesen zweiten Teil des Silbergeschirrs gefunden. Der Schatz von Boscoreale, vermutlich das Silbergeschirr des Tiberius, befindet sich auf Grund einer Stiftung durch den Baron von Rothschild heute im Louvre in Paris[38].

Als Schatz von Boscoreale wird ein 1895 in der Villa Rustica in Boscoreale (Ort am Südhang des Vesuv) aufgefundener, aus 109 Teilen bestehender Silberschatz bezeichnet. Der Ort liegt unweit von Pompeji. Beim Ausbruch des Vesuv wurde auch dieser Ort wie Pompeji, Herculaneum und Stabiae verschüttet.

Der Großteil dieser Fundstücke stammt ebenfalls aus der frühen Kaiserzeit. Neben einigen schlichten Gefäßen besticht er vor allem durch meisterhaft gearbeitete Schalen und Becher. Am bekanntesten sind dabei der Augustus-, der Tiberius- und der Skelettbecher.

Bekannt wurde der Ort durch Ausgrabungen am Ende des 19. Jahrhunderts, als man die römischen Villen des Publius Fanninus Sinistor (Villa Boscoreale) und die Villa Rustica ausgrub.

In letzterer Villa Rustica fand man 1895 den so genannten Schatz von Boscoreale. 1978 bis 1983 fanden erneute, ausgiebige Untersuchungen in Boscoreale statt.

Der Großteil des Schatzes gelangte 1895 als Geschenk von Edmond de Rothschild in das Musée National du Louvre in Paris, die restlichen Teile ebenfalls als Geschenk erst 1990.

Wem gehörten die Silberschätze?
Hat der Hildesheimer Silberschatz wirklich dem Varus gehört? Stempel auf der Unterseite einzelner Teile deuten auf Varus hin. Aber das Silbergeschirr stammte aus verschiedenen Quellen. Vielleicht gehörte das Silbergeschirr auch den Brüdern Tiberius und Drusus.

Die beiden Brüder Tiberius und Drusus waren 15 v.Chr. als Offiziere in das römische Heer eingetreten. Für den Felddienst war das Silbergeschirr (obwohl nicht sehr hochwertig) immer noch sehr gut. Die beiden Brüder waren jung, für sie war das Tischgeschirr nicht so wichtig. Das Silbergeschirr war unter den Brüdern aufgeteilt worden, jeder bekam eine Hälfte.

Möglicherweise gehören diese beiden Fundhorte zusammen.
Als Drusus im Jahr 9 v. Chr. im Lager [Scelerata] am Schiffgraben verstarb, wurde seine Leiche über Mainz nach Rom gebracht und verbrannt.

Das Silbergeschirr wurde wohl auf dem Rückweg zum Rhein in der Nähe von Hildesheim vergraben, in der Nähe eines großen Findlings, damit man die Stelle später wiederfinden konnte.

Die zweite Hälfte des Schatzes, die Tiberius gehörte, hat man später in der Villa Rustica in der Nähe von Neapel gefunden.

Tiberius verbrachte als römischer Kaiser die letzten Jahres seines Lebens auf der Insel Capri in der Nähe von Neapel. Er hatte weitere Häuser am Festland.

Nach Drusus' Tod

Dieses schreckliche Unglück zog weite Kreise. Sein ältester Sohn Nero Claudius Drusus, ab sofort ‚Germanicus' genannt, war gerade erst 6 Jahre alt. Der kleine Junge hatte plötzlich keinen Vater mehr. Seine Geschwister Livilla und Claudius waren noch jünger.

Und die Erbfolge war gestört. Der Kaiser hatte seinen Kronprinzen verloren. Augustus hatte nur eine leibliche Tochter namens Iulia, die für die Erbfolge nicht infrage kam. Augustus war in Nöten. Er brauchte unbedingt weitere Söhne bzw. Stiefsöhne, die die Erbfolge sichern und weiterführen konnten.

Germanicus hatte immer seinen Vater Drusus vor Augen, er war sein leuchtendes Vorbild, er wollte so werden, wie sein Vater gewesen war, so strahlend und schön, so tapfer und überragend, vielleicht noch besser als sein Vater es je gewesen war. Im Kaiserhaus wurden tolle Geschichten und Wunderdinge von Drusus erzählt, immer nur in den leuchtendsten Farben.

Germanicus hörte immer wieder die Geschichten und Abenteuer, die sein Vater Drusus überstanden hatte. Er liebte die Geschichten und Heldentaten, die über seinen Vater erzählt wurden. Er kannte sie alle auswendig. Aber das Leben ging weiter.

Tiberius übernahm in Germanien das Oberkommando.

III Tiberiuszeit

Ausbau der Infrastruktur

Wer war Tiberius?
Tiberius Claudius Nero, *16.11.42 v. Chr. in Rom, † 16.03.37 n. Chr. am Kap Misenum. Er war römischer Politiker und Heerführer, ab 4 n. Chr. durch Adoption Stiefsohn des Kaisers Augustus. Er war der älteste Sohn der Livia Drusilla, der Frau des Augustus, aus ihrer ersten Ehe mit Tiberius Claudius Nero.

Von 15 - 13 v. Chr. hatten Tiberius[39] und sein jüngerer Bruder Drusus die Völkerschaften in den Alpen unterworfen. Raetien (Schweiz) und Noricum (Österreich) gerieten unter römische Herrschaft. Daraufhin wurde die Donau als Nordgrenze des römischen Reiches festgelegt.

Tiberius war von 16 bis 12 v. Chr. verheiratet mit Vipsania Agrippina, der Tochter des Feldherrn Marcus Vipsanius Agrippa. Aus dieser Ehe stammte sein um 15 v. Chr. geborener Sohn Tiberius Drusus Iulius Caesar (Drusus minor).

Nach dem Tod seines Bruders Drusus wurde er Oberbefehlshaber über die Truppen in Germanien. Tiberius reiste an den Rhein, um die dortigen Legionen zu übernehmen.

Die Germanen

Die Germanen waren kein einheitliches Volk mit einem einzigen Anführer. Sie gliederten sich vielmehr in zahlreiche Stämme, die sich wiederum in kleinere Sippen aufspalteten. Die Sippe, der Familienverband, erscheint uns als die wichtigste gesellschaftliche Einheit der Germanen. Auch ihr Heer war nach Sippen geordnet, über den Sippen stand der in Gaue unterteilte Stamm, der von den benachbarten Stämmen in der Regel durch Wald oder Ödlandstreifen getrennt war. Die Germanen siedelten in unterschiedlicher Siedlungsdichte sowohl in Einzelhöfen als auch in kleinen Dörfern.

Friedensvertrag

Bisher hatten die einzelnen Germanenstämme immer mehr oder weniger einzeln gegen die Römer gekämpft. Doch die Römer hatten eine enorme Übermacht. Ihr Heer war so geschult, dass die Germanen überhaupt keine Chance sahen, gegen die Römer vorzugehen. Sie waren ständig unterlegen. Auch ihre besten Krieger konnten nichts ausrichten. Nachdem Drusus gestorben war, kam mit seinem Bruder Tiberius sofort der nächste Oberbefehlshaber. Die Germanen sahen ein, dass sie unbedingt einen Friedensvertrag mit Augustus schließen mussten.

Auf Veranlassung des Tiberius beschlossen die germanischen Stämme, gemeinsam beim Kaiser Augustus um Frieden zu bitten.
(**8 v. Chr.**) Augustus war mit einem Friedensvertrag einverstanden, aber nur, wenn alle Stämme sich beteiligten.

Die einzelnen Stämme schickten Gesandte nach Rom, um den Friedensvertrag auszuhandeln. Nur die Sugambrer[40], die in der Nähe des Rheins wohnten, hatten keine Vertreter nach Rom entsandt. Daher lehnte Augustus einen Friedensvertrag ab. Als die Sugambrer dann doch bereit waren, sich an den Verhandlungen zu beteiligen, ließ Augustus die Vertretung der Sugambrer gefangen nehmen und in verschiedene römische Städte bringen. Die Sugambrer protestierten gegen diese Behandlung, indem sie Selbstmord begingen. Die Römer schlossen daraufhin mit allen anderen germanischen Stämmen einen Friedensvertrag.

Den jetzt führerlosen Stamm der Sugambrer, der aus etwa 40.000 Personen bestand, ließ Augustus umsiedeln in linksrheinisches Gebiet. Tiberius organisierte die Ausführung der Umsiedlung. Damit stellten die Sugambrer keine Gefahr für Rom mehr dar.

Tiberius erhielt für diese vollkommen unblutige Eroberung den Imperatortitel, das Konsulat, und einen Triumphzug (8 v. Chr.)[41].

Tiberius wollte kein Blutvergießen. Er zog nun kreuz und quer durch Germanien und verhandelte lieber mit den einheimischen, germanischen Stämmen und schloss Verträge, in denen die Germanen die Römer als ihre Herren anerkennen mussten. Diese Taktik war sehr erfolgreich. Nach drei Jahren hatte er fast alle germanischen Fürsten unterworfen. Nur die Markomannen fehlten noch. Sie waren in der Zwischenzeit nach Böhmen abgewandert.

Germanien wurde langsam römisch, Händler kamen, Städte wurden gegründet, Straßen wurden gebaut, Kastelle errichtet, die Kanäle wurden weitergebaut, alles verlief reibungslos und friedlich.
Lassen wir Velleius Paterculus sprechen:
Historia Romana II 97,4 *(3)*

„Die Last dieses Krieges wurde daraufhin Tiberius Nero übertragen, und er meisterte seine Aufgabe mit dem ihm eigenen Glück des Tüchtigen. Siegreich durchzog er alle Gebiete Germaniens, und zwar ohne jeglichen Verlust für die ihm anvertrauten Truppen; darauf war er bei seiner Heeresführung besonders bedacht. Er unterwarf Germanien so vollständig, dass er es fast zu einer steuerpflichtigen Provinz machte."

Nachfolgesuche
Augustus hatte derweil große Sorgen. Nach dem Tode seines Lieblingssohnes Drusus im Jahre 9 v. Chr. wollte und musste er seine Nachfolge neu regeln. Augustus hatte selbst keine Söhne und Tiberius war nicht geeignet. Augustus wollte die Nachfolge lieber aus seiner eigenen Familie, der julischen, regeln, nicht aus der Familie seiner Frau.

Seine Tochter Iulia kam für die Nachfolge auch nicht infrage.

Iulia hatte er sehr früh schon im Alter von 14 Jahren mit Marcellus (18) verheiratet, dem Sohn seiner Schwester Octavia und ihres ersten Mannes. Doch Marcellus starb bereits Ende des Jahre 23 v. Chr. mit 20 Jahren. Iulia war damals gerade 16 Jahre alt.

Augustus musste daraufhin einen neuen Ehemann für seine Tochter finden. Tiberius, Bruder des Drusus, war ihm nicht recht.
Der zweite Mann der Iulia wurde Agrippa[42], ein alter Freund des Augustus. Agrippa war zwar 25 Jahre älter als Iulia, aber Agrippa ließ sich von seiner Frau scheiden und heiratete im Jahr 21 v. Chr. die dann 18-jährige Iulia.

Die beiden hatten zwei Töchter und drei Söhne, Gaius, Lucius und den erst nach Agrippas Tod geborenen Agrippa. Schon zu Agrippas Lebzeiten hatte Augustus die beiden älteren Söhne Gaius und Lucius adoptiert, um sie als seine potentiellen Nachfolger aufzubauen.

Als Agrippa im Jahre 12 v. Chr. starb, musste Augustus wieder einen neuen Ehemann für seine Tochter Iulia finden.

Dieser neue Ehemann sollte nun doch Tiberius werden. Aber Tiberius war inzwischen verheiratet und hatte schon einen Sohn namens Drusus (minor). Tiberius war mit dieser neuen Heirat nicht einverstanden. Doch Augustus zwang ihn, sich von seiner Frau Vipsania, einer Tochter Agrippas zu trennen und im Jahre 11 v. Chr. Iulia zu heiraten.

Tiberius war mit der neuen Heirat nicht glücklich. Iulia und Tiberius verstanden sich nicht.

Auch nach der Heirat wurde Tiberius nicht von Augustus adoptiert und Nachfolger von Augustus sollte er auch nicht werden. Tiberius gefiel das alles nicht.

Es kam zu einem Zerwürfnis zwischen Augustus[43] und Tiberius. Tiberius legte alle Ämter nieder. Er verließ Rom im Jahr 5 v. Chr. und ging ins Exil auf die griechische Insel Rhodos.

Die Arbeiten in Germanien gerieten ins Stocken. Doch es war wichtig, dass die Arbeiten fortgeführt wurden.

Neuer Statthalter Ahenobarbus

Tiberius' Nachfolger als Statthalter in Germanien wurde nun Lucius Domitius Ahenobarbus (Rotbart)[44], **(ca. 4 v. Chr.)**. Auch er stammte aus der Familie des Kaisers Augustus.

Er war Konsul im Jahr 32 v. Chr. und mit Antonia der Älteren verheiratet, einer Tochter des Marcus Antonius. Domitius war 22 v. Chr. kurulischer Ädil (Tempelbeamter) und im Jahr 16 v. Chr. ordentlicher Konsul. Etwa 12 v. Chr. war er Prokonsul der Provinz Africa. Als Statthalter von Illyricum führte Domitius Feldzüge nach Germanien, wobei er im Jahre 3 v. Chr. als erster römischer Militärbefehlshaber über die Elbe vordrang.

Ahenobarbus' Hauptwohnsitz wurde Haltern an der Lippe. Seine neue Aufgabe war es, eine Straße durch das Brukterergebiet anzulegen. Das Münsterland war Brukterergebiet.

Dieser Straßenverlauf ist bis heute unbekannt. Er soll irgendwo zwischen Rhein und Ems gewesen sein. Bisher hat man diese Straße noch nicht gefunden. Doch wir wissen, dass die Römer immer vorausschauend planten. Diese Straße sollte wahrscheinlich von Haltern über Münster und Osnabrück zur neuen künftigen Baustelle an der Bifurkation führen, der nächsten großen Baustelle für den Kanal.

Diese Straße führte von Süden nach Norden durch das Münsterland und orientierte sich erstmals nicht am Verlauf der Flüsse. Sie überquerte viele kleine Flüsse, die im Teutoburger Wald oder im Münsterland entspringen und in die Lippe oder die Ems münden. Die Soldaten begannen zügig mit den Straßenbauarbeiten.

Das größte Moorgebiet im Münsterland war das Gebiet um Kattenvenne. Hier war die schwierigste Stelle für den Straßenbau. Dieses ausgedehnte Sumpfgebiet musste durch lange Brücken gangbar gemacht werden. Der Weg führte mitten durch das Moor. Die Brücken wurden durch hölzerne Bohlen gesichert und so angelegt, dass das römische Heer ungehindert marschieren konnte. Ein Umweg war nicht eingeplant.

Bahnlinie Kattenvenne

Zwischen Lippe und Ems befindet sich eine Wasserscheide. Die neue Straße kreuzte diese Wasserscheide östlich von Münster. Die Römer bauten an dieser Wasserscheide eine Sudmühle. Der Name Sudmühle (Nahtstelle) geht auf die Römer zurück. Hier fanden die Römer reines Quellwasser (Engelbach) vor. Sie bauten eine Wasserleitung, einen Aquaeductus, entlang der neuen Straße von der Sudmühle zum großen Römerlager in Haltern. Das Wasser aus der Lippe war den Römern als Trinkwasser nicht gut genug.

Immensum Bellum
Im Jahr **1 v. Chr.** begann in Germanien ein Krieg.
Teile des Cherusker-Stammes hatten sich von ihrem Hauptstamm getrennt und suchten ein neues Siedlungsgebiet. Sie waren vertrieben worden und baten bei Ahenobarbus um Hilfe.

Es entwickelte sich ein Krieg „Immensum-Bellum" genannt. Ahenobarbus setzte alles daran, das Land zu befrieden, doch die Unruhen breiteten sich im gesamten Siedlungsgebiet aus. Die Lage beruhigte sich nicht. Ahenobarbus bemühte sich zwar, die Leute unterzubringen, was ihm aber nicht gelang. Der Grund für diese Unruhen ist bisher nicht bekannt.

Doch wir können uns vorstellen, dass der Straßenbau und die Bauarbeiten an der Bifurkation die wahrscheinliche Ursache für diesen Krieg waren. Wenn die Menschen aus diesen Gründen umgesiedelt werden sollten, hätte Ahenobarbus, hätten die Römer diesen Krieg selbst ausgelöst.

Schon im Jahr 1 n. Chr. wurde Ahenobarbus von seinem Posten abberufen, er wurde anderweitig gebraucht, und durch M. Vinicius ersetzt.

Nach seiner Abreise verstärkten sich die Unruhen jedoch immer mehr und es entwickelte sich ein gewaltiger Krieg. Der Aufstand erfasste die meisten germanischen Stämme zwischen Rhein und Elbe. Der Verlauf des Krieges ist nicht überliefert, aber auch Vinicius hatte Mühe, die Ruhe wieder herzustellen.

Drei Jahre später war dieser Krieg immer noch nicht beendet. Augustus brauchte unbedingt seinen besten Feldherrn Tiberius. Doch Tiberius befand sich immer noch auf Rhodos.

Lassen wir Velleius Paterculus sprechen:
Historia Romana II 100,1 *(3)*
„Die Welt fühlte, dass Tiberius Nero seinen Platz als Schildwache Roms verlassen hatte. Die Parther fielen vom römischen Bündnis ab und griffen nach Armenien über, und Germanien empörte sich, sobald sein Bezwinger die Augen abgewandt hatte."

Als Teilnehmer dieses Krieges sah man nun im römischen Heer die beiden germanischen Brüder Arminius und Flavus. Sie waren inzwischen Soldaten und hatten sich im römischen Heer hohe Funktionen erarbeitet. Sie führten Auxiliareinheiten, bestehend aus germanischen Söldnern. Die Brüder waren sehr erfolgreich, so dass sie das römische Bürgerrecht erhielten und eigenhändig von Augustus mit der Ritterwürde ausgezeichnet wurden. Die Ritterwürde erhob die beiden Brüder in die mittlere Bürger-Schicht.

Auch das Bürgerrecht war eine hohe Auszeichnung. Das römische Bürgerrecht war in der Antike ursprünglich das Bürgerrecht der Einwohner der Stadt Rom. Als die Stadt ihren Herrschaftsbereich immer weiter ausdehnte, wurde das Bürgerrecht im römischen Reich auch an weitere Personen(-Gruppen) verliehen. Das Bürgerrecht war Voraussetzung für das aktive und passive Wahlrecht der freien Männer in den Volksversammlungen. Es war mit einer Verpflichtung zum Kriegsdienst verbunden und erlaubte das Tragen der Toga[46].

Die Toga war das nationalrömische männliche Obergewand im Frieden. Sie bestand aus einem halbrunden weißwollenen Tuch und wurde so umgeworfen, dass eine Hand und der rechte Arm frei blieben.

Tiberius' Rückkehr von Rhodos
Augustus brauchte Tiberius. Er war sein bester Feldherr. Die Unruhen in Germanien mussten gestoppt werden. Tiberius musste sofort von Rhodos zurückkommen. Seine Anwesenheit war unbedingt erforderlich. Aber Tiberius weigerte sich, er wollte nicht zurück.

Wie fürchterlich, der Tod spielte erneut Schicksal. Die beiden jungen Söhne der Iulia, man nannte sie die „kleinen Kinder", starben kurz hintereinander. Der jüngere Sohn Lucius Caesar (*17 v. Chr., † 2 n. Chr.), starb auf einer Reise zu den spanischen Heeren in Massilia (Marseille, Frankreich) im Alter von 19 Jahren.
Als dann der ältere Sohn Gaius Caesar (*20. v. Chr., † 4 n. Chr.) auch noch starb (er wurde ermordet während der Rückkehr von einer Reise nach Armenien in Kilikien (Türkei) durch die Hand von Cassius Chäraa, im Alter von 24 Jahren), da sollte Tiberius sofort nach Rom zurückkehren. Doch Tiberius war immer noch nicht bereit zurückzukehren.

Erst nachdem Augustus seine Tochter Iulia wegen ihres Lebenswandels auf die Insel Ventotene [Pandataria] verbannt hatte, kehrte Tiberius nach Rom zurück[43].

Adoptionen

Als Tiberius im Jahr **4 n. Chr.** wieder in Rom war, wurde er am 26.6.04 n. Chr. von Augustus adoptiert und als Tiberius Iulius Caesar in die Familie der Iulier aufgenommen. Er wurde damit Stiefsohn wie sein verstorbener Bruder Drusus. Kaiser Augustus bestimmte ihn nun zu seinem Nachfolger und übertrug ihm die tribunizische Amtsgewalt.

Gleichzeitig mit Tiberius wurde Agrippa postumus von Augustus adoptiert, der jüngste und einzige noch lebende männliche Enkel aus der Ehe seiner Tochter Iulia mit Agrippa. Augustus ließ jedoch drei Jahre später aus nie ganz geklärten Gründen seinen Enkel Agrippa postumus auf die Insel Planasia bei Elba verbannen, die Adoption wurde annulliert. Unmittelbar nach Augustus Tod wurde er dort ermordet.

Tiberius wiederum musste auf Geheiß des Augustus gleichzeitig (4 n. Chr.) Germanicus adoptieren, den Sohn seines verstorbenen Bruders Drusus. Germanicus hieß nun mit neuem Namen ‚Germanicus Gajus Julius Caesar.' Augustus bestimmte damit Germanicus zum Nachfolger von Tiberius.

Germanicus entstammte als Enkel der Octavia (Schwester des Augustus) dem julischen und zugleich als Sohn des Drusus dem claudischen Familienzweig. Die Adoptionen waren damit abgeschlossen, die Nachfolge war geklärt[43].

Erneut Feldzüge nach Germanien

Der Krieg ‚Immensum Bellum' dauerte immer noch an, die germanischen Stämme waren 4 n. Chr. immer noch im Aufstand. Sie waren in der Zwischenzeit von Rom abgefallen und mussten erneut unterworfen werden. Tiberius übernahm wieder das Oberkommando über das römische Heer. Er nahm seine Feldzüge in Germanien wieder auf.

Ab sofort haben wir die Reisebeschreibung des Historikers Velleius Paterculus.

Lassen wir Velleius Paterculus sprechen:
Historia Romana II 104,2,3 *(3)*

„Sein Vaterland ließ den Schutz- und Schirmherr seines Reiches nicht lange in der Stadt (Rom) verweilen, sondern sandte ihn (Tiberius) alsbald nach Germanien. Dort war vorher, unter M. Vinicius, diesem hoch angesehenen Mann, ein gewaltiger Krieg entbrannt. Vinicius hatte diesen Krieg auf einigen Schauplätzen glücklich geführt, an anderen Orten erfolgreich die Stellung gehalten, und man hatte ihm deswegen die Triumphal-Insignien verliehen nebst einer höchst ruhmvollen Inschrift über seine Taten.

Zu diesem Zeitpunkt wurde ich (Velleius Paterculus), nachdem ich zuvor Tribun gewesen war, Soldat im Heer des Tiberius Caesar. Sogleich wurde ich, als Präfekt wie als Legat, neun Jahre hindurch Zuschauer bei seinen über menschliches Maß hinausgehenden Taten, ja im Rahmen meiner bescheidenen Fähigkeiten sogar Mithelfer."

Tiberius begab sich zunächst an den Rhein nach Nijmegen und zur Bataverinsel, um das großartige Bauwerk, den neuen Kanal, in Augenschein zu nehmen.

Denn inzwischen war ein erster Teil des großen Kanals, der Abschnitt „Drususkanal" [Fossa Drusiana] in Holland fertiggestellt. Der Kanalbau hatte viele lange Jahre gedauert und viel Mühe und Schweiß gekostet. Mit dem Bau wurde 12 v. Chr. begonnen, jetzt schreiben wir 4 n. Chr., das sind 16 Jahre[47].

Aber nun war das Bauwerk fertig und konnte in Betrieb genommen werden. Die Soldaten waren stolz auf ihr Werk.

Kanal-Einweihung in Holland
Tiberius sollte den neuen Kanal in Holland einweihen. Er sollte ihn erstmals befahren und ausprobieren. Tiberius befuhr die neue Wasserstraße. Damit besiegte er die Canninefaten, die auf der Bataverinsel wohnten, die Attuarier, die südlich der Küstenvölker (Friesen) wohnten und die (kleinen) Brukterer an der Ems. Er nahm die Landstriche für das Römische Reich wieder in Besitz.

Das heißt, von der Bataverinsel (Rheindelta) zog Tiberius nach Norden, erst über den neuen Drususkanal, dann ostwärts über die Ijssel und die Vechte zur Ems.

Mit der Einweihung war der Kanalbau in Holland vorerst abgeschlossen, die Baustelle an der Wasserscheide Vechte/Ems wurde zunächst zurückgestellt. Sie sollte von der Ostseite her in Angriff genommen werden, das Gelände fällt zur Ostseite stark ab.

Die übernächste Wasserscheide, das nächste Hindernis für den Kanal, lag zwischen den Flüssen Ems und Weser. Die nächste Baustelle, die in Angriff genommen werden sollte, war somit an der Wasserscheide Hase/Else, an der Bifurkation bei Osnabrück. Diese Wasserscheide sollte und konnte durch Staustufen überwunden werden.

Lassen wir Strabo(n) sprechen:
Geographica Buch VII, Kapitel 1.3
„Sowohl die Weser [Visurgis] und die Lippe [Lupias] Flüsse laufen in die gleiche Richtung wie die Ems [Amazia]; die Lippe [Lupias] ist etwa sechshundert Stadien weit entfernt vom Rhein [Rhenus] und fließt durch das Land der Kleinen Bructerer".

„Ἐπὶ ταὐτὰ δὲ τῶι Ἀμασίαι φέρονται Βίσουργίς τε καὶ Λουπίας ποταμός, διέχων Ῥήνου περὶ ἑξακοσίους σταδίους, ῥέων διὰ Βρουκτέρων τῶν ἐλαττόνων."

Das kann nicht richtig sein, denn die Lippe fließt von Osten nach Westen und nicht in die gleiche Richtung wie Ems und Weser, die von Süden nach Norden fließen.

Parallel zu Ems und Weser fließt nur die Hase [Lepia].

Die Hase: Parallel zu Ems und Weser

Strabon sagt auch, dass die Lippe 600 Stadien = 120 km vom Rhein entfernt war. Ein Fluss in dieser Entfernung kann nur die Hase [Lepia] sein, denn die Hase fließt parallel zur Ems und zur Weser und ist 120 km von Xanten entfernt.

Wenn man Xanten als Mittelpunkt/Basis annimmt, ist die Hase 120 km vom Rhein entfernt. Es kommt kein anderer Fluss in Frage. Weder die Lippe, noch die Hunte, noch die Werre könnten gemeint sein.

Neue Baustelle - Bifurkation

In der Nähe von Osnabrück, in Gesmold (Stadt Melle) teilt sich die Hase [Lepia] und bildet eine Bifurkation[48]. Hier war die günstigste Stelle der Wasserscheide, die die Römer ausnutzen wollten. Die Bifurkation sollte für Schiffe befahrbar gemacht werden.

Diese Wasserscheide war sehr flach. In einer ebenen Gegend kann es passieren, dass eine Wasserscheide sehr wenig ausgeprägt ist, so dass das Wasser eines Flusses gleichzeitig nach zwei verschiedenen Flussgebieten abfließen kann.

Dieses Phänomen nennt man Bifurkation. Solch eine Bifurkation ist eine sehr seltene Naturerscheinung. Normalerweise sammeln Flüsse das Wasser ihrer Nebenflüsse von rechts und links und bringen es zu einem größeren Fluss oder zum Meer.

Bei einer Bifurkation passiert etwas anderes. Ein Fluss verteilt das Wasser in verschiedene Flussarme. An dieser Bifurkation verteilt die Hase das Wasser in zwei Flussarme. Der eine Arm fließt als Hase zur Ems, der andere Arm fließt als Else zur Werre und dann in die Weser.

Der Abfluss an der Bifurkation in Gesmold ist heute geregelt. Heute werden von der Hase an der Bifurkation rund ein Drittel des ankommenden Wassers in die Else abgeleitet.

Bifurkation

Eine derartige Erscheinung gibt es sonst nur noch in Südamerika, zuerst von Alexander v. Humboldt beschrieben. Der Orinoko teilt sich ebenfalls in zwei Flussarme. Der eine Arm fließt ins Meer, in die Karibik, der andere Arm fließt in den Rio Negro und weiter zum Amazonas.

Die Arbeiter gingen sogleich ans Werk. Sie richteten die neue Großbaustelle an der Bifurkation ein[48].

Die Hase [Lepia]

Die Hase [Lepia] ist ein außergewöhnlicher Fluss, denn sie ist ein rechter Nebenfluss der Ems und gleichzeitig durch die Else ein linker Nebenfluss der Weser. Sie ist also etwas ganz Besonderes.

Die Hase entspringt südöstlich von Osnabrück am Nordhang des Teutoburger Waldes. Der Fluss speist sich im Quellgebiet aus mehreren kleineren Quellen. Von dort fließt die Hase nordwärts nach Melle-Wellingholzhausen.

Auf ihrem Weg von Wellingholzhausen nach Gesmold, unterhalb der Sut(t)mühle bietet die Hase eine Naturbesonderheit, wie es sie nur ganz selten auf der Welt gibt. In einer Bifurkation trennt sich die Else von der Hase, und beide Arme fließen in verschiedene Richtungen und in verschiedene Fluss-Systeme[9].

Die Hase[49] fließt in nordwestlicher Richtung weiter nach Osnabrück, sie fließt in Osnabrück durch das Hasetor und dann weiter nordwärts, an Bramsche vorbei bis Quakenbrück, biegt dann nach Westen ab in Richtung Meppen, wo ihr Wasser in die Ems mündet. Die Hase ist ca. 170 km lang.

Das Hasetor [Haseport] in Osnabrück ist eine sehr enge Stelle zwischen zwei Bergen, dem Westerberg im Süden und dem Gertrudenberg im Norden. Unten im Tal, an der tiefsten Stelle, fließt die Hase, auf halber Höhe verläuft heute eine Straße.

Der untere Lauf der Hase ist auf etwa 50 km Länge schiffbar. Früher verkehrten hier Prahmen, Schuten und Pünten. Diese Schiffstypen waren offene Wasserfahrzeuge, ohne eigenen Antrieb. Sie waren mit einem Plattboden ausgestattet, um das Aufsetzen auf den Untergrund zu verhindern. Seitenschwerter wurden eingesetzt, um die Abdrift zu vermeiden. Bei günstigem Wind wurden Segel gesetzt.

Diese Schiffe waren auch als Lastschiffe für den Tiertransport gut geeignet. Die Schiffe waren bis zu 15 m lang, bis 3,50 m breit und hatten eine Seitenhöhe bis zu 1,0 m[50].

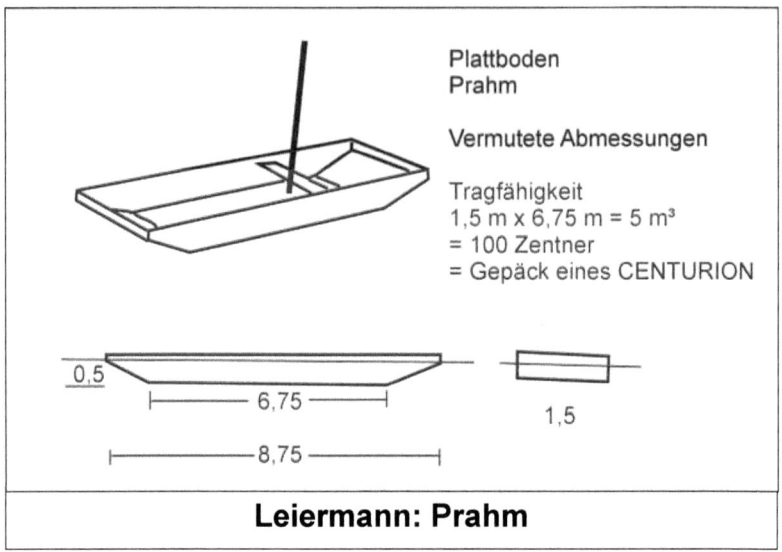

Die Else [Iulia]

Der Fluss Else[51] (Julenbicke) ist ebenfalls etwas ganz Besonderes. Dieser Fluss hat auch eine hydrologische Besonderheit. Die Else hat keine Quelle [Fons]. Sie entsteht durch Bifurkation, d. h. sie entsteht durch Abspaltung von der Hase.

Die Else [Iulia] nimmt den östlichen Weg Richtung Weser. Sie fließt durch das Urstromtal der Else-Werre Niederung. Dieses Tal wird südlich durch den Teutoburger Wald und nördlich durch den Höhenzug des Wiehengebirges begrenzt. Sie mündet an der Ostgrenze von Hiddenhausen-Eilshausen in die Werre.

Die Werre knickt an der Mündung der Else um fast 90° nach Osten ab, sie übernimmt damit die west-östliche Fließrichtung der Else. Die Else wird auf ihrer gesamten Fließstrecke auch heute noch mehrfach gestaut.

Die Staustufen (Kaskaden)
An der Bifurkation hat die Hase eine direkte Verbindung mit der Else. Man könnte theoretisch per Schiff von dem einen Fluss Hase in den anderen Fluss Else hinein fahren. Doch das gelänge nur mit Kinderschiffchen. Denn die beiden Flüsse sind an der Bifurkation noch sehr klein und daher nicht schiffbar.

Wenn die Römer die Wasserscheide an der Bifurkation schiffbar machen wollten, mussten sie Staustufen bauen, um die Wasserscheide zu überbrücken. An der Hase wurden die Staustufen von Westen nach Osten angelegt.
An der Else wurden die Staustufen von Osten nach Westen angelegt (gegengleich zur Hase). Die äußersten Staustufen mussten immer zuerst gebaut werden. Man musste sich nach innen und nach oben weiter vorarbeiten. Die Staustufen waren rechteckige Wasserbecken. Sie mussten so tief und so groß sein, dass sie mit Booten befahren werden konnten.

Die oberste Staustufe der Kaskade an der Bifurkation brauchte ständig einen Wasserzulauf. Es musste immer gewährleistet sein, dass die oberste Staustufe mit Wasser versorgt wurde. Das Wasser konnte sich dann über natürliches Gefälle zu beiden Seiten verteilen.

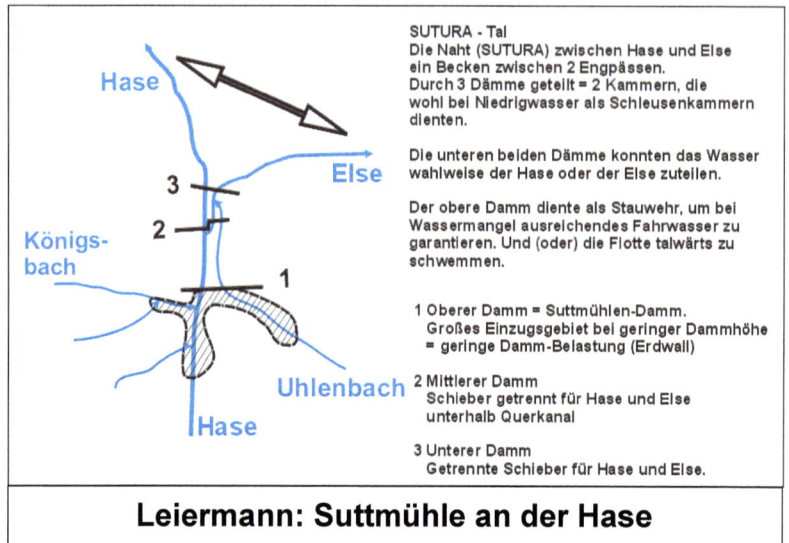

Leiermann: Suttmühle an der Hase

Oberhalb der Bifurkation musste dafür ein Stausee, ein Mühlenteich gebaut werden, der das Wasser der Hase und weiterer kleiner Quellflüsse sammeln konnte.

Heute befindet sich dort die Sut(t)mühle = Nahtstelle. Der Name Sut(t)mühle geht auf die Römer zurück. An der Sut(t)mühle musste der Stausee gebaut werden, der die Staustufen der Bifurkation speiste.

Bei Bedarf konnte das Wasser aus dem Stausee abgelassen werden in die Hase, und damit die oberste Staustufe der Kaskaden gespeist werden. Das Wasser verteilte sich über die einzelnen Staustufen und konnte wechselseitig in die Hase oder die Else umgeleitet werden[9].

Oberhalb der Sut(t)mühle stand ein Wachturm. Von dieser Stelle aus konnte man die Arbeiten an der Wasser-Kaskade gut verfolgen. Von diesem Kuckuck aus konnte man sogar das gesamte Tal überblicken.

Die neue Baustelle zog sich in die Länge und reichte vom Hasetor in Osnabrück bis zur Einmündung der Else in die Werre.

Die Entfernung vom Hasetor bis zur Bifurkation beträgt ca. 21 km. Das durchschnittliche Gefälle liegt bei etwa 0,76 m/km. Somit benötigte man etwa 20 Staustufen. Die Entfernung von der Werre bis zur Bifurkation beträgt ca. 35 km. Das durchschnittliche Gefälle liegt bei etwa 0,80 m/km. Somit benötigt man hier etwa 34 Staustufen.

Staustufen an der Else

Obwohl die Staustufen von der Hase gespeist wurden, war nicht gewährleistet, dass die Hase immer genügend Wasser führte, um die Schiffe die Hase hinunter zu schwemmen. Diese Tatsache ist eine zusätzliche Schwierigkeit. Die Römer brauchten zusätzlich zu den Kaskaden einen weiteren Stausee, der bei Niedrigwasser abgelassen werden konnte, und der dann den Wasserstand in der Hase erhöhen konnte. Sie mussten einen zusätzlichen Stausee an der Nette anlegen, der sich aus der Nette und dem Bruchbach speiste. Die Nette ist ein rechter Nebenfluss der Hase.

Der Steinbruch
Bisher hatten die Römer ihre Kastelle immer nur aus Holz und Erde errichtet. Auch der Drususkanal wurde nur durch Erdabgrabungen hergestellt.

Der Bau von Staustufen ist jedoch weitaus komplizierter, da diese dem Wasser standhalten müssen. Die Römer mussten auf andere Baumaterialien zugreifen. Um die Zeitenwende bauten die Römer in Italien bereits Häuser und andere Bauwerke aus Steinen.

Die neuen Staustufen sollten jetzt auch aus Steinen angefertigt werden. Dafür brauchten sie einen passenden Steinbruch. Dieser sollte zudem in der Nähe der Baustelle liegen.

Der Gertrudenberg[52, 53] in Osnabrück besteht aus Kalkstein und so boten sich die Kalksteine im Gertrudenberg förmlich an.

Es ist nicht bekannt, seit wann im Gertrudenberg in Osnabrück Kalkstein abgebaut wurde. In den Schriftquellen wird der Betrieb erstmals im Jahre 1333 genannt, aber als bereits verlassen beschrieben. Sicher ist, dass der Steinbruch im Gertrudenberg ein von Menschenhand geschaffenes Höhlensystem ist.

Da die Germanen ihre Bauten immer nur aus grobem unbehauenem Holz anfertigten, kommen nur die Römer für den Steinbruch in Frage. Die Höhlen dienten demnach den Römern als unterirdischer Steinbruch zum Abbau von Kalkstein.

Die Verarbeitung des Gesteins stellte sich folgendermaßen dar: Zuerst wurden die an der Oberfläche liegenden muschelschalenreichen Trochitenkalke (oberer Muschelkalk) entnommen. Diese unbrauchbaren Materialien wurden zunächst mit abgebaut und als Abraum an den Rändern der so entstandenen Steingrube abgelagert.

Später ließ man diese Schichten stehen und ging zur unterirdischen Gesteinsgewinnung über.

Das Gestein wurde nicht direkt für die Errichtung von Bauwerken benutzt, es wurde zunächst in Kalköfen gebrannt und bildete erst danach die Grundlage für die Mörtelherstellung.

Die dafür erforderlichen oberirdischen Brennöfen konnten nachgewiesen werden. Die Brennöfen standen - gut im Wind - am Nordwestabhang des Gertrudenberges. Einige Fundamentreste sind heute noch zu sehen.

Die maximale Längenausdehnung der Höhle in Nord-Südrichtung beträgt ca. 135 m, die größte Breite rund 70 m. Es entstand somit über die Jahrhunderte ein umfangreiches, sagenumwobenes und in seiner ganzen Dimension unerforschtes Höhlensystem, das sogenannte Gertrudenberger Loch.

Für die Mitte des 17. Jahrhunderts ist hier Kalksteinabbau im Zusammenhang mit dem Bau der Festung Petersburg bezeugt.

Heute ist das gesamte Höhlensystem aus Sicherheitsgründen gegeschlossen.

Tiberius' Weg ins Cheruskerland und über die Weser
Von der Bifurkation bei Gesmold (Melle) zog Tiberius mit seinen Soldaten weiter nach Osten durch die Ravensberger Mulde, immer an Else und Werre entlang. Er zog in das Gebiet der Cherusker. Tiberius zog nicht nach Süden durch das Münsterland, wie bisher immer geglaubt.

Tiberius griff die unruhigen Cherusker an, die in diesem Bergland wohnten, und besiegte sie. Aus diesem Stamm stammte der Arminius, der bald durch die Varusschlacht bekannt werden sollte.

Die Cherusker, die den Krieg „Immensum Bellum" verursacht hatten, hatte er mit seinem Sieg befriedet. Er hatte das Land zwischen Rhein, Ems, Hase und Weser wieder unterworfen.

Danach überschritt Tiberius die Weser und drang in das Gebiet östlich der Weser vor. Er zog auf die Ostseite der Weser. Doch wohin ging sein weiterer Weg? Sein Weg ging zur Baustelle am Schiffgraben. Er wollte die Bauarbeiten am Schiffgraben/Großer Graben in Augenschein nehmen.

Alle gefahrvollen Expeditionen machte Tiberius selbst, doch wohin ging sein Begleiter Sentius Saturninus? Ging er nach Hildesheim, um den vergrabenen Schatz zu überprüfen? Die beiden hatten unterschiedliche Ziele.

Lassen wir Velleius Paterculus sprechen:
Historia Romana II 105,1 *(3)*
„Tiberius rückte sogleich in Germanien ein, besiegte die Canninefaten, Attuarier und (kleinen) Brukterer und nahm die Cherusker in die Obhut des römischen Volkes auf. Diesem Volk entstammte Arminius, der bald durch unsere Niederlage bekannt werden sollte.

Dann überschritt Tiberius Caesar die Weser und drang weiter ins Landesinnere vor, wobei er jeweils die gefährlichsten und schwierigsten Unternehmungen sich selbst vorbehielt."

Wenn Sentius Saturninus schon unter seinem Vater (Legat) in Germanien gewesen war, könnte bzw. müsste die Expedition zum Schiffgraben am Harz gegangen sein. Wahrscheinlich sind Sentius Saturninus oder sein Vater bereits mit Drusus am Schiffgraben und/oder im Lager Scelerata (Westerburg) gewesen.

Von Velleius Paterculus wissen wir, dass dieser Mann Sentius Saturninus viele Vorzüge in sich vereinigte: Er war von reger Tatkraft und Voraussicht, ebenso ausdauernd wie erfahren im Kriegsdienst, aber er konnte auch, sobald ihm der Dienst freie Zeit ließ, diese Muße großzügig und mit Anstand genießen, ganz so, dass man ihn keinen schwelgerischen Müßiggänger, sondern eher einen heiter kultivierten Genießer hätte nennen können, mit noblem Charakter.

Winterlager des Tiberius

Auf dem Rückweg vom Schiffgraben begutachtete Tiberius die neue Großbaustelle an der Bifurkation. Die Arbeiten sollten je nach Witterung auch im Winter weitergehen. Tiberius musste es nun wagen, mitten in Germanien, mitten im Feindesland, ein Winterlager aufzuschlagen.

Der neue Weg durch das Brukterergebiet, den Ahenobarbus bzw. Vinicius angelegt hatten, war inzwischen ebenfalls fertig geworden. Er führte von Haltern durch das Münsterland bis zur Bifurkation und zum neu einzurichtenden Winterlager.

An der Hase [Lepia] am Haupte der Else [Iulia] legte Tiberius das Winterlager an.

Der Feldzug wurde bis Dezember ausgedehnt. Zunächst musste die Baustelle arbeitsfähig und das Winterlager bewohnbar gemacht werden. Im Winter **4/5 n. Chr.** lagerte das römische Heer erstmals in Feindesland. Tiberius hatte die Cherusker in Germanien inzwischen befriedet. Die Arbeiten an der neuen Baustelle erschienen ungefährdet. Den Winter 4/5 verbrachte Tiberius wieder in Rom.

Lassen wir Velleius Paterculus sprechen:
Res Gestae Divi Augusti 2,105,3b *(1)*

„Seine Achtung zog den Caesar (Tiberius) über die im Winter fast unpassierbaren Alpen in die Stadt (Rom), aber die Erhaltung des Reiches führte ihn zu Frühlingsanfang (5 n. Chr.) zurück nach Germanien, in dessen Mitte (auf halber Höhe) an dem Haupt [ad caput] des Flusses Else [Iulia] der Princeps (Tiberius) vor der Abreise ein Winterlager angelegt hatte."

„Pietas sua Caesarem paene obstructis hieme Alpibus in urbem traxit, at tutela imperii eum veris initio reduxit in Germaniam, in cuius mediis finibus ad caput Iuliae fluminis hiberna digrediens princeps locaverat" V 2, 105,3b.
Auch **Sextus Iulius Frontinus** nennt den Namen ‚Iulia' in: **De aquaeductu urbis Romae.** Der Ausdruck „ad caput Iuliae" kommt in der antiken Literatur nur an zwei Stellen vor: bei Velleius Paterculus und bei Frontin[54].

Viele Historiker veränderten den Text des Velleius Paterculus fälschlicherweise in ‚ad caput Lupiae'. Sie machten aus dem Namen der Tochter des Kaisers eine Wölfin und legten damit eine falsche Fährte.

Die Kemenade und das Rittergut Warringhof

Wo genau befand sich das Winterlager des Tiberius? An der Westseite der Hase lag auf halber Höhe an der Abzweigung der Else von der Hase, also am Haupt der Else das Rittergut Warringhof. Hier spaltet sich die Else von der Hase ab.

Über das Gut gibt es nur Vermutungen, denn über die Entstehung und über das Aussehen des Gutes gibt es keine schriftlichen Aufzeichnungen. Aber es ist bekannt, dass die Gründung des Rittergutes Warringhof vor 1.000 Jahren oder noch früher erfolgt ist.

Man geht davon aus, dass nördlich des Hofes Kemna in einer tiefer gelegenen Wiese das Rittergut Warringhof gestanden hat. Da die nördlich des Hofes Kemna gelegene Wiese etwa das Niveau der Hase hat, vermutet man, dass der Gutshof von Gräften umgeben war, die von der Hase gespeist wurden.

Dieses Rittergut ist heute zwar verschwunden, aber wir wissen, dass es existierte und dass es über eine Kemenade (beheizbarer Raum) verfügte. Diese Kemenade soll ein befestigtes Bauwerk aus Steinen gewesen sein. Es war entweder ein Anbau an den Gutshof selbst oder ein hinter dem Gutshof stehendes einzelnes Gebäude, indem sich mindestens ein beheizbarer Raum befand.

Das feste Haus auf dem Warringhof könnte aus Kalkstein erbaut worden sein, den die Römer im Gertrudenberg in Osnabrück gefunden und abgebaut hatten. Die Größe der Kemenade wird auf 5 m Breite und 10 m Länge geschätzt. Sie soll zudem bis zu einem Meter tief in die Erde gebaut worden sein.

Alle diese Angaben sind nur Mutmaßungen. Es gibt keine frühen schriftlichen Aufzeichnungen. Aber Spuren im Erdreich müssten sich durch Verfärbungen im Boden erhalten haben. Sie müssten heute noch zu finden sein.

Aus späteren Aufzeichnungen wissen wir etwas mehr über diesen Gutshof. Die älteste bekannte Person auf dem Rittergut Warringhof war ein Mann namens ‚Rabodo', der von 1228 bis 1257 in Osnabrücker, Ravensburger und Mindener Diensten stand. Eine weitere Erwähnung des Gutes ist aus dem Jahr 1314 bekannt.

Das Gut Warringhof war als Rittergut zur niederen privaten Jagd berechtigt. Auch hatte es Fischereirechte.

In frühester Zeit wohnte dort auf dem Hof der Meier.

Der Warringhof soll später unter zwei Brüdern aufgeteilt worden sein. Der eine Hof erhielt den Namen Kemna. Der andere Teil blieb unter dem Namen Meier erhalten.

Auf dem Gutshof wechselten die Besitzer, weil es keine festgesetzte Erbfolge gab.

Die erste bekannte Erwähnung des **Hofes Kemna,** der Name leitet sich von Kemenade ab, stammt aus dem Jahr 1381, als Rechte am Hof vom Besitzer von Bar an das Kloster Iburg verkauft wurden.

Die Grundstücke am Gutshof hatten die Katasterbezeichnungen ‚Uppen Meierhof', ein anderer Grundstücksteil hieß: ‚Unner de Meierbäume'.

Aufzeichnungen von Geschichtsforschern ist zu entnehmen, dass derartige Flurbezeichnungen auf eine Gerichtsstätte oder Versammlungsstätte in der Nähe eines Gutshofes hinweisen[55].

Erkundungsfahrt
Im Jahr **5 n. Chr.** inspizierte Tiberius mit Schiffen die Nordseeküste. Er konnte ohne Aufenthalt und ohne Schwierigkeiten über den Drususkanal und die Unsingis in die Nordsee einfahren. Er erkundete die Einmündungen der Ems, der Weser und der Elbe und erreichte möglicherweise sogar die Nordspitze Dänemarks.

Bei der Erkundung suchte und fand er eine Wasserverbindung von der Nordsee zur Ostsee, ohne den Umweg um die Halbinsel Jütland (Dänemark) herum machen zu müssen. Tiberius fand die Verbindung über den Fluss Eider zur Kieler Förde. Die kurze Landbrücke könnte mit Pferd und Wagen überwunden werden.

Über diese Erkundungsfahrt und Eroberung berichtet uns überschwänglich der Historiker Velleius Paterculus.

Velleius berichtet stolz, dass die Soldaten des Tiberius siegreich ganz Germanien durchzogen haben, dass die Chauken an der Nordsee in das römische Reich eingegliedert wurden, dass sogar Völker besiegt wurden, die man bisher nicht einmal vom Namen her gekannt hatte. Alle germanischen Krieger bewunderten die Römer und ihre Waffen. Obwohl die Germanen von großer und kräftiger Statur waren, kämpften sie nicht. Sie hatten sich sofort ergeben und ihre Waffen ausgeliefert. Alle, auch ihre Führer, fielen vor dem Tribunal des Tiberius auf die Knie, sofort von einem Ring römischer Soldaten umschlossen.

Auf dem Rückweg fuhr er mit seinen Schiffen in die Elbe hinein und traf sich dort mit seinen Soldaten, die zu Fuß die Elbe erreicht hatten. Die linkselbischen Langobarden und Semnonen waren vorsichtshalber auf die Ostseite der Elbe ausgewichen.

Auch die Langobarden wurden besiegt, ein sehr tapferer Stamm mit wildem Mut. Das römische Heer mit all seinen Feldzeichen hatte die Elbe erreicht, die durch das Gebiet der Semnonen und Hermonduren fließt.

Die Römer hatten ihre Reise gut geplant, sie hatten vorgesorgt, dass sich die Flotte, die entlang der Meeresbuchten gefahren war, an der Elbe mit dem Heer wieder vereinigen konnte. Sie war das unbekannte Meer entlang gesegelt, hatte die Buchten erkundet und war die Elbe stromaufwärts gefahren. Sie hatten zahlreiche Volksstämme besiegt und brachten nun eine reiche Fülle von Lebensmitteln mit.

Der Treffpunkt könnte in der Nähe von Hitzacker gewesen sein, er war zu Fuß von den Soldaten über Aller und Jeetze erreichbar und ca. 400 Meilen von Xanten entfernt.

Das römische Heer schlug nun am westlichen Ufer der Elbe ein Lager auf, am östlichen Ufer standen die germanischen Krieger. Sie hatten sich auf das östliche Ufer zurückgezogen. Sobald die römischen Soldaten Manöver mit ihren Schiffen vollführten, wichen die Germanen sofort zurück.

Ein alter Mann der Germanen, ein Mann von hohem Rang, man konnte die Ranghöhe an der besseren Kleidung erkennen, bestieg einen Nachen, einen ausgehölten Baumstamm, und ruderte zunächst bis zur Mitte der Elbe. Er bat, auf dem besetzten linken Ufer an Land gehen zu dürfen. Er wollte gern den Caesar Tiberius sehen.
Nach Zustimmung ruderte er den Kahn ans Ufer und schaute den Caesar Tiberius lange schweigend an. Dann berichtete er, dass die jungen Germanen sehr viel Angst vor den römischen Waffen hätten. Er war der Meinung, dass die Leute sich statt dessen lieber dem Schutz der Römer anvertrauen sollten. Er durfte sogar die Hand des Caesars anfassen.

Daraufhin bestieg er wieder seinen Kahn und fuhr an das östliche Ufer der Elbe zurück und dabei schaute er immer weiter den Caesar an. Er hatte heute einen glücklichen Tag erlebt.

Einbaum (Nachen)

Lassen wir Velleius Paterculus, sprechen:
Historia Romana II 107,3 *(3)*
„Tiberius führte die Legionen zurück in ihre Winterlager. Sein Heer war ohne jeglichen Verlust geblieben. Nur einmal hatte er eine Kraftprobe zu bestehen. Die Feinde (Germanen) hatten ihn in einen Hinterhalt gelockt. Aber Tiberius ging aus dieser Kraftprobe als Sieger hervor, die Feinde erlitten dagegen eine schwere Niederlage."

Tiberius machte sich wieder eilig auf den Weg nach Rom. Auch diesen Winter verbrachte er in Rom.

Lassen wir Strabon Geographica VII 1,4,1,2 sprechen: *(1)*
„Bekannt wurden diese Völker durch ihre Kriege gegen die Römer, in denen sie entweder sich ergaben oder später wieder erhoben oder ihre Wohnsitze verließen; und sie würden noch besser bekannt sein,

wenn Augustus seinen Generälen gestattet hätte, die Elbe in Verfolgung der dorthin auswandernden zu überschreiten.

Tatsächlich aber vermutete er (Augustus), den seinerzeitigen Krieg erfolgreicher führen zu können, wenn er die jenseits der Elbe in Frieden lebenden heraushalte und sie nicht reize, gemeinsame Sache mit den anderen gegen ihn zu machen."

Triumph für Tiberius

Die Siege des Tiberius sind in der römischen Öffentlichkeit ausgiebig gefeiert worden. Tiberius wurde wieder ein Triumph zuerkannt, mit dem gleichzeitig seine Heldentaten hervorgehoben worden sind.

Sein Sieg über die Germanen war auch ein Sieg des Augustus. Am Erbe Caesars konnte erfolgreich weitergebaut werden. Der Idee Caesars, die Weltherrschaft zu erreichen, war Augustus ein Stück nähergekommen.

Ein Triumph war ein großer Erfolg, ein großer Sieg, eine Feier zur Ehrung des siegreichen Feldherrn, verbunden mit einem Opfergang auf dem Kapitol in Rom.

Für den Triumph war immer die Genehmigung des Senats erforderlich. Ab 19 v. Chr. wurde ein Triumph nur noch Mitgliedern der Kaiserfamilie zugestanden, Privatleute erhielten nur die insignia (ornamenta) triumphalia.

Anreppen - Speicherstadt

Wir gehen immer noch chronologisch vor:

Der Fußweg von Haltern nach Osnabrück, erbaut von Ahenobarbus und Vinicius, führte durch das Münsterland zur Baustelle an der Bifurkation. Das Gelände war zwar eben und ohne Steigungen, aber der Transport großer Mengen Baumaterial und Versorgungsgüter war ohne Unterstützung über eine Wasserstraße nicht zu bewerkstelligen.

Die Römer brauchten zusätzlich zum Fußweg eine zuverlässige Wasserstraße für ihre schweren Transporte zur neuen Baustelle an der Bifurkation. Dafür boten sich die Lippe und die Werre geradezu an. Diese beiden Flüsse waren für die vielen Transporte bestens geeignet.

Der Übergang vom Wasserweg auf den Landtransport sollte wie immer durch einen Magazinplatz abgeschlossen werden. In demselben Jahr, als Tiberius die Nordsee bis Dänemark erkundete, wurde am Oberlauf der Lippe ein riesiges neues Lager angelegt. Das alte Lager Aliso, einst von Drusus angelegt, war für die neuen Anforderungen viel zu klein.

In Anreppen[56], am Oberlauf der Lippe, entstand ein neues Lager, das große Warenmengen aufnehmen konnte. Die Materialien, die für die neue Bifurkations-Baustelle erforderlich waren, wurden ab sofort von Xanten aus über die Lippe bis Anreppen transportiert. Die Schiffe mussten ihre Ladung in diesem riesigen Zwischenlager deponieren.

Das Römerlager in Anreppen wurde 1967 entdeckt und von Dr. Kühlborn inzwischen archäologisch untersucht.

Grabung in Anreppen

Dass das Lager **5 n. Chr.** erbaut wurde, ist inzwischen dendochronologisch belegt. Dafür wurden Hölzer eines Brunnens im Lagerinneren und einer Mannschaftslatrine ausgewertet.

Die Dendochronologie beschäftigt sich mit der Datierung historischer und prähistorischer Ereignisse durch die Untersuchung der Beschaffenheit und Struktur von Jahresringen in Bäumen und alten Hölzern. Sie ist sehr exakt.

Das Lager hatte die Form eines unregelmäßigen Ovals mit einer Länge von 750 m und einer Breite von 330 m. Es lag am Südufer der Lippe und war 23 ha groß. Das neue Lager entstand als Standlager mit riesigen Speicherkapazitäten. Auch dieses Lager war ein Holz-Erde-Lager, gebaut ohne Verwendung von Steinen.

Es wurden vorwiegend Flächen im Zentrum und im Ostteil des Lagers untersucht.

Dabei stellte man fest, dass in der Mitte des Lagers ein außerordentlich großes Prätorium, ein Kommandeursgebäude mit palastartigen Ausmaßen (47,5 m x 71 m) gestanden hatte.

Auch die Anzahl an Speichergebäuden stellte eine Besonderheit dar. Am Südtor fand man einen riesigen 56 m x 68 m großen Speicher, ferner ein Wirtschaftsgebäude und Mannschaftsunterkünfte. Am Osttor fand man sogar eine regelrechte Speicherstadt, in der mehrere Getreide- und Materialspeicher (der größte 20,5 m x 37,25 m) durch eine hölzerne Palisade vom übrigen Lagerareal abgetrennt waren. Die Lagerungskapazitäten in Anreppen waren enorm groß und nicht zu vergleichen mit der viel geringeren Lagerkapazität z. B. in Haltern.

Sie waren auch keineswegs mit dem Eigenbedarf der Anreppen-Garnison erklärbar. Wegen dieser einzigartigen Häufung an Magazinen, die den Eigenbedarf der Lagerbesatzung bei Weitem übertrafen, muss das Lager von Anreppen neben der Rolle als Truppenlager noch eine weitere Funktion gehabt haben.

Etwa 500 Meter und 700 Meter östlich des Römerlager Anreppen wurden Teilstücke von zwei römischen Verkehrswegen gefunden. Diese Straßen sind 27 m breit und mit seitlichen Straßengräben ausgestattet.

Ein Hafen wurde bisher nicht gefunden. Ein Hafen ist aber unerlässlich, er ist unbedingt erforderlich. Der Hafen könnte, wie in Xanten, durchaus auch außerhalb des Lagers ca. 1,3 km weiter flussabwärts westlich von Anreppen gelegen haben. Dort gibt es ein halbkreisförmiges (sichelförmiges) natürliches Hafenbecken. Der Hafen ist verlandet, aber immer noch gut zu sehen.

Bei Bedarf konnten die Waren aus dem Lager Anreppen mit Pferdewagen über den Teutoburger Wald weitertransportiert werden, Richtung Osten bis zum nächsten Fluss. Der nächste Fluss war die Werre.

Die Werre

Die Werre[57] ist der zweitgrößte westliche Nebenfluss der oberen Weser. Sie entspringt im westlichen Lipperland in Horn-Bad Meinberg. Sie nimmt ihren Weg in nordwestlicher Richtung über Detmold, Lage und Herford bis Löhne, knickt dann nach Osten ab und mündet bei Bad Oeynhausen-Rehme in die Weser. Ihre größten Zuflüsse sind die Bega, die Aa und die Else. Sie entwässert u. a. die Ravensberger Mulde, die sich in West-Ost-Richtung durch das weite Werre-Urstromtal erstreckt.

Der alte Drususweg entlang der Emmer wurde jetzt durch die Werre ersetzt.

Die Waren, die in Anreppen zwischengelagert waren, wurden nun per Pferd und Wagen nach Osten über den Teutoburger Wald transportiert. Der Weg verlief über die Römerroute bis Bad Meinberg. Ab Bad Meinberg war es dann wieder möglich, die nächste Wasserstraße, die Werre, zu benutzen.

Auch die Werre musste zuerst mit Staustufen schiffbar gemacht werden. In Bad Meinberg könnte die Einsatzstelle für die Transportschiffe gewesen sein. Denn hier gibt es ein großes flaches Gelände, das ausgenutzt werden konnte, es gibt dort eine große, ebene Fläche, die für die vielen Pferdefuhrwerke die notwendige Bewegungsfreiheit bot.

Die Waren wurden in Bad Meinberg wieder auf Schiffe verladen und über die Werre nach Norden transportiert.

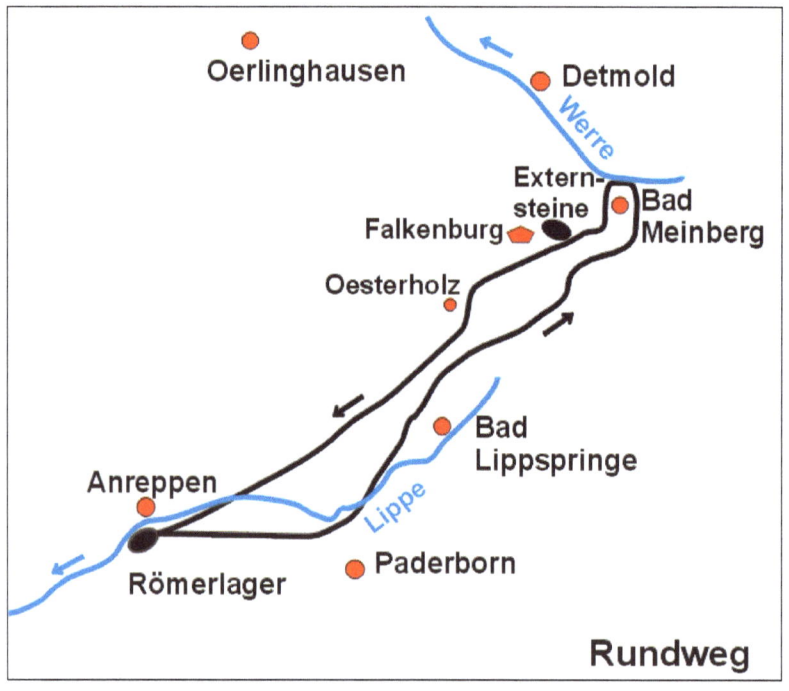

Für den Rückweg nach Anreppen (mit den dann leeren Pferdewagen) könnte eine Abkürzung quer über das Gebirge, den Teutoburger Wald genommen worden sein.

In der Nähe der Externsteine wurde ein Hohlweg ausgegraben, der passend für römische Wagen in 1,40 m Breite aus dem Felsgestein herausgeschlagen worden ist[58].

Die leeren Pferdefuhrwerke fuhren demnach von Bad Meinberg zurück über Horn, an den Externsteinen vorbei, dann durch den Hohlweg und über Oesterholz zurück nach Anreppen.

Die Römer machten nichts ohne Grund. Sie hatten ein ausgeklügeltes, modernes Transportwesen und benutzten schon eine ganz moderne Logistik.

Demnach könnte es einen ständigen Rundverkehr als Einbahnstraße von Anreppen/Lippe über die Römerroute bis Bad Meinberg/Werre gegeben haben und zurück über den Hohlweg im Teutoburger Wald bis nach Anreppen.

Die Pferde sollten sich auf diesem Rundweg nicht begegnen. Die immensen Warentransporte sollten unproblematisch ablaufen.

Die Transporte auf der Westseite des Teutoburger Waldes brauchten Sicherheit. Der Rundverkehr auf der Westseite des Teutoburger Waldes wurde überwacht von der Falkenburg.

Wachtürme
Die Warentransporte über die Werre benötigten ebenfalls Sicherheit. Die Einmündungen der seitlichen Nebenflüsse wie Wiembeke, Bega, Aa und Else wurden überwacht mit möglichen Wachstationen auf dem ‚Krähenberg' in Detmold, dem ‚Kükenbusch' in Schötmar, dem ‚Kuckuck' in Laar (Kreis Herford) und dem ‚Spatzenberg' in Löhne. Die Wachstationen wären ca. 15 km voneinander entfernt und hätten Sichtkontakt.

Die Aufsicht über diese Wachstationen könnte auf der Sparrenberger Egge[59] gewesen sein, von Dr. Bérenger ausgegraben. Im Weg stehen nur die Schweichler Berge. Sie verhindern den Sichtkontakt zum Spatzenberg bei Löhne.

(Foto: LWL - Archäologie für Westfalen)

Von der Diedrichsburg in Melle gibt es Sichtkontakt zur Sparrenberger Egge und allen anderen untergeordneten Wachtürmen. Die Oberaufsicht über das gesamte hügelige Gelände lag demnach bei der Diedrichsburg in Melle. Dort war die höchste Erhebung (219m).

Über die Werre wurden die Waren weiter nach Norden verfrachtet bis Löhne. In Löhne entstand demnach ein weiteres Magazin, ein großes Zentrallager. Die Eisenbahnlinie folgt heute dem alten Römerweg.

Die Waren wurden ab Bad Meinberg per Schiff über die Werre bis Löhne in das Zentrallager verfrachtet und dort erneut zwischengelagert. Der Weg verlief wechselseitig einmal rechts einmal links der Werre bis zum Werre-Hafen in Hiddenhausen-Eilshausen.

Dieser natürliche Hafen in Hiddenhausen-Eilshausen liegt auf der linken Werreseite. Hier kamen die Schiffe an und wurden entladen.

Löhne liegt jedoch auf der rechten Werreseite.

Die Brücke - Viadukt

Die Werre fließt zwischen Löhne und Hiddenhausen-Eilshausen durch eine enge Schlucht. Diese Schlucht musste überbrückt werden.

Da Löhne auf der rechten Werreseite liegt und der Hafen auf der linken Seite, mussten alle Waren vom Werrehafen aus über eine Brücke nach Löhne transportiert werden. Diese Brücke ist heute ein Viadukt.

Brücke zwischen Hiddenhausen und Löhne

In Löhne gibt es ein riesiges Areal, das heute zur Eisenbahn gehört. Es liegt hochwassersicher und kann von der Werre nicht unter Wasser gesetzt werden.

Der Weg überquerte die Werre in Hiddenhausen-Eilshausen über einen Viadukt nach Löhne, dessen Ursprünge aus römischer Zeit stammen könnten. Es wäre möglich gewesen, diese Brücke aus Holz zu bauen, aber besser und stabiler war eine Brücke aus Steinen.

Die Kalksteine, die die Römer für den Brückenbau benötigten, konnten aus dem Gertrudenberg in Osnabrück herbeigeschafft werden. Doch Kalksteine allein reichten für den Brückenbau nicht aus. Kalksteine sind zu weich. Diese Brücke musste aus Beton hergestellt werden. Die dafür nötigen zusätzlichen Basaltsteine (Vulkanasche) konnten aus der Eifel herbeigeschafft werden.

Die Römer hatten sehr gute Baumeister in ihren Reihen. Sie waren durchaus in der Lage, einen Viadukt, d. h. eine Gewölbebrücke über die Schlucht zu bauen.

Löhne - Warenumschlagplatz - Zentrallager
Löhne[60] ist heute eine kleine Stadt im Landkreis Herford. Sie liegt in der Hügellandschaft des Ravensberger Landes und damit im Stammesbereich der Cherusker. Von vielen Punkten der Stadt aus kann man die Berg-Kette des Wiehengebirges im Norden erkennen.

Verschiedene archäologische Funde deuten auf eine durchgehende Besiedlung des Löhner Raumes mindestens seit der Mittelsteinzeit (ca. 5.000 v. Chr.) hin. Bevorzugte Siedlungslage war die hochwassersichere, obere Niederterrasse der Werre.

Seit der Frühzeit bis heute kreuzen sich in Löhne überregionale Verkehrswege. Löhne war immer ein zentraler Verkehrsknotenpunkt und liegt auf der rechten Seite der Werre, an der Stelle, an der die Werre nach Osten abknickt.

In Löhne war der große Warenumschlagplatz. Hier errichteten die Römer das römische Zentrallager, hochwassersicher an der Werre gelegen. In Löhne kamen die riesigen Nachschubmengen an, die aus allen Richtungen angeliefert wurden.

Die Waren kamen vom Rhein über die Lippe bis Anreppen und wurden weiter über die Werre bis Löhne transportiert. Von Löhne aus ging es dann weiter über die Else zur Baustelle an der Bifurkation.

Aber Löhne konnte nicht nur über die Werre, sondern auch von der Ems, über Osnabrück und Melle bedient werden, ebenso von der Weser über Minden oder über die Weser von Hameln aus.

Löhne ist der zentrale Ort. Von Löhne aus konnte man dann die Waren über halb Europa verteilen. Alle Himmelsrichtungen waren möglich.

Löhne hat im Westen Anschluss an die Eisenbahnlinie nach Osnabrück und die Niederlande, östlich von Löhne teilt sich die Strecke in eine Nord- und eine Südbahn. Die Nordbahn hat Anschluss an die Strecke nach Minden, Nienburg, Bremen, Hannover und Braunschweig, die Südbahn hat Anschluss nach Hameln, Hildesheim und Göttingen.

Von Löhne aus konnte auch die zweite große Baustelle mit Waren versorgt werden. Die Baustelle am Schiffgraben/Großer Graben (nördliches Harzvorland) könnte auch verstärkt in Angriff genommen worden sein, denn der ‚Schiffgraben' war ab sofort über den neuen Wasserweg erreichbar. Er führte über die Werre bis Bad Oeynhausen, weiter über die Weser bis Verden, dann über die Aller bis Müden, und die Oker und die Ilse bis Börßum[61]. Dieser lange Wasserweg konnte ohne Staustufen überwunden werden.

Das ganze Unternehmen sieht zwar aus wie ein riesiger Umweg, aber dieser Umweg ist viel besser und einfacher als das Material mit Tragtieren oder mit Pferdewagen oder gar auf dem Rücken der Soldaten über die Landwege transportieren zu lassen. Dieser lange Wasserweg war immer noch vorteilhafter als der viel kürzere Landweg. Denn der Transport über die Wasserwege war unschlagbar kostengünstig.

Er kostete nur einen Bruchteil der Fracht über den Landweg. Die Römer hatten eine ausgefeilte Technik.

Von Löhne aus konnten also die Baumaterialien und die Versorgungsgüter für die Soldaten bis zu den Baustellen an der Bifurkation und zum Schiffgraben transportiert werden.

Wenn die Bifurkation erst schiffbar wäre, könnten die Waren von Holland aus bis Bremen, Braunschweig oder Kassel verteilt werden, immer über den Wasserweg.

Wenn auch der Schiffgraben fertig war, konnten die Waren von Rom aus bis Magdeburg und auch Berlin oder Dresden oder Prag über den Wasserweg gebracht werden und umgekehrt. Man konnte dann auch die Bodenschätze aus halb Europa für das römische Reich nutzbar machen. Das Einzugsgebiet wäre dann riesengroß. Doch so weit war man noch nicht.

Teutoburger Wald
Der Teutoburger Wald[62] ist das bestimmende Gebirge. Der Teutoburger Wald ist ein langgestreckter 120 km langer Höhenzug und trennt das flache Münsterland vom Weserbergland. Er ist ein imposantes und ansprechendes Gebirge und erstreckt sich von Hörstel im Nordwesten bis zum Velmerstot im Südosten. Im Süden schließt sich das Eggegebirge an. Der Teutoburger Wald wird aus mehreren parallel verlaufenden bewaldeten Höhenzügen gebildet. Östlich schließt sich das Lipper Bergland an.

Die Landschaften sind von Mischwaldbestand bedeckt. Tausend gekennzeichnete Wander- und Radwege durchziehen dieses Gebiet.

Viele Burgen, Schlösser und Denkmäler können besichtigt werden, viele Kirchen und Klöster liegen am Weg und laden zum Verweilen ein. Viele Badeorte verwöhnen ihre Gäste mit hochwertigen Gesundheitsprogrammen. Es handelt sich um ein ausgezeichnetes Wandergebiet.

Wiehengebirge

Das Wiehengebirge[63] liegt westlich der Porta Westfalica, dem Weserdurchbruch. Es fällt nach Süden zum Ravensberger Hügelland und zur Else-Werre-Niederung steil ab, im Norden fällt das Gelände jedoch sanft zum Norddeutschen Tiefland ab.

Das Wiehengebirge liegt dem Teutoburger Wald gegenüber. Seine Berge sind stark bewaldet. Die Diedrichsburg liegt im Meller Bergland, welches dem Wiehengebirge vorgelagert ist.

Diesen markanten Ort konnten die Römer nicht ungenutzt lassen. Wenn es wirklich eine Teutoburg gegeben hat, dann wird sie an der Stelle der Diedrichsburg gestanden haben. Nirgendwo im gesamten Bergland gibt es einen Ort, der dafür besser geeignet gewesen wäre.

Vom Turm der Diedrichsburg hat man einen wunderschönen weiten Blick auf das gesamte Bergland. Dazu gehören das Weserbergland, das Lipperland, das Ravensberger Hügelland und das Osnabrück Bergland. Alle diese Landschaften zählen zu den deutschen Mittelgebirgen.

Geschichte der Diedrichsburg

„Wie archäologische Ausgrabungen belegen konnten, gab es vor der Errichtung der Diedrichsburg[64] am selben Standort bereits frühere

Gebäude. Fundamentreste, ein 30 m tiefer Brunnen und andere archäologische Funde bei Ausgrabungen rund um die heutige Diedrichsburg bestätigen diese Annahme.

Der Legende nach hatte am Ort der jetzigen Burg bereits vor mehr als 1000 Jahren eine ‚Teutoburg' („Volksburg", namensgebend für den Teutoburger Wald) gestanden.

Der Name Diedrichsburg soll auf den sächsisch-westfälischen Grafen Dietrich von Ringelheim (auch: Diedrich, Thiadrich, Theoderich) zurückgehen, der aus dem Hause der Immedinger stammte und ein Urenkel Wittekinds war. Dieser soll die Burg gegründet oder zumindest hier gewohnt haben.

Diedrichs Tochter, die heilige Mathilde, Gemahlin Heinrich I. und Mutter des Kaisers Otto des Großen, soll um das Jahr 892 in dieser nicht mehr vorhandenen Burg geboren worden sein und hier ihre Kindheit verlebt haben. Für diese Legende gibt es bisher keine Beweise.

Wann die „Teutoburg" zerstört wurde, ist bisher unklar. Die jetzige Diedrichsburg wurde in den Jahren 1844 bis 1860 neu erbaut."

Angriff auf die Markomannen

Tiberius hatte im vorigen Jahr die Nordsee bereist, die Völkerschaften an der Elbe unterworfen und in das römische Reich eingegliedert.

Damit hatte er inzwischen alle germanischen Stämme westlich der Elbe unterworfen **(6 n. Chr.)**. Nur die Markomannen fehlten noch. Sie waren inzwischen nach Böhmen abgewandert und wohnten im tschechischen Bergkranz aus Böhmerwald und Erzgebirge. Dieser germanische Stamm sollten nun endlich auch erobert und unterworfen werden. Die Markomannen sollten nicht einfach so davonkommen. Sie standen dem römischen Anspruch auf die Weltherrschaft entgegen.

Die Markomannen[65] mit ihrem König Marbod [Maroboduus] hatten sich bisher immer aus allen Streitereien herausgehalten. Maroboduus hatte in jungen Jahren selbst längere Zeit in Rom gelebt und war mit der römischen Heeres- und Staatsordnung vertraut. Er wusste, dass er sich mit den Römern nicht messen konnte und wich lieber zurück, als sich mit den Römern anzulegen.

Er hatte inzwischen zwar ein Heer mit 70.000 Fußsoldaten und 4.000 Reitern zur Verfügung, trotzdem riskierte er nichts, er hielt sich zurück.

Der Abstand zwischen der Grenze zu seinem Hoheitsgebiet und den höchsten Alpenpässen, die die römische Grenze bildeten, betrug nur 200 Meilen. Sein Hoheitsgebiet lag in Böhmen [Boiohaemum], im tschechischen Bergkranz. Im Westen lag Germanien, im Süden Noricum und im Osten Pannonien. Marbod wurde von allen gefürchtet, alle konnten jederzeit mit einem Angriff rechnen.

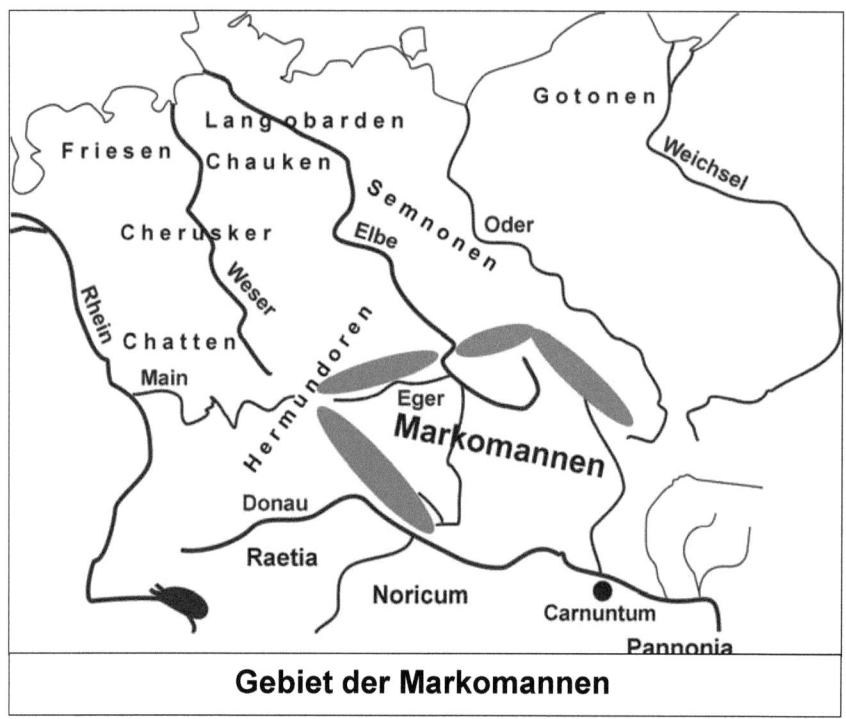

Gebiet der Markomannen

Marbod war ein Mann aus einem vornehmen Geschlecht.
Durch umsichtiges Verhalten hatte er die Vorherrschaft über seine Stammesgenossen erworben. Er hatte beschlossen, sein Volk aus dem Bereich der Römer herauszuhalten, um sich selbst eine eigene Macht aufzubauen. Die Landstriche in Böhmen hielt er besetzt. Seine Gegner hatte er unterworfen oder mit ihnen Verträge geschlossen.

Er hatte eigene Truppen aufgebaut und diese schützten sein Reich. Mit seinen Nachbarn führte er ständig kleine Kriege, um sein eigenes Heer zu schulen. Ständig ließ er Übungen durchführen, um seine Truppen schlagfertig zu machen.
Sie schienen sogar dem römischen Reich als bedrohlich. Er zettelte zwar keinen Krieg an, aber alle wussten, wenn er selbst angegriffen würde, könnte er sich verteidigen.

Völker, die von Rom abfielen, fanden bei ihm Schutz. Er verhielt sich im Großen und Ganzen wie ein Rivale Roms.

Doch die Römer wollten dem Anwachsen seiner Macht nicht länger tatenlos zusehen.

Tiberius beschloss, Marbod und die Markomannen anzugreifen. Ihre Neutralität sollte ihnen nichts nützen. Gaius Sentius Saturninus kam von Westen, von Mainz aus über den Main und die Eger und Tiberius von Süden von Petronell-[Carnuntum], Österreich [Noricum]. Sie wollten die Markomannen in die Zange nehmen und in das römische Reich eingliedern. Alles, sogar die Winterquartiere, war vorbereitet.

Beide Heere waren bis auf 5 Tagesmärsche an die Markomannen herangerückt, sie sollten sich am vereinbarten Treffpunkt vereinigen.
Velleius Paterculus: Historia Romana II 108,1-110,2 *(3)*

Lassen wir Velleius Paterculus sprechen:
Historia Romana II 110,3 *(3)*
„Aber die Pläne wurden zunichte gemacht, denn die Ungarn (Pannonien) erhoben sich. Es brach ein Aufstand aus. Die Ungarn hatten lange Zeit im Frieden gelebt und waren nun im Vollbesitz ihrer Kräfte. Mit Dalmatien und anderen Nachbarn hatten sie Bündnisverträge geschlossen um sich abzusichern."

Illyrisches Beben
Als sich die Ungarn [Pannonien] und die Jugoslawen [Dalmatien] [Illyrcium] erhoben, sah Augustus die ganze Region und sogar Rom bedroht. Der gerade in Angriff genommene Feldzug gegen die Markomannen musste abgebrochen und auf später verschoben werden. Zunächst war es wichtiger, die neuen Aufstände niederzuschlagen.

Augustus brauchte unbedingt Tiberius. Tiberius war wie immer sein bester Feldherr. Tiberius brach daraufhin den Angriff gegen die Markomannen ab und sah sich veranlasst, mit Marbod einen Friedensvertrag abzuschließen. Dann ging er auf den Balkan, um diese neuen Aufstände niederzuschlagen. Drusus' Sohn Germanicus war inzwischen 21 Jahre alt und durfte im Heer des Tiberius erstmals eigene Truppen führen. Er lernte jetzt das Kriegshandwerk von der Pike auf.

Zu dieser Zeit sollte Germanien aber nicht schon wieder ohne Oberbefehlshaber sein, und die Arbeiten auf den Baustellen sollten weitergehen. Augustus brauchte Ersatz für Tiberius und so wurde Varus der neue Statthalter in Germanien. Im Jahre 7 n. Chr. übernahm Varus das Oberkommando in Germanien.

IV Varuszeit

Romanisierung

Wer war Varus?
Publius Quinctilius Varus[66] (krummbeinig, o-beinig) wurde in Rom um das Jahr 47 v. Chr. geboren. Wie alle Oberbefehlshaber kam auch Varus aus der kaiserlichen Familie. Er war über seine Frau mit der Familie des Kaisers Augustus verwandt. Varus war ein erfahrener Verwaltungsfachmann. Von ihm gibt es kaum Bilder, alle Statuen wurden nach seiner Niederlage zerstört.

Er war der Sohn einer wohlhabenden Familie. Sein Vater nahm sich im Jahr 42 v. Chr. nach der Schlacht bei Philippi das Leben. Varus wuchs bei Verwandten auf, die dem 4jährigen Jungen eine gute Ausbildung ermöglichten. Er schlug wie viele vornehme Römer die Beamtenlaufbahn ein und begleitete Kaiser Augustus als Quästor in den Jahren 22-19 v. Chr. auf dessen Orientreise.

Varus war in Pergamon und Athen tätig, was durch zwei erhaltene Ehreninschriften belegt ist. Im Jahr 13 v. Chr. bekleidete er zusammen mit Tiberius das Konsulat, und ging danach in die allgemein vorgeschriebene Ämterpause. In dieser Zeit heiratete er eine Enkelin der Octavia, der Schwester Augustus.

Im Jahr 7 v. Chr. wurde ihm die wichtige Provinz Africa als Prokonsul übertragen. Von dieser Aktivität sind einige Münzen aus den Städten Achulla und Hadrumetum erhalten. Nach der Statthalterschaft in Afrika übernahm er 6 bis 4 v. Chr. die Verwaltung der Provinz Syrien. In dieser Eigenschaft unterstanden ihm drei Legionen.

Als Herodes seinen Sohn Antipatros wegen versuchten Vatermordes anklagte, war Varus Richter. Nach dem Tod des Herodes schlichtete Varus die Erbauseinandersetzung der drei Söhne des Herodes, indem er alle drei nach Rom schickte, so dass Augustus persönlich eine Entscheidung treffen konnte. Währenddessen untersagte er dem Prokurator, den Staatsschatz des Herodes zu konfiszieren, solange die Rechtslage nicht geklärt war.

Als in Palästina ein allgemeiner Aufstand ausbrach, schlug Varus diesen durch energischen Militäreinsatz innerhalb eines halben Jahres nieder, wobei er 2.000 Aufständische kreuzigen ließ.

Im Jahr **7 n. Chr.** kam Varus als Statthalter nach Germanien. Er hatte von Augustus den Oberbefehl über die drei Legionen am Rhein erhalten. Er ersetzte Tiberius, der auf den Balkan ging. Es war jetzt seine Aufgabe, die Entwicklung in Germanien weiter voran zu treiben.

Varus sollte in Germanien eine römische Provinz einrichten. Es sollte eine Verwaltung aufgebaut und die römische Rechtsprechung eingeführt werden. Und ganz wichtig war: Das germanische Gebiet sollte endlich steuerpflichtig gemacht werden.

Auch mussten die Bauarbeiten an der Bifurkation fortgesetzt und die dort wohnenden Germanen dafür an andere Orte umgesiedelt werden. Varus brachte zu diesem Zweck eine Anzahl Advokaten mit, die ihn in rechtlichen Dingen unterstützen sollten.

Arminius

Als Begleiter von Varus kam Arminius ebenfalls nach Germanien. Er führte inzwischen römische Hilfstruppen und hatte schon am Krieg (Immensum Bellum) auf römischer Seite teilgenommen.

Er kam zurück in seine alte Heimat. Seine Eltern lebten im Cheruskerland. Arminius war der Sohn des Cheruskerfürsten Segimer. Arminius sollte Varus unterstützen. Er sprach sowohl die germanische als auch die lateinische Sprache. Er war für Varus sehr wertvoll und Varus vertraute ihm sofort.

Arminius konnte seine Familie erstmals wieder besuchen. Wo seine Eltern wohnten, ist nicht bekannt. Es ist auch nicht bekannt, ob sein Vater noch lebte. Nur seine Mutter wird bei Tacitus erwähnt (Tac. Ann. II,10,1).

Das Leben der Germanen war weiterhin rückständig, es hatte sich in der römischen Okkupationszeit nicht verbessert; im Gegenteil, das Leben der Germanen hatte sich verschlechtert.

Sommerlager des Varus

Varus zog vom Rhein aus die Lippe hoch, überquerte den Teutoburger Wald und zog durch das Lippische Bergland. Wir wissen, dass er die Weser nicht überschritt. Sein Weg führte an der Ostseite des Teutoburger Waldes nach Norden, immer an der Werre entlang bis zu seinem Sommerlager.

Dem deutschen Historiker Prof. Theodor Mommsen (1817-1903) zufolge sollte das Sommerlager des Varus evtl. in Minden gelegen haben. In Minden wurde jedoch kein Sommerlager gefunden.

Zur Frage des Sommerlagers stellte der deutsche Historiker Prof. Hans Delbrück (1848-1929) ähnliche Überlegungen an. In seinen Überlegungen: „Die Geschichte der Kriegskunst" führte er folgendes aus:

„Wenn die Römer aus dem Lippe-Gebiet eine Etappe weiter wollten, so war der nächste Abschnitt die Weser, die von Aliso ca. 50 km entfernt war. Durch das Lager an der Weser beherrschten sie die Gegend aufwärts und abwärts und so könnte wenigstens ein Teil der so wichtigen Lebensmittel, Holz und anderes, durch die Germanen oder über den Wasserweg herangeschafft werden.

Der Stützpunkt der Römer muss also am Ufer der Weser gelegen haben, an einer Stelle, die Aliso nahe liegt und eine gute Verbindung ermöglichte.

Nicht weniger wichtig als die Verbindung mit der Lippestraße war den Römern an der Weser die Verbindung mit der Nordsee. Bei den Chauken an der Wesermündung hatten sie eine Besatzung, die sich noch nach der Niederlage des Varus bis zum Jahre 14 dort gehalten hat.

An der Porta Westfalica trafen ihre beiden strategischen Zugangsstraßen in das innere Germaniens zusammen. Hier war der gegebene Platz für ein Standlager, von dem aus man das Wesergebiet beherrschte. Man hatte die gesicherte doppelte Verbindung nach Hause, war im Mittelpunkt der Völkerschaften, die es galt in Respekt zu erhalten. Man konnte weserabwärts oder weseraufwärts operieren, durch die Benutzung des Flusses die Nachführung der Verpflegung erleichtern und, indem man eine feste Brücke schlug, nach Bedürfnis auf dem rechten oder linken Ufer vorgehen.

Dieser Ort ist bisher trotz mannigfacher Nachforschung nicht aufgefunden worden, Man geht davon aus, dass er nur abwärts der Porta gesucht werden muss. In späteren Jahrhunderten könnten Städte oder Dörfer darüber gebaut worden sein, so dass sie heute nicht mehr aufzufinden sind." *(5)*

Beide Historiker bevorzugen als Sommerlager die Stadt Minden und die Porta Westfalica.

Neue und andere Überlegungen:
Dazu muss man wissen, dass die Stadt Minden auf der westlichen Weserseite nördlich des Wiehengebirges liegt und dass Varus mit den Legionen durch das Lippische Bergland zog. Wenn das Sommerlager in Minden gewesen wäre, hätte Varus am Wittekindsberg die Porta Westfalica passieren müssen. Der Wittekindsberg im Wiehengebirge reichte damals direkt an die Weser heran. Bevor dort eine Straße angelegt werden konnte, mussten erst Felsen abgesprengt werden. Eine Passage an der Westseite der Weser durch die Porta Westfalica war zur Römerzeit noch unmöglich.

Wir wissen zudem, dass das Sommerlager des Varus im Stammesgebiet der Cherusker lag. Minden gehörte nicht zum Cheruskerland.

Es ist also sehr unwahrscheinlich, dass das Sommerlager in Minden oder nördlich der Porta Westfalica gewesen ist.

Varus hatte sicherlich die Oberaufsicht über die große Baustelle an der Bifurkation, d.h. die Baustelle musste für Varus und die Soldaten gleichermaßen erreichbar sein.

Die Baustelle zog sich über mehrere Kilometer hin, so dass es sicherlich mehrere Soldatenlager entlang der Flüsse gegeben hat.

Auch Varus' Sommerlager müsste in der Nähe der großen Baustelle gewesen sein. Varus' Sommerlager kann demnach nur zwischen Löhne und Osnabrück gelegen haben.

Die Römer erreichten das Sommerlager des Varus im Cheruskerland und machten dort Station. Wo war das Sommerlager des Varus? Wo könnte es gelegen haben? Bisher konnten wir nur Vermutungen anstellen.

Das Sommerlager des Varus

Das Sommerlager des Varus war wahrscheinlich in Hiddenhausen, nicht direkt an der Weser.

Hiddenhausen ist eine Gemeinde im Kreis Herford. Der Ort Hiddenhausen hat die Form eines Oktagons (Achteck). Dieser Ort ist ein sehr zentraler Punkt inmitten der Hügellandschaft des Ravensberger Landes.

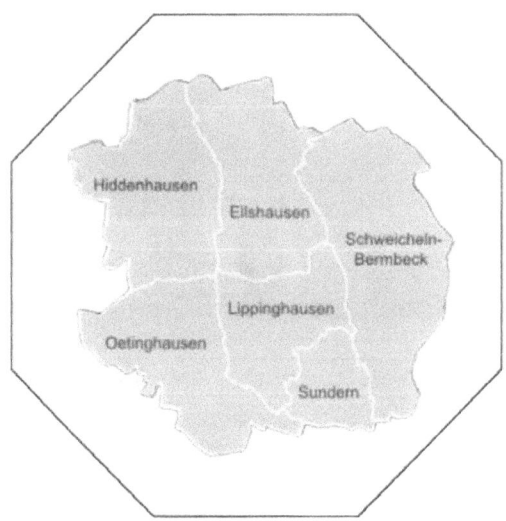

Der Ort Hiddenhausen[67] ist an allen vier Seiten von Wasserläufen umgeben.
Er wird begrenzt von den Flüssen Werre im Osten und Else im Norden. An der westlichen Grenze fließt der Bolldammbach (heute Brandbach)[68] und mündet in Kirchlengern in die Else; der Düsediekbach durchfließt an der südlichen Grenze die Pivitsheide (Kibitzheide) zwischen Hiddenhausen und Herringhausen und mündet am **Kaulpodde** (Kohlpott oder Kohltopf) in die Werre.

Hiddenhausen und Umgebung

„Die ältesten menschlichen Spuren lassen sich in Hiddenhausen bereits seit der mittleren Steinzeit belegen. Aufgrund der etwas erhöhten und damit hochwassersicheren Lage an der Werre war das Gebiet zur Besiedlung bestens geeignet. So wurden beispielsweise Steinzeitbeile, Kleinwerkzeuge aus Stein (Mikrolithen) und eine jungsteinzeitliche Höhensiedlung auf dem Schweichler Berg gefunden. Im Westen des Ortes wurden Grabhügel aus der Bronzezeit sowie ein Bronzemesser gefunden.

Aus der vorrömischen Eisenzeit stammen über 400 (Urnen-)Gräber. Aus der Zeit 450 v. Chr. bis Chr. Geburt stammen über 250 Brandgrubengräber.

Die 1932 entdeckten 68 Brandgrubengräber stammen aus dem 1. bis 3. Jahrhundert n. Chr. und enthielten Scherben römischer Importware. Aus der Zeit der Völkerwanderung (400 – 800 n. Chr.) stammen weitere Funde."

Die Gerichtsverhandlungen zwischen Varus und den Germanen fanden sicherlich nicht in den römischen Soldatenlagern sondern extern in einem gesonderten Forum statt.

Das ideale Forum für die Gerichtsverhandlungen könnte das Gut Bustedt[69] in Hiddenhausen gewesen sein. Bustedt ist heute ein Gutshof. Das Gut Bustedt liegt sehr geschützt im Tal und hat ein bevorzugtes angenehmes warmes Klima.

Das Gut Bustedt ist ungewöhnlich gut gesichert. Es hat zwei Wassergräben (Gräften) um sein Gelände herum, die vom Bolldammbach (heute Brandbach) gespeist werden.

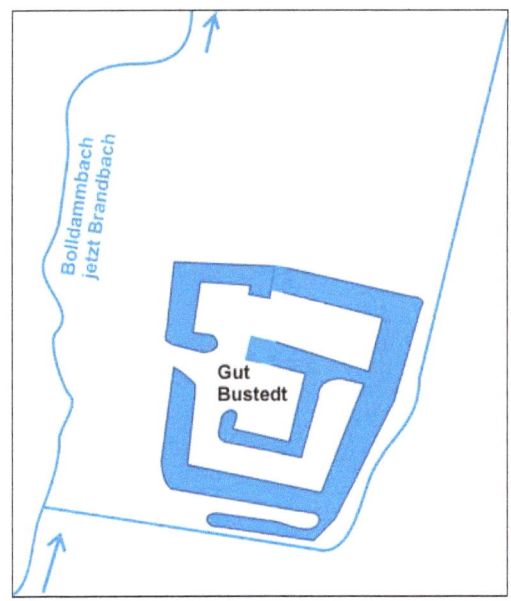

Die höchste Erhebung in Hiddenhausen ist der Hügel „Auf dem Hagen", 117 m hoch. Von dort aus hat man eine weite Sicht nach Süden zum Teutoburger Wald mit dem Hermannsdenkmal in Detmold, mit dem Ebberg in Bielefeld-Lämmershagen, der Sparrenberger Egge in Bielefeld-Sieker, der Hünenburg in Bielefeld-Dornberg und im Westen fast bis zum Hasetor in Osnabrück.

Auf der Nordseite hat man eine weite Sicht zur Bergkette des Wiehengebirges mit der Diedrichsburg in Melle, dem Wartturm in Lübbecke und auch fast bis zum Hasetor in Osnabrück. Wären im Osten die Schweichler Berge (165 m hoch) nicht im Weg, könnte man bis zur Weser schauen.

Wartturm

Parallel zu den Flüssen Werre und Else verlaufen die beiden Bahnlinien, die wir als alten Römerweg ansehen müssen.

Im Südosten von Hiddenhausen an der Grenze zu Herford befindet sich eine Anhöhe mit Namen **Kohlpott** (Kaulpodde). An dieser Stelle hatten die Soldaten, die von Süden (von Anreppen bzw. Bad Meinberg) kamen, die große breite Heerstraße zu verlassen, um den Weg nach Westen (Hiddenhausen) bzw. Osten (Löhne) einzuschlagen.

Der Kohlpott war der Abzweig an der Römerstraße, der in beide Himmelsrichtungen führte. **Kaulpodde** ist eine ungewöhnliche, aber prägnante Ortsbezeichnung.

In Hiddenhausen lag im Gebiet „Auf dem Hagen" ein römisches Lager[70], von Herrn Geophysiker Heribert Genreith entdeckt.

Es war ein Lager mit Palisaden ringsum und möglicherweise mit einem Ausguck in der Mitte und liegt auf einer Anhöhe südöstlich vom Gut Bustedt. Er vermutet dort ein Marschlager, das später zu einer Weihestätte werden sollte.

Die Entfernung zwischen dem Genreith-Lager „Auf dem Hagen" und Bustedt beträgt nur 1400 m Luftlinie. Verfärbungen im Boden sind immer noch sichtbar.

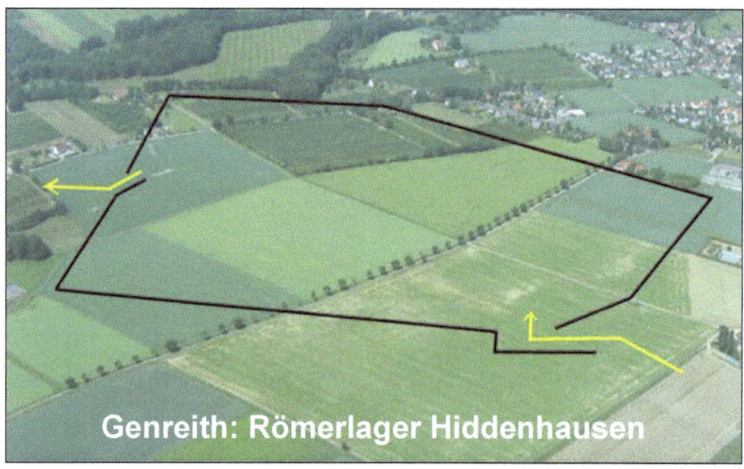

Dieser Hügel wurde wahrscheinlich als Ausgangspunkt für die schnelle Nachrichtenübermittlung genutzt.

Denn das Lager in Hiddenhausen ist 48 km vom Lager in Anreppen entfernt (Luftlinie). Beide Lager liegen auf demselben Längengrad (8,3° östlich). Der Sichtkontakt konnte über den Ebberg/ Teutoburger Wald (309 m) in Bielefeld-Lämmershagen hergestellt werden. Dieser Ebberg könnte als Verbindungsstation zwischen den beiden großen Lagern Anreppen und Hiddenhausen bzw. Löhne fungiert haben.

Ebberg / Eiserner Anton

Es liegen weitere Punkte auf der direkten Linie in einem Abstand von bis zu 10 km: Wartturm in Lübbecke, Lager „auf dem Hagen" in Hiddenhausen, Anhöhe in Laar (Kreis Herford), Ebberg (Teutoburger Wald) mit dem Aussichtsturm „Eiserner Anton", Schloss Holte (Schloss), Hövelhof (Ems nach der Einmündung des Schwarzwasserbachs) und das Lager in Anreppen an der Lippe.

An der Ems nach Einmündung des Schwarzwasserbaches

Ortsbezeichnung	Breitengrad	Längengrad
Wartturm	52°16'58,59"N	8°36'54,71"O
Hiddenhausen Gut Bustedt	52°10'25,98"N	8°36'19,59"O
Hiddenhausen „Auf dem Hagen"	52°09'23,91"N	8°36'43,24"O
Laar (Kuckuck)	52°05'29,76"N	8°35'10,55"O
Ebberg/Eiserner Anton	51°58'44,72"N	8°34'59,20"O
Schloss Holte, Schloss	51°53'54,65"N	8°36'08,97"O
Hövelhof (Ems) nach Einmündung des Schwarzwasserbachs	51°49'52,01"N	8°35'42,04"O
Anreppen/Lippe	51°44'22,10"N	8°35'35,08"O

Das Lager mit Palisaden in Hiddenhausen ist abgebrannt[70]. Spuren haben sich jedoch im Erdreich erhalten. Dieser Ort könnte in späterer Zeit als Weihestätte genutzt worden sein. Münzen aus späterer Zeit sind dort gefunden worden.

Die Umsiedlungen der Germanen im Bereich der großen Baustelle an der Bifurkation mussten organisiert und durchgesetzt werden, auch gegen den Willen der Bevölkerung. Varus hatte viele Advokaten in seinem Gefolge.

Gerichtsverhandlungen
Velleius Paterculus berichtet uns Einzelheiten aus den Gerichtsverfahren des Varus. Er stellt uns einen Menschen vor, der ruhig und gemütvoll agierte, der als Richter seine Berufung darin sah, nach Gesetz und Ordnung über die Menschen zu urteilen.

Wir wissen, sein Tribunal lag mitten in Germanien. Varus erfreute sich am Frieden und verschleppte mit seiner langsamen Rechtsprechung den Sommerfeldzug.

Tribunal = Tribüne war im antiken Rom der erhöhte Amtsplatz der Magistrate auf dem Forum Romanum, wo u.a. Recht gesprochen wurde, auch eine Bezeichnung für [hoher] Gerichtshof; ferner auch Hochsitz der Tribunen, Richterstuhl, erhöhter Feldherrnsitz im Lager, Sitz des Prätors; auch die auf der Tribüne sitzenden Beamten.

Lassen wir Velleius Paterculus sprechen:
Res Gestae Divi Augusti 2,117,1-4 *(1)*
„Aber sowohl Ursache als auch Person verlangen ein Verweilen.

Varus Quinctilius, aus einer mehr bekannten als vornehmen Familie, (war) ein Mann von milder Sinnesart, bedächtigem Charakter, an Körper und Geist etwas unbeweglich, mehr ruhiges Lagerleben als Kämpfe gewöhnt. Aber wie sehr er kein Verächter von Geld war, gab Syrien kund, das er verwaltet hatte, wie arm er ein reiches betreten, so reich verließ er ein armes.

Als er das Heer befehligte, das in Germanien stand, stellte er sich vor, es seien Menschen, die außer Stimme und Körper nichts von Menschen hätten und sie, welche die Schwerter nicht hatten besiegen können, könnten durch die Justiz besänftigt werden.

Mit solchem Vorurteil mitten in Germanien eingedrungen, wie unter Männern, die sich der Annehmlichkeit des Friedens erfreuen, verschleppte er mit Rechtsprechung und Förmlichkeiten vor dem Tribunal den Sommerfeldzug."

Die Germanen beschäftigten Varus mit Nichtigkeiten, sie gaben Unstimmigkeiten vor, die gar nicht vorhanden waren, und sie tricksten die römische Justiz aus.

Sie reagierten auf seine bedächtige und langsame Rechtsprechung, indem sie Streitigkeiten erfanden, oder sie beschäftigten ihn mit nichtigen und nichtssagenden Prozessen. Später bedankten sie sich für die Prozesse, die nicht mit Waffen, wie bisher, sondern durch das Gericht entschieden worden waren.

Varus stellte sich vor, die Germanen seien Menschen, die zwar wie Menschen aussähen, aber sonst keine Menschen seien. Sie seien grob und unzivilisiert. Die Germanen sah er nicht als gleichwertige Menschen an. Er wollte sie durch die Gesetze zwingen, ihr kämpferisches Wesen aufzugeben.

Varus kam sich vor, als spräche er Recht auf dem Forum in Rom, und nicht als Befehlshaber über ein großes Heer mitten im feindlichen Germanien.

Lassen wir Velleius Paterculus sprechen:
Res Gestae Divi Augusti 2,118,1 *(1)*
„Aber jene (Germanen) sind, was man kaum glaubt, wenn man es nicht erfahren hat, bei größter Wildheit sehr schlau und ein zur Täuschung geborenes Volk.

Sie gaben erfundene Reihen von Streitsachen vor, bald lud nun einer den anderen zu Prozessen, bald sagten sie Dank, dass die römische Justiz diese beendete, dass ihre Wildheit durch die Ungewöhnlichkeit der unbekannten Ordnung gemildert würde und dass gewöhnlich durch Waffen entschiedenes durch Rechtsprechung beendet würde.

In größte Sorglosigkeit verführten sie den Quinctilius, soweit, dass er glaubte, er spräche als Prätor Urbanus auf dem Forum Recht und nicht, er befehlige ein Heer mitten in Germanien."

Plan des Arminius
Die Jahre **7 und 8 n. Chr.** verliefen unspektakulär, ruhig und friedlich. Es passierte nichts.

Das Jahr **9 n. Chr.** verlief genauso wie die Jahre 7 und 8 n. Chr. Am Kanal wurde weitergebaut, die Advokaten sprachen Recht in ihren Foren. Auch im Jahr 9 kam es zunächst zu keinen Differenzen. Die

Germanen waren friedlich. Das Jahr verlief für die Römer genauso gleichförmig wie bisher. Es deutete nichts auf die kommende Varusschlacht hin. Erst nach und nach braute sich etwas zusammen.

Arminius wollte die Römer aus Germanien hinauswerfen. Er sah, daß Varus sorglos agierte. Diese Nachlässigkeit des Varus wollte Arminius ausnutzen.

Man weiß nicht, auf welche konkrete Veranlassung hin Arminius zu einem Gegner Roms wurde. Das geht aus den alten Schriften nicht hervor. Tatsache ist jedoch, dass er den Plan ersann, nach dem die Germanen die Römer besiegen konnten.

In fast allen Volksgruppen gab es immer wieder Aufstände, die den Zweck verfolgten, die Römer aus dem Land zu werfen. Es ist nie gelungen. Die Römer hatten ein sehr effektives Heer, das nahezu unbesiegbar war. Sie hatten die größte Streitmacht der Antike. Erst Arminius schaffte es mit einer List, die Römer nicht nur zu besiegen, sondern sie sogar zu vernichten.

Lassen wir Velleius Paterculus sprechen:
Res Gestae Divi Augusti 2,118,2 *(1)*
„Es gab damals einen jungen Mann von Adel, mit starker Hand, schneller Auffassungsgabe, einer Begabung weit über den Germanen, mit Namen Arminius, ein Sohn des Segimer, eines Fürsten seines Stammes, der das Feuer in der Seele in Antlitz und Augen zeigte.

Früher ständiger Begleiter unserer Feldzüge, war er auch mit dem römischen Bürgerrecht ausgezeichnet, dem der Rang eines Ritters folgte.

Das Desinteresse des Feldherrn nutzte er als Gelegenheit zu einem Unheil, keineswegs unklug hatte er beobachtet, dass niemand schneller vernichtet wird, als der, welcher nichts fürchtet, und dass sehr häufig der Anfang der Niederlage in der Sorglosigkeit liegt."

Arminius sah, dass die Römer immer mehr das Leben der Germanen bestimmten. Jetzt sollten sogar Tribute an die Römer gezahlt werden. Arminius kannte die Unterdrückungsmethoden der Römer. Er wusste, dass die Germanen diese horrenden Steuern niemals aufbringen konnten. Und die Umsiedlungen waren immer noch nicht ausgestanden.

Arminius wollte für sein Volk lieber Freiheit als schmachvolle Knechtschaft. Und keine Umsiedlungen. Er wollte die Römer aus Germanien hinauswerfen.

Er weihte zunächst nur einige Vertraute in seine Pläne ein und berichtete, wie er sich den Anschlag vorstellte. Später weihte er weitere Vertraute ein und legte den Zeitpunkt für den Anschlag fest.
Er wusste, dass die Römer jedes Jahr im Herbst ein Dreilegionenlager aufbauten, in dem sie sich sammelten, um dann gemeinsam zum Rhein zurück zu marschieren. Der Anschlag sollte in der Nacht vor der Abreise in diesem Dreilegionenlager stattfinden, wenn die Römer beabsichtigten, in ihre Winterlager am Rhein zurückzukehren. Der Zeitpunkt war sehr wichtig. Denn am Tag vor der Abreise hatten sich alle Römer in diesem einem Lager versammelt.

Lassen wir Velleius Paterculus sprechen:
Res Gestae Divi Augusti 2,118,3 *(1)*

„In der Folge wurden zuerst wenige, später mehr in den Kreis der Beratenden aufgenommen; die Römer könnten überwältigt werden, erklärte er, ebenso wie er sie überzeugte. Die Beschlüsse verband er mit Taten und legte den Zeitpunkt für den Anschlag fest."

Das Dreilegionenlager (Sammellager)

Wie in jedem Jahr wollten die Römer gegen Ende des Sommers Germanien wieder verlassen und gemeinsam in ihre Lager am Rhein zurückkehren. Die Arbeiten am Kanal waren für dieses Jahr beendet.

Varus hatte den Zeitpunkt für die Abreise bereits festgelegt. Am 9. September des Jahres **9 n.** Chr. sollte es losgehen. Sie mussten rechtzeitig zurück sein, denn am 23. September sollte in den Lagern am Rhein das große Fest stattfinden. Der Geburtstag des Kaiser Augustus sollte wie jedes Jahr mit einer großen Feier begangen werden. Augustus wurde 72 Jahre alt.

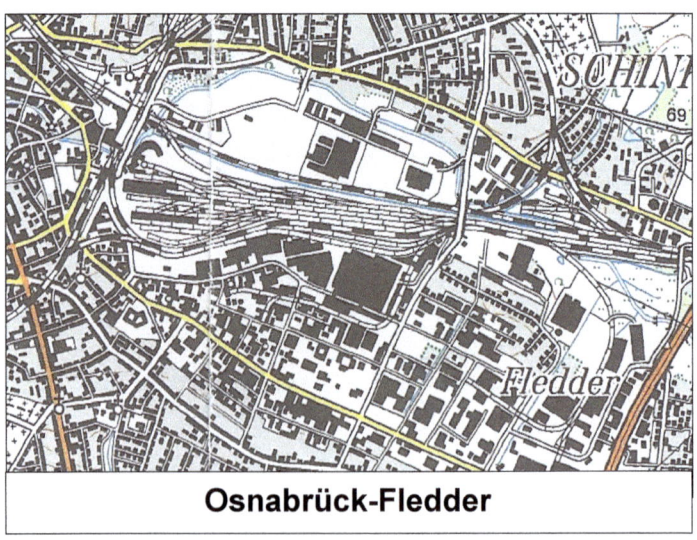

Osnabrück-Fledder

Wie in den Jahren zuvor wurde das große Sammellager in Osnabrück-Fledder am Ufer der Hase errichtet. Das Lager war für drei Legionen von der Größe her passend.

Die Soldaten, die am Schiffgraben ihren Dienst verrichtet hatten, waren inzwischen an der Bifurkation angekommen. Sie wollten gemeinsam den Rückweg antreten.

Der Rückweg führte von Osnabrück-Fledder nach Süden, quer über den Teutoburger Wald, dann durch das flache Münsterland bis Haltern an der Lippe. Dieser Weg war von Ahenobarbus um die Zeitenwende herum angelegt und von Vinicius weitergebaut worden. Den restlichen Weg von Haltern aus zum Rhein konnten sie per Schiff zurücklegen.

Die Römer sammelten sich also Anfang September in diesem einen Dreilegionenlager, um gemeinsam zum Rhein zurückzumarschieren. Am Tag vor dem Abmarsch war das Lager voll belegt. Diesen Tag hatte sich Arminius ausgesucht. An diesem Tag musste sein Anschlag stattfinden. An diesem Tag hatte sein Anschlag den größten Erfolg.

Die Römer sammelten sich im Dreilegionen-Lager. Ein Name für dieses Lager ist nicht bekannt. Es stand im Osten von Osnabrück, in Osnabrück-Fledder[71].

Der Name ist Programm. Niemand gibt germanischen Namen eine Chance. Manchmal sind Namen Schall und Rauch, aber oft haben Namen auch einen Sinn.

Es war der 8. September des Jahres 9 n. Chr. Die Utensilien waren gepackt. Alles war vorbereitet. Am nächsten Morgen sollte es losgehen. Alle freuten sich auf die Rückkehr zum Rhein. Es war ihre letzte Nacht an der Baustelle und gleichzeitig ihre erste Nacht auf dem Rückmarsch. Die Feuer wurden angezündet und erhellten das Lager. Nichts deutete auf eine eventuelle Gefahr hin.

Das große Marschlager für drei Legionen stand in der Nähe der Hase. Viele meinen, dass sich die Germanen nicht getraut hätten, ein so großes Legionslager anzugreifen. Aber Arminius benutzte eine List. Er wollte Wasser der Hase in das Lager einleiten, um im Lager Unruhe zu entfachen und eine Panik anzuzetteln.

Denn Varus' Hochmut und seine Willkür empfanden die Germanen inzwischen als Provokation. Seine Härte, mit der er seine Vorstellungen durchsetzen wollte, war für sie unerträglich. Die Germanen sollten horrende Steuern zahlen, was der Bevölkerung nicht möglich war. Die Germanen waren bisher immer friedlich gewesen, aber nun mussten sie sich wehren.

Und sie sollten umgesiedelt werden in andere von Römern bestimmte Städte. Doch die Germanen wollten sich nicht umsiedeln lassen. Wer nicht gehorchte, wer das Urteil nicht beachtete, wurde mit dem Tod bestraft. Sie waren von der Gnade der Römer abhängig.

Der Angriff

Nach der Lagertheorie
Nach der Version der älteren Historiker wurde das römische Heer in seinem eigenen Lager angegriffen: **Tacitus** I,61,2a

Arminius hatte sich überlegt, wie er die Römer besiegen könnte. Er musste eine List anwenden. **Strabon** VII,1,4,4

Wir wissen von **Velleius Paterculus,** dass er erst wenige, dann mehr Leute in seinen Plan einweihte, V 2,118,3.

Es gab eine Verschwörung. Sie wollten die Römer in ihrem Lager angreifen und besiegen. Wir wissen von **Florus,** dass das Lager verloren ging Fl. 2,30,33,34.

Nach der Marschtheorie
Dagegen gab es nach der **Dio-Version** irgendwo einen Germanenaufstand, und Varus reagierte auf den Aufstand, indem er gegen die Germanen zu Felde zog. Damit wollte Varus die Germanen bestrafen. In einer 3-4 Tage dauernden Schlacht wurden die Römer dann komplett aufgerieben. Die Wissenschaft bevorzugt diese Marschtheorie, weil man sich nicht vorstellen kann, dass die Germanen ein großes 3-Legionen-Römerlager angreifen und besiegen konnten.

Abschiedsessen - Verrat
Am Abend vor der Abreise gab Varus in diesem Sammellager ein Abendessen, ein Abschiedsessen für seine Tribunen und für die germanischen Fürsten. Arminius und auch der germanische Fürst mit Namen Segest waren anwesend.

Bei dieser Gelegenheit verriet der germanische Fürst Segest die Pläne des Arminius. Er verriet die Absichten des Arminius schon zum wiederholten Mal und bat Varus inständig, die Verschwörer in Ketten legen zu lassen, sogar auch ihn selbst, denn dann würde nichts passieren.

Aber Varus glaubte ihm immer noch nicht. Arminius war sein bester Mitarbeiter. Arminius sprach Latein und die germanische Sprache, der würde ihn doch nicht einfach so hintergehen. Und Varus war Jurist, er war Richter. Er konnte sowieso niemanden gefangen nehmen oder verurteilen, der noch keine Straftat begangen hatte (T.Ann. I, 58,2b). Varus lehnte es ab, Arminius in Ketten zu legen oder anderweitig zu bestrafen. Er konnte sich nicht vorstellen, dass Arminius irgendetwas gegen die Römer unternehmen würde. Varus war unbesorgt, es würde schon alles gutgehen und nichts passieren.

Lassen wir Velleius Paterculus sprechen:
Res Gestae Divi Augusti 2,118,4 *(1)*
„Dies wurde dem Varus von einem treuen Mann aus jenem Stamm mit dem berühmten Namen Segest verraten.

Er verlangte auch (die Verschwörer zu fesseln. Aber schon überwog) das Verhängnis über den Verstand und hatte alle Schärfe seines Verstandes abgestumpft.

Die Sache ist freilich so, dass meistens (dem), welcher ein zu wendendes Schicksal hat, ein Gott die Gedanken verwirrt und damit bewirkt, was besonders unglücklich ist, dass (das), was geschieht, auch zu Recht zu geschehen scheint und den (unglücklichen) Zufall in Schuld verwandelt.

So schlug er es ab, (das) zu glauben und bekannte sich dazu, den Anschein des Wohlwollens ihm gegenüber mit Recht zu schätzen.

Auch gab es nach dem ersten Verrat für einen zweiten keine Gelegenheit."

Der Anschlag
Arminius verließ das Lager und begab sich zu seinen Soldaten. Wir wissen nicht, wie viele Helfer er hatte. Es waren sicherlich nicht allzu viele.

Die vorbereiteten Arbeiten konnten jetzt ausgeführt werden. Der Stausee an der Sut(t)mühle wurde geöffnet, damit die Hase zusätzliches Wasser erhielt. Das Wasser der Else wurde in die Hase umgeleitet. Das Wasser in der Hase sollte immer höher steigen.

Zur gleichen Zeit wurde das Hasetor in Osnabrück geschlossen. Es wurde verstopft. Das Wasser sollte sich vor dem Hasetor stauen. Es sollte nicht mehr abfließen können. Arminius wollte das Dreilegionenlager in Osnabrück-Fledder unter Wasser setzen.

**Wichtig war für Arminius,
dass er die Römer unvorbereitet treffen konnte.
Varus und seine Legionen sollten überhaupt keine Chance
haben, eine Schlacht zu schlagen.**

Die Sperrung gelang. Das Wasser staute sich zurück. Langsam füllte sich das Flussbett. Langsam aber sicher stieg das Wasser in der Hase immer höher. In dieser Nacht war es stockdunkel. Der Mond war nicht zu sehen. Es war Neumond. Noch brannten die Feuer und erhellten das Lager. Nach Mitternacht trat die Hase über die Ufer. Das Wasser breitete sich zu beiden Seiten aus und bildete einen See, erst in der Nähe des Staudamms, dann immer weiter in das Land hinein. Der Flusslauf war bald nicht mehr zu erkennen.

Graben und Wall, die um das Lager herum angelegt waren, hielten das Wasser zunächst auf. Das Wasser stieg höher und schwemmte den umlaufenden Graben zu (Tac. Ann. I,61,2a). Das Wasser kam lautlos und breitete sich immer mehr aus. Es suchte sich seinen Weg durch die Palisaden. Irgendwann in der Nacht erreichte es die schlafenden Römer. Die Feuer waren inzwischen erloschen, es war finster.

dilatus segnitia ducis, quia parum praesidii in legibus erat, ut me et Arminium et conscios vinciret flagitavi: testis illa nox, mihi utiam potius novissima! (Tac. Ann. 1,58,2b).

Die am Boden liegenden Decken wurden nass. Das Wasser war kalt, höchstens 16 Grad, und erschreckte die Schlafenden. Schon sprangen sie auf. Gellende Schreie hallten durch das Lager. Sofort war das komplette Lager wach. In der Dunkelheit konnten sie nichts sehen. Das Wasser (nicht die Germanen) verbreitete sich sehr schnell und verteilte sich im ganzen Lager. Das Wasser war überall.

Die Massenpanik

Das Chaos begann. Die Leute wollten fliehen. Sie suchten ihre Sachen, sie konnten sie nicht finden. Die Schuhe waren nicht greifbar. Die Kleidung war nass und kalt. Die Tiere waren unruhig und brachen aus ihren Ställen aus. Das Wasser stieg langsam immer höher. Keiner wusste, wo das viele Wasser herkam. Der Wasserstand im Fluss war doch gestern noch ziemlich niedrig gewesen!

Sie wollten so schnell wie möglich aus dem Wasser heraus. Sie rannten kopflos hin und her. Sie rissen die Zelte aus den Verankerungen, sie stolperten über ihr Marschgepäck. Sie wollten nur noch weg. Doch die Tore waren geschlossen und so schnell nicht zu öffnen. Sie hatten sich selbst eingesperrt in ihrem Palisadenwall. Es gab ein heilloses Durcheinander. Sie waren völlig konfus und rannten sich gegenseitig um. Sie schrien in Todesangst.

Varus wusste sofort, was da passiert war. Er wusste, dass Arminius dieses Chaos verursacht hatte. Er konnte auch nichts sehen. Doch die Leute sollten nicht wegrennen, sie sollten im Lager bleiben. Er wollte sie zur Vernunft bringen. Varus ließ seinen Trompeter blasen, er sollte die Leute zurückrufen, sie sollten zum Tribunal kommen. Er wollte sie beruhigen. Sie sollten durch die Stimme des Herolds zurückgehalten werden.

"Ausus ille agere conventum, et in castris ius dicebat edixerat quasi violentiam barbarorum lictoris virgis et praeconis voce posset inhibere. (Fl. Epitomae rerum romanorum 2,30,31b.)"

Doch die Legionen ließen sich nicht beruhigen. Das Chaos wurde nur noch größer. Die einen wollten weg, andere Leute wollten dem Ruf Folge leisten und zurück zum Tribunal, in die Mitte des Lagers.

Die Leute prallten aufeinander. Es entstand eine Panik, die sich zu einer Massenpanik ausweitete. Es ging alles rasend schnell. Es wurde immer enger in dem dunklen geschlossenen Raum. Sie standen Körper an Körper. Sie stellten sich auf Zehenspitzen. Sie konnten sich nur noch mit Trippelschritten weiter bewegen. Es bildete sich eine Welle aus, die von einer Palisadenwand zur anderen hin- und herschwang.

Es wurde immer enger und enger. Das Atmen fiel immer schwerer. Schließlich knackten die Rippen und der Brustkorb brach ein. Sie zerquetschten sich gegenseitig. Die Lunge fiel zusammen. Die Menschen konnten nicht mehr atmen und fielen zu Boden. Die anderen traten darüber. Sie traten sich gegenseitig tot. In kurzer Zeit waren drei Legionen niedergedrückt und erstickt. Sie wurden total ausgelöscht. Nur wenige konnten sich retten. Das Lager ging verloren.

Lassen wir Florus sprechen:
Epitomae rerum romanorum 2,30, 29-33 *(1)*
„Aber es ist schwieriger, Provinzen zu halten als zu erobern. Mit Gewalt werden sie erobert, durch Gerechtigkeit werden sie gehalten. Daher war die Freude nur kurz. Freilich waren die Germanen mehr besiegt als unterworfen, und unsere Denkart war ihnen verdächtiger als die Waffen unter dem Feldherrn Drusus.

Nachdem jener (Drusus 9 v. Chr.), gestorben war begannen sie, Willkür und Hochmut des Varus Quinctilius nicht weniger zu hassen als (seine) (Drusus') Härte.

Jener (Varus) wagte, einen Conventus abzuhalten und sprach im Lager Recht, als ob er das Ungestüm der Germanen durch die Ruten des Liktors und die Stimme des Herolds zurückhalten könnte.

Aber jene, die schon längst über die mit Rost bedeckten Schwerter und untätigen Pferde traurig waren, greifen, als sie erst Togen und eine Rechtsprechung grimmiger als Waffen sehen, unter dem Führer Arminius zu den Waffen.

Zu der Zeit war unterdessen das Vertrauen auf Frieden bei Varus so groß (geworden), dass er nicht einmal durch die von Segest, einem ihrer Fürsten, verratene Verschwörung beunruhigt wurde."

Lassen wir Florus sprechen:
Epitomae rerum romanorum 2,30,34 *(1)*

„Und so griffen sie den unvorsichtigen
und nichts Derartiges fürchtenden unversehens an,
als jener (sie)
- o welche Fahrlässigkeit -
zum Tribunal berief,
und (Wasser) dringt von allen Seiten ein und breitet sich aus.
Das Lager geht rasend schnell verloren,
drei Legionen werden zu Boden gedrückt und erstickt."

"Itaque inprovidum et nihil tale metuentem ex inproviso adorti, cum ille - o securitas - ad tribunal citaret undique invadunt; castra rapiuntur, tres legiones opprimuntur." (Florus: Epitomae rerum romanorum 2,30,34)

Die Varus-Schlacht war keine Schlacht im herkömmlichen Sinn, sie war auch kein Arminius-Überfall, sie war eine Massenpanik, ausgelöst durch Wasser.

Lassen wir Florus sprechen:
Epitomae rerum romanorum 2,30,35 *(1)*
„Mit dem Verlust des Lagers hatte Varus das gleiche Schicksal wie (Lucius Aemilius) Paullus bei Cannae (216 v. Chr.) und folgte ihm nach (Selbstmord)." Florus vergleicht hier die Varusschlacht mit der Schlacht von Cannae (2. Aug. 216 v. Chr.).

Die Schlacht von Cannae fand am rechten Ufer des Ofanto (Aufidus) statt. Die Schlacht war taktisch klug geplant. Sie wurde berühmt als Umfassungsschlacht, in der 216 v. Chr. etwa 80.000 Römer und Bundesgenossen von etwa 50.000 karthagischen Söldnern und Bundesgenossen unter Hannibal fast völlig vernichtet wurden.

Im Zentrum standen 74.000 Mann Leichtbewaffnete und schwerbewaffnetes römisches Fußvolk etwa 40.000 Mann schwerbewaffnetem karthagischem Fußvolk gegenüber, auf den Flügeln 6.000 römische Reiter etwa 10.000 karthagischen Reitern.
Die karthagischen Reiter des linken Flügels warfen die römischen Reiter zurück und stießen in den Rücken des römischen Heeres vor. Das römische Fußvolk drang in das Zentrum des absichtlich zurückweichenden karthagischen Heeres ein.
Karthagisches Fußvolk und Reiterei schlossen von den Flanken und vom Rücken her das römische Heer ein.

Die Schlacht war fürchterlich gewesen. Die römischen Soldaten wurden von den Feinden eingeschlossen. Die Schlacht dauerte einen Tag lang. Die römische Verluste waren verheerend: etwa 46.000 Gefallene, 22.000 Gefangene. Dagegen waren die Verluste auf der Seite der Feinde geringer. Karthagische Verluste: etwa 6.000 Gefallene.

Tacitus beschreibt uns die panischen Soldaten als „Leere Legionen", sie konnten weder denken noch nachdenken (Tac. Ann. II,46,1b).

„Panik sind undeutbare Schrecken von Menschen und Tieren, heftiger Schrecken und Angst, die ein Individuum oder eine Gruppe von Menschen oder Tieren in einer gefahrvollen oder vermeintlich gefährlichen Situation unvermittelt befallen kann und die unkontrollierte Fluchtreaktionen auslösen können.

Eine Massenpanik mit sofortigem völligem Zusammenbruch entsteht, wenn sich in einer drangvollen Enge die Individuen nicht mehr frei bewegen können und sich mit Trippelschritten in der Masse zwangsweise weiterbewegen müssen".

Man sollte nie das Ausmaß der Panik unterschätzen. In einem solchen Fall kann man niemals eine vernünftige Reaktion erwarten.

Die Varusschlacht habe ich auch in meinen Büchern beschrieben:
Annette Panhorst, Leichenfledderei im Teutoburger Wald
ISBN-13: 978-3-8370-4311-2.
Annette Panhorst, Looting of Bones In the Teutoburg Forest
ISBN 978-3-8391-6546-1.

Lassen wir Velleius Paterculus sprechen:
Res Gestae Divi Augusti 2,119,1 *(1)*
„Den Ablauf der äußerst schrecklichen Katastrophe, wie es keine schwerere nach der des Crassus gegen die Parther, durch fremde Völker für die Römer gegeben hat, werden wir, wie andere auch, in einem besonderen Buch darzustellen versuchen. Jetzt ist alles (nur) zu beweinen."

Von Velleius Paterculus können wir nicht erfahren, was sich in der Katastrophe ereignet hat, das Buch, das er uns avisiert, ist entweder nie geschrieben worden oder nicht erhalten. Wir müssen uns an andere Autoren wenden.

Das zweite Schlachtfeld

Von Florus wissen wir, dass es zwei Schlachtorte gab, einen im sumpfigen See, einen zweiten in den Wäldern. Florus stellt sie gleichwertig nebeneinander.

„... per paludes - perque silvas ..."(Fl. 2,30,36)

Wo war das zweite Schlachtfeld?

Beim ersten Morgengrauen rissen Varus und seine Tribunen und Legaten aus. Varus und sein Gefolge suchte das Weite. Wo sollten sie hin? Sie hatten Pferde und auch Wagen zur Verfügung. Sie schnappten sich die Pferde und die Wagen mit den Vorräten und ganz wichtig, sie nahmen die Geldkisten mit. Der Ausbruch aus dem Lager geschah nach Nordosten.

Sie ritten los und flohen in Richtung Osten, Richtung Melle. Sie rasten den Weg an der Else entlang. Sie wollten die Werre erreichen. Sie rasten über den Weg und kamen bis zur Diedrichsburg. Nach 20 km brauchten die Pferde unbedingt eine Pause.

Die Germanen versperrten den Weg nach Hiddenhausen und zur Werre. Doch die Römer mussten weiter. Sie flohen nach Norden, in die andere Richtung, ins Wiehengebirge hinein.

Sie ritten am Zwickenbach entlang in das Meller Bergland hinein. Sofort schaufelten sie sich eine Verschanzung zur Verteidigung. Aber die Germanen mit Arminius verfolgten sie und griffen sie an. In den Meller Bergen findet man die Römerschanzen. Sie sind heute noch zu sehen.

Römerschanzen bei Melle

Der Kampf wogte hin und her. Varus erhielt hier seine erste Wunde. Doch die Römer mussten weiter. Sie kamen nur langsam voran. Denn der Weg wurde steil und steiler, am Moseler Berg ging es zur Sache.

Immer weiter ging es in das Gebirge hinein. Sofort wurden neue Schanzen gegraben zur Verteidigung. Oben auf dem Berg zwischen Melle und Bad Essen war ein Hochplateau, es heißt heute „Auf dem Fledder". Es hat den gleichen Namen wie der Ortsteil in Osnabrück. Auf diesem Hochplateau entspringen die Flüsse Hunte und Wierau.

Hier kam es zur Entscheidungsschlacht. Die Germanen mit Arminius folgten ihnen und griffen sie an. Hier fand der eigentliche Kampf statt. Die Germanen überwältigten die Römer und griffen auch die Pferde an. Mit ihren Speeren zielten sie auf die Pferde der Römer

Auf dem Fledder

und brachten ihnen Wunden bei. Die Pferde wurden unkontrollierbar. Sie glitten in ihrem eigenen Blute aus, warfen die Reiter ab, trieben die Leute auseinander und zerstampften die am Boden liegenden.

Die Germanen machten auch Gefangene. Oben am Berg ist der „Galgenbrink". Die großen Bäume nutzten sie als Galgen und hingen die Gefangenen auf.

Weiter unten im Tal liegt der „Opferstein"[72]. In der Nähe des Opfersteins befindet sich der „Rote Teich". Die Zenturionen und Legaten der obersten Ränge wurden den germanischen Göttern geopfert.

Folterungen

Die Germanen waren darauf aus, bestimmte Advokaten zu erwischen. Die Advokaten wurden grausam gefoltert.

Lassen wir Florus sprechen:
Epitomae rerum romanorum 2,30,36,37 *(1)*

„Nichts (war) blutiger als jenes Morden in Sümpfen und Wäldern, nichts unerträglicher als die Verhöhnung durch die Germanen, besonders jedoch der Anwälte.

Dem einen wurden die Augen ausgestochen, anderen die Hände abgehauen. Einem wurde der Mund zugenäht, nachdem man ihm vorher die Zunge abgeschnitten hatte. Diese in der Hand haltend sagte ein Germane: „Endlich hast du Schlange aufgehört zu zischen."

An der Huntequelle gibt es eine Stelle, die Nattenriede heißt. Könnten diese Grausamkeiten an dieser Stelle passiert sein? Dieses ist eine orientalische Foltermethode. Wurde diese Methode von den Germanen kopiert?

Es gab auch eine Folterung, die die Germanen erzählen. Demnach hatten die Germanen einen Anwalt auf einen spitzen Pfahl gesetzt und ihn mehrmals herumgedreht. In Meesdorf steht „Der Rote Pfahl".

Diese Orts-Namen sind germanische Namen, die auf die Katastrophe hinweisen. Aber germanische Namen werden nicht beachtet. Sie haben keine Bedeutung.
Was war bloß passiert? Niemand hatte so etwas erwartet. Die Germanen waren doch friedlich gewesen. Ihre Pferde waren seit langer Zeit untätig und ihre Waffen bereits eingerostet gewesen!

Lassen wir Velleius Paterculus sprechen:
Res Gestae Divi Augusti 2,119,2 *(1)*
„Das von allen tapferste, in Disziplin, Kriegshandwerk und Kriegserfahrung erste unter den römischen Heeren wurde durch die Schlaffheit des Feldherrn, durch die Wortbrüchigkeit des Feindes und die Missgunst des Schicksals hintergangen.

Ja auch weder zu kämpfen oder auszufallen wurde auf Wunsch Gelegenheit gegeben. Einige, die dagegen verstießen, erhielten sogar schwere Strafen, weil sie als Römer sowohl Waffen als auch Mut gebraucht hatten.

> Eingeschlossen zwischen Wäldern und Sümpfen,
> in einem feindlichen Hinterhalt,
> wurde (das Heer) von jenem Feind
> bis zur vollständigen Vernichtung abgeschlachtet,
> den es immer wie Vieh so abgeschlachtet hatte,
> dass eines Leben oder Tod bald von Mordlust
> bald von Gnade bestimmt wurde."

Lassen wir Velleius Paterculus sprechen:
Res Gestae Divi Augusti 2, 120,5 *(1)*
„Hiernach erscheint es, dass Varus, gewiss ein ernster und gutwilliger Mann, mehr aus Mangel an Feldherrnkunst als aus Mangel an Tapferkeit der Soldaten sich und das äußerst großartige Heer zugrunde gerichtet hat."

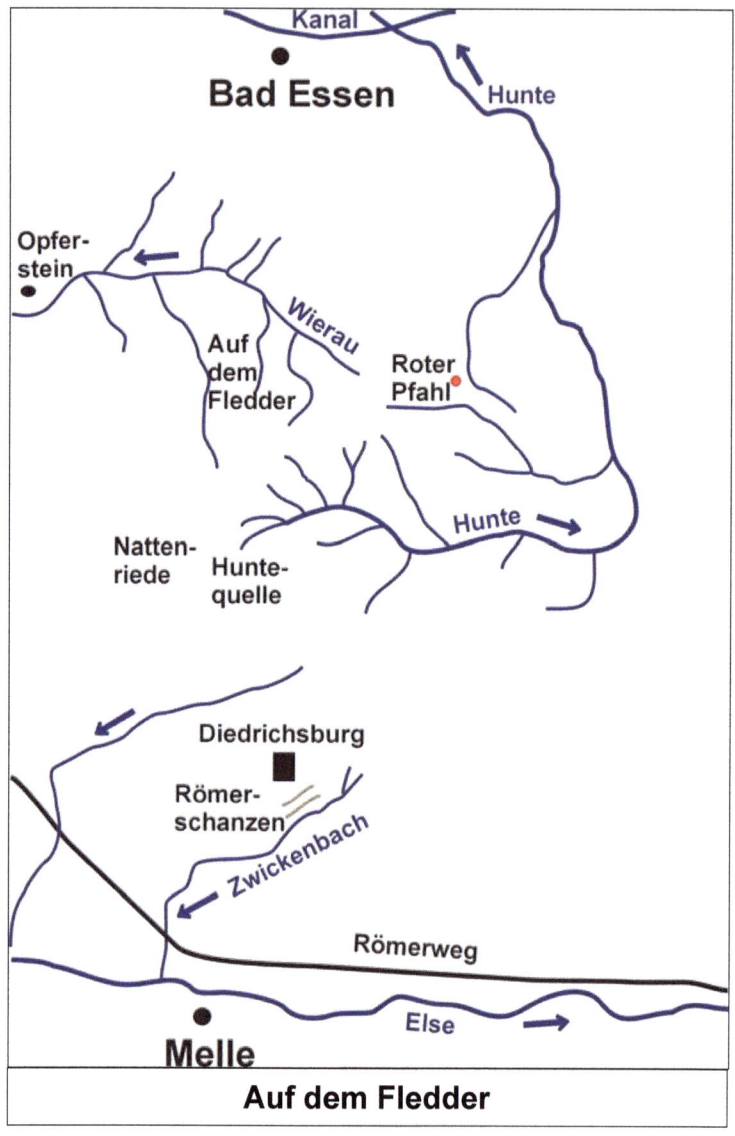

Varus' Tod
Es ist überliefert, dass Varus sich selbst ermordet hat.

Von Velleius Paterculus wissen wir, dass Varus mehr zum Sterben als zum Kämpfen zu Mute war. „Als Nachfolger des väterlichen und großväterlichen Beispiels durchbohrte er sich selbstverständlich selbst" **V 2,119,3** *(1)*.

Das wissen wir auch von Florus:
Epitomae rerum romanorum 2,30,35 *(1)*
„Mit dem Verlust des Lagers hatte Varus das gleiche Schicksal wie (Lucius Aemilius) Paullus bei Cannae (216 v. Chr.) und folgte ihm nach (Selbstmord)."

Lassen wir Florus sprechen:
Epitomae rerum romanorum 2,30,38a *(1)*.
„Die Leiche des Konsuls (Varus), welche die Pietät der Soldaten in der Erde verborgen hatte, wurde wieder ausgegraben und verbrannt."

Lassen wir Velleius Paterculus sprechen:
Res Gestae Divi Augusti 2,119,5 *(1)*
„Die halbverbrannte Leiche des Varus verunglimpfte die Wildheit der Feinde; sein Kopf wurde abgeschnitten, zu Marbod gebracht und von diesem dem Caesar (Augustus) geschickt; er wurde dennoch durch Beisetzung im Familiengrabhügel geehrt." *(Heute Augustus-Mausoleum, Rom)*.

Den Leichnam vergruben sie in einem Sumpfloch in der Nähe (Tac. Ann. I,65,2).

Arminius wickelte den Kopf des Varus zunächst in Varus' Mantel und nahm ihn mit. Die Leichen ließen sie einfach liegen. Die Trophäen nahmen sie als Opfergabe mit für ihre Götter. In ihren „Heiligen Hainen" hingen sie die Trophäen an den Bäumen auf. Alle Germanen sollten sie sehen.

Reaktion der Legaten
Die einzelnen Legaten und Präfekten verhielten sich unterschiedlich, sie gaben unterschiedliche Beispiele.

Wir wissen von Velleius Paterculus, dass d**er Präfekt L. Eggius** ein leuchtendes Beispiel abgab. Selbst als das Heer weitgehend vernichtet war, wollte er nicht durch Hinrichtung sondern im Kampf sterben. (Vell. 2,119,4a)
Der **Präfekt Ceionius** dagegen gab ein schändliches Beispiel ab, denn er wollte lieber durch Hinrichtung sterben. (Vell. 2,119,4a)

Der Legat Vala Numonius, der sonst ruhig und tüchtig agierte, suchte sein Heil in der Flucht. Er war Urheber eines schrecklichen Beispiels. Fluchtartig verließ er das Fußvolk und versuchte, mit seinen Reitergeschwadern den Rhein zu erreichen. (Vell. 2,119,4b).
Am Nordhang des Wiehengebirges floh Vala Numonius mit seinen Reitern nach Westen. Als die Germanen die Flucht bemerkten, verfolgten sie die flüchtenden Ausreißer sofort. Nordwestlich von Kalkriese wurden sie gestellt. Der Ausbruch war damit misslungen. Vala Numonius fiel als Deserteur.

Ausbruch der Fußsoldaten

Die wenigen Fußsoldaten, die sich aus dem Wasser retten konnten, retteten sich auf höheres Gelände, ins Osnabrücker Bergland hinein. Auf dem „Lechtenbrink" brannte ein Feuer. Das Licht zog die Leute magisch an. Sie retteten sich auf den Berg. Als die Sonne aufging, sahen sie die ganze Bescherung. Das Ausmaß der Verwüstung war unbeschreiblich. Und das Wasser stieg immer noch. Wo war das Land? Wo war die Straße, wo die Hase? Alles war überschwemmt. Alles war ein großer See.

Wie fürchterlich. Leichen schwammen darin herum. Es war entsetzlich. Und alles war unbrauchbar geworden. Zwar ragten einzelne Zelte heraus, sie konnten die Spitzen sehen, aber auch die waren unerreichbar geworden. Sie hatten nichts retten oder mitnehmen können. Alles war im Teich verschwunden. Sie hatten nichts, keine Lebensmittel, keine Verbandsstoffe, kein Werkzeug. Es war gar nichts übrig geblieben. Sie hatten nur ihr nacktes Leben retten können.

Sie froren erbärmlich. Ihre Körper waren unterkühlt und sie benötigten unbedingt Wärme. Sie konnten nicht einmal ein Feuer entzünden. Es war alles nass. Hier konnten sie nicht bleiben. Sie mussten weiterziehen in das Bergland hinein. Es gab nichts zu essen und auf den Bergkuppen gab es auch kein Wasser.

Sie sammelten sich am „Halterberg" und verschanzten sich notdürftig. Hier konnten sie nur die nächste Nacht verbringen, dann mussten sie unbedingt wieder weiterziehen. Sie hatten nichts mitnehmen können. Alle Lebensmittel waren durchnässt und unbrauchbar geworden. Auf diese Katastrophe waren sie nicht eingestellt. Im Morgengrauen wollten sie den Berg verlassen um weiterzuziehen.

Ein paar Germanen kamen, um ihnen den Weg zu zeigen. Sie boten sich als Führer an. Die Römer waren dankbar für diese Hilfe und folgten den Germanen. Diese lockten sie aber immer tiefer in das unwegsame Gelände hinein. Plötzlich waren da die Krieger der Germanen, die sie umzingelten und angriffen. Sie beschossen sie mit Pfeilen und Speeren und brachten ihnen weitere Wunden bei. Die Germanen trieben sie mit ihren Forken vor sich her. Sie rannten wieder um ihr Leben. Sie versteckten sich im Gebüsch.

Aber die Germanen kannten sich aus und jagten die Römer immer weiter vor sich her. Sie zersprengten sie in kleine Gruppen um sie besser angreifen zu können. Das Feuer auf dem „Lechtinger Berg"[73] gab die Richtung vor. Sie trieben die Römer immer weiter durch die Wälder bis zum Nettetal. Der Weg war weit und die Flüchtenden konnten sich kaum noch auf den Beinen halten. Die Nette fließt hier durch eine Schlucht.

Auf dem Hohn

Und dann, oben auf der Plattform über der Schlucht, auf dem „Ruller Hohn", hoch oben auf seinem Pferd, stand stolz der Reiter Arminius. Er triumphierte und hielt den abgeschlagenen Kopf des Varus in die Höhe. Er verspottete die Römer und ihre Adler und Feldzeichen, die den Römern wichtig waren. Er nahm ihnen jeden Lebensmut. Er machte sich lustig über die hilflosen Römer.

Lassen wir Sextus Iulius Frontinus sprechen:
Strategema, Maßnahmen im Kampf und danach 2,9,1-4 *(1)*
„Wie man nach einem Erfolg den Krieg zu einem glücklichen Ende führt. Lucius Sulla zeigte denen, die in Preneste belagert wurden, die auf Lanzen gesteckten Köpfe der in der Schlacht gefallenen Führer und brach so die Hartnäckigkeit der Gegner.

Arminius, der Führer der Germanen, befahl, die Köpfe derer, die er getötet hatte, ähnlich aufgesteckt an die Palisade der Feinde zu bringen."

Die nächste Flut
Was dann kam, war noch viel schrecklicher. Die Germanen öffneten den Stausee der Nette. Es wurde schon dunkel, als das Wasser der gestauten Nette in das Nettetal stürzte. Die „Ruller Flut"[73] kam.

Die Römer gerieten wieder in Panik. Wieder kam das Wasser und die Römer flüchteten. Sie versuchten, die Schlucht zu verlassen, die steilen Berghänge hinaufzuklettern, aber die Germanen ließen das nicht zu. Nur vereinzelt schafften es die Römer, ihren Angreifern zu entkommen.

Sie sammelten sich erschöpft am „Ruller Loh", einem Waldstück, und schlugen dort ihr Nachtlager auf. Sie waren restlos fertig. Die Kameraden waren fast alle tot. Sie hatten immer noch nichts gegessen.

Am nächsten Morgen wollten sie wieder weiter. Doch die Germanen waren schon wieder da. Die Römer hatten diesem Angriff nichts mehr entgegenzusetzen. Sie wollten einfach nur weg. Aber hier war die nächste Falle. Die Nette fließt bei Icker durch ein langes breites Tal. Die Talsperre war jetzt zwar leer, aber der Boden war matschig und so schlammig, dass die Römer in diesem Morast versanken. Auch ein Entkommen über den roten Hügel war nicht mehr möglich. Die Katastrophe war unabwendbar. Nur wenige Römer konnten diese Massaker überleben. Die römischen Legionen waren total aufgerieben.

Lassen wir Florus sprechen:
Epitomae rerum romanorum 2,30,38b,39 *(1)*
„Die Feldzeichen und zwei Legionsadler besitzen bis heute die Germanen. Den dritten hat der Feldzeichenträger, bevor er in Feindeshand gelangen mochte, herausgerissen, und, in den verborgenen Winkeln seines Schulterriemens tragend, in den blutigen Sumpf gestürzt und so versteckt.

Durch diese Niederlage wurde bewirkt, dass das Reich, welches an der Küste des Ozeans nicht Halt machte, am Rheinufer stehenblieb."

Lassen wir Strabon sprechen: Geographica I, Kap. 17 *(3)*
„Ich brauche keine Beispiele für die Vorteile der Ortskenntnis aus der Vergangenheit: der jetzige Feldzug der Römer gegen die Germanen ist ein hinreichendes Beispiel dafür, wo die Barbaren in unzugänglichen Sümpfen und Wäldern und Einöden das Gelände für sich kämpfen lassen, das Nahe für die Unkundigen fern machen und die Straßen sowie den Reichtum an Nahrung und das Übrige dem Blick entziehen."

> „Singende Feuer verkünden sowohl Kriege
> als auch plötzlichen Aufruhr,
> und sie verkünden auch Waffenerhebung bei geheimer List,
> wie alsbald unter Bruch des Vertrags durch entlegenste Völker,
> das wilde Germanien uns den Feldherrn Varus hinwegriss
> und mit dem Blut dreier Legionen die Felder tränkte,
> da brannten über die Welt verstreut die drohenden Lichter,
> und sogar die Natur erhob den Krieg durch die Feuer,
> warf ihre Kräfte entgegen und kündete drohend das Ende." *(1)*

Marcus Manilius: Astronomica 1,896-902
*um 63 v. Chr. -† 20 n. Chr.

Flucht nach Aliso

Es waren römische Soldaten in den Lagern an Else und Werre zurückgeblieben, die den Winter über in Germanien verbleiben sollten. Diese Soldaten waren jetzt nicht mehr sicher. Sie packten das Nötigste ein und versuchten auf schnellstem Weg die Lager an der Lippe zu erreichen. Die Germanen verfolgten sie sofort. Sie erreichten das Lager Aliso und waren froh, den Germanen entkommen zu sein. Aber auch in Aliso konnten sie nicht bleiben. Sie wurden von den Germanen belagert. In ihrer Angstvorstellung kamen ihnen die Germanen wie eine riesengroße Menschenmenge vor.

Als die Situation unerträglich und die Stärke der Feinde unüberwindlich wurde, handelten sie trotzdem überlegt. Sie kundschafteten eine Gelegenheit aus, um sich mit dem Eisen zu den Ihren (Römern) durchzuschlagen und zurückzukehren.

Lassen wir Velleius Paterculus sprechen:
Res Gestae Divi Augusti 2,120,4 a,b *(1)*
„Auch ist die Entschlossenheit des **Lagerpräfekten L. Caedicius** und derer zu loben, die, zusammen in Aliso eingeschlossen, von ungeheuren Truppenmassen der Germanen belagert wurden.

Diese, nachdem sie von allen Schwierigkeiten betroffen waren, welche der Mangel an Dingen zu unerträglichen, die Stärke der Feinde zu unüberwindlichen machte, benutzten weder einen unüberlegten Plan noch langsame Vorsicht, sondern kundschafteten eine Gelegenheit aus, um mit dem Eisen sich zu den Ihren (Römern) durchzuschlagen, und kehrten zurück."

Lassen wir Velleius Paterculus sprechen:
Res Gestae Divi Augusti 2,120,3 *(1)*
„Wiedergegeben werden muss eine wahre Zeugenaussage über L. Asprenas, der, als Legat unter seinem Onkel Varus dienend, durch tatkräftige und mannhafte Bemühungen der zwei Legionen (das obergermanische Heer in Mainz), die er befehligte, das Heer unversehrt aus einem solchen Unglück rettete und, rechtzeitig in die unteren (niederrheinischen) Winterquartiere eingezogen, die Haltung (zu Rom) der auch wankenden diesseits (westlich) des Rheins wohnenden Stämme bestärkte.

Es gibt jedoch Leute, die glauben, er habe, wie er die Lebenden beschützt, so die Hinterlassenschaft der unter Varus Gefallenen an sich gerissen und die Erbschaft des gefallenen Heeres, soweit er wünschte, angetreten."

Lassen wir Cassius Dio Coccellano sprechen:
Römische Geschichte 56,22,4, 56,23,1 *(1)*

„So hielten die Feinde (die Germanen) mit der Verfolgung inne, und (der Legat) **Asprenas,** der davon Nachricht erhielt, kam den Flüchtenden wirklich zu Hilfe. Es wurden dann auch einige Gefangene wieder von den Angehörigen losgekauft. Es war diesen nämlich gestattet worden, das zu tun, jedoch nur unter der Bedingung, dass die Losgekauften Italien nicht wieder beträten.
Dies geschah aber später."

Feier der Germanen

Die Feier der Germanen war laut und lärmend. Sie hatten gesiegt. Ihr Feind, die meisten Römer, waren im Wasser umgekommen. Die anderen, die Reiter mit Varus hatten sie mit dem Schwert besiegt. Sie dankten ihren Göttern für den großartigen Sieg. Ihre Trophäen hingen sie in ihren Heiligen Hainen in den Bäumen auf. Alle Germanen sollten sie sehen.

Sie feierten ihren Sieg mit einer großen Feier an den „Teufelssteinen"[74] Backtrog und Backofen.

Und die Germanen sangen:

Als die Römer frech geworden,
zogen sie nach Deutschlands Norden,
vorne mit Trompetenschall, tätärätätä,
zog der Generalfeldmarschall
Herr Quinctilius Varus.

Mit der großen, frechen Schnauze	Mäd de grauden frechen Schniuden
kamen mal viele Kerle von draußen,	kämpen mol viel Kerls von biuden,
von dahinten aus Italien an.	ächten iut Italien an.
Vorne ritt solch ein großer Mann	Vürne räd son grauden Mann,
der Quinctilius Varus.	De Quinctilius Varus.

Als sie nun nach Lippe kamen	As si niu int Lippsche kämpen,
bekamen sie Hunger in ihrem Magen;	krägen se Hunger unnern Rempen.
tief ging es durch den Dreck	Deipe ging es dör'n Dreck,
und sie bekamen nichts als Speck	un se krägen nix als Speck
und ein bisschen Wasser.	un son biedken Water.
Da auf einmal hinter den Sträuchern,	Do up eimol ächtern Hüchten,
fing es grässlich an zu leuchten,	fäng et griulich an teo lüchten,
Hermann griff die Römer an,	Hiärm de gräp de Römer an,
fasste sich sofort den größten Mann,	kräg sich bius den grössten Mann,
steckte ihn auf die Forke.	stak'en up de Furken.
Und dann fingen sie an zu trippeln	Un dann fäng'n se an teo höppeln,
dass sie quakten wie die Frösche.	dat se quaken' iut de Pöppeln.
Trieben sie alle in den Teich	Drieben se alle in'nen Kolk,
dass das ganze Läusevolk	dat dat ganze Liusevolk,
möge darin untergehen.	möchte drin versiupen.
Varus bekam einen großen Schrecken.	Varus kräg'n grauden Schrecken.
„Kinder, es ist zum Verrecken,	„Kinner, dat is teun verrecken.
Titus hole dein Schwert heraus,	Titus, kriug duin Scchwiert herriut,
steck es mir hinten durch die Haut,	steck'et mui ächten dör de Hiut,
mitten in den Magen".	midden in den Panzen."
Inmitten dieser großen Truppe,	Manke düssen grauden Troppe,
war auch jemand mit einem großen Kopf.	was auch änner bui met'n orpen Köppe.
Er war ein Advokat	Advokade dat was hei,
den kriegen sie lebendig zu fassen	un den krägen' se lebennig dobui,
auf der Piwitzheide (Kiebitzheide).	up de Piewitzheie.
Diesem Kerl ging es ans Leder,	Düssen Kerl den genkt ant Lierder,
er verdiente es auch nicht besser.	hei verdänt et auk nit bierter.
Packten ihn beim Kragen,	Krägen'en buin Kamisol,
steckten ihn auf einen spitzen Pfahl	staken up en spissen Pol
und drehten ihn ein paarmal herum.	un drägge'ne n paar mol ümme.

Als das Schlagen nun war zu Ende,	As dat Schlon niu was tiu enne,
wusch sich Hermann seine Hände,	woschke sich Hiärm suine Hänne,
rief dann: „Jungen kommt alle mal her!"	räup dann: „Jungens, kumet alle mol her!"
Und dann kam das ganze Heer	Un dann kämp dat ganze Heer,
und fing an zu trinken.	un fäng an teo siupen.
Bier gab es und Schweineschinken,	Beier gaft und Schwuineschinken,
auch die Frauen mochten trinken,	auk de Wuiwer mochten drinken,
und Thusnelda und ihr Mann	un Thusnelda un ehr Mann,
tranken einen Schwips sich an,	siupen sick'en Lüttken an,
dass es nur so dampfte.	dat et man säu dompet.
Kaiser Augustus saß beim Essen,	Kaiser Justus sat buin ierten,
er wollte gerade einen Pfau aufessen.	hei woll just nen Piggeläun upfrieten.
Da kam nun die Nachricht an,	Do kamp niu de Noricht an,
dass sein Heer mit Ross und Mann	dat suin Heer met Ross un Mann,
wäre beim Kohltopf geblieben,	wör buin Kaulpodde blieben.
„Varus" rief er, „lieber Vetter,	„Varus" räp hei, „leive Vedder,
gib mir die Soldaten wieder".	gif mui de Saldoten wuier."
Doch sein Sklave Jüsken Schmidt	Doch suin Sklave Jüsken Schmett
Rief von draußen durch den Fensterladen: „Die sind alle tot!"	räuip van buiten dür dat Lett: „De sin olle daude!"
In dem Teutoburger Wald,	In den Teutoburger Walle,
pfiff der Wind so unangenehm kalt.	ging der Wind so unwuis kalle,
Krähen flogen durch die Luft,	Kräggen flögen dör de Luft,
und es war solch schlechter Duft	un et was son schlechten Duft,
wie von toten Menschen.	as van dauden Menschken.

Dieses alte Lied beschreibt sowohl die Massenpanik und das damit verbundene **Trippeln** (Trippelschritte) der im Lager eingeschlossenen Römer als auch die heute noch so genannte Stelle „Kohltopf" oder **„Kohlpott"**. Auch beschreibt es die Übergriffe auf die römischen Advokaten. Nach Kenntnis der Germanen hat sich Varus nicht selbst ermordet, sondern ist von seinem Adjudanten Titus ermordet worden.

Ende des Krieges in Pannonien

Tiberius war immer noch auf dem Balkan. Aber der Krieg in Ungarn [Pannonien] und Dalmatien [Illyricum], man nannte es das „Illyrische Beben", war endlich zu Ende. Die Römer unter Führung von Tiberius hatten wieder einmal gesiegt.

Der Krieg hatte vier lange Jahre gedauert, selbst im Jahr **9 n. Chr.** gab es noch Kämpfe. Der Krieg war ein hartes Stück Arbeit. Tiberius hatte ein Riesenheer mit 10, manchmal sogar 12-15 Legionen zur Verfügung. Es war viel schwerer, die Volksstämme erneut zu unterwerfen als vor Jahren die Volksstämme erstmalig zu unterwerfen. Aber endlich war es geschafft. Germanicus, der Sohn des Drusus, durfte den Sieg in Rom verkünden.

Germanicus war glücklich. Die Welt war wunderbar. Er ritt schnellstens nach Rom. Er war der Enkel des Kaisers Augustus. Er durfte in Rom den Sieg verkünden. Die Nachricht vom Sieg löste unter der Bevölkerung Freudentaumel aus. Das war eine tolle Sache. Er war der strahlende Held, die Leute waren begeistert von ihm und von seiner Nachricht. Er freute sich, als hätte er den Sieg ganz allein errungen. Er war derjenige, dem alle zujubelten. Ganz Rom war auf den Beinen, um ihn zu ehren, ihn den Sohn Drusus, ihn den Enkel des Kaisers. Ein Triumphzug wurde geplant, Feste sollten gefeiert werden, im Circus Maximus sollten Spiele stattfinden. Die Sonne schien heller zu leuchten als sonst, die Begeisterung kannte keine Grenzen.

Doch der Jubel währte nur kurz. Nur fünf Tage später kam die Unglücksbotschaft in Rom an. Die schlimme Nachricht aus Germanien machte alle Freude zunichte. Wie fürchterlich! Was war passiert?

Varus war mit drei Legionen in Germanien umgekommen. Wie konnte das geschehen?

Lassen wir Velleius Paterculus sprechen:
Res Gestae Divi Augusti 2,117,1a *(1)*
„Kaum hatte der Cäsar die letzte Hand im Pannonischen und Dalmatischen Krieg gerührt, als (es) binnen 5 Tagen nach so großer Leistung die unseligen Briefe aus Germanien (gab), Varus sei geschlagen und drei Legionen, ebenso viele Alen und 6 Kohorten seien niedergemetzelt. Nur hierin meinte es das Schicksal wenigstens nachsichtig mit uns, dass der Feldherr (Tiberius) keine Aufgabe hatte."

Reaktion in Rom auf die Ereignisse
Die Varusschlacht war eine Ungeheuerlichkeit. Die Nachricht schlug ein wie ein Blitz, wie ein Paukenschlag. So etwas hatte es noch nie gegeben. Das Entsetzen ist bis heute spürbar. Drei Legionen waren vernichtet, ausgelöscht, rasend schnell, auf einen Schlag, und das von Barbaren! Von einem Tag auf den anderen hatte sich die Welt verändert. Dieses Unglück brachte das römische Reich fast an seinen Abgrund.

Kaiser Augustus war bestürzt, er war entsetzt. Seine Soldaten waren ihm treu ergeben, sie waren für den Schutz des Reiches unerlässlich und auf Augustus persönlich vereidigt.

Er entließ sofort seine germanische Leibwache. So viele neue Tote! Er befürchtete Aufstände in Rom. Der Krieg in Illyrien hatte sehr lange gedauert. Erst nach vier langen Jahren und unter größten Anstrengungen, unter größtem Aufwand konnte der Sieg errungen werden. Und jetzt befürchtete er eine neue Front, eine Front in Germanien.

Wie Augustus, der Kaiser in Rom, auf diese Unglücksbotschaft, auf diese fürchterliche entsetzliche Katastrophe reagierte, wissen wir von Sueton:

Lassen wir Sueton (Caius Suetonius Tranquillius) sprechen: De vita caesarum, 2 Augustus 23,1-2 *(2)*
„Schwere, schimpfliche Niederlagen erlitt er (Augustus) nur zwei, und zwar beide in Germanien: die des Lollius und die des Varus; von diesen war die erstere eher schmachvoll als verlustreich, die letztere aber brachte das Reich fast an den Rand des Abgrunds, da drei Legionen mitsamt ihrem Feldherrn, den Offizieren und Hilfstruppen gänzlich vernichtet wurden.

Auf die Nachricht von dieser Niederlage hin ließ er Rom durch Wachen besetzen, damit kein Aufruhr entstehe; auch verlängerte er das Kommando der Provinzstatthalter, damit die Bundesgenossen durch erfahrene und ihnen bekannte Leute im Zaum gehalten würden. Er versprach auch feierlich große Spiele zu Ehren von Jupiter Optimus Maximus, wenn die Staatsangelegenheiten eine Wendung zum Besseren genommen hätten, wie das schon im Krieg gegen die Cimbern und gegen die Marser gemacht worden war. Er soll so niedergeschlagen gewesen sein, dass er sich einige Monate lang Bart- und Haupthaar habe wachsen lassen und bisweilen den Kopf gegen die Türe gerannt und gerufen haben: „Quinctilius Varus, gib mir meine Legionen wieder!" und jedes Jahr soll er den Tag dieser Niederlage in Trauer und Niedergeschlagenheit begangen haben."

Was haben wir da gerade von Suetonius gelesen? Wir wollen den Bericht aufmerksam lesen und kritisch hinterfragen. Hat die Varusschlacht an nur einem einzigen Tag stattgefunden, an dem Tag dieser Niederlage, an dem Tag dieses Unheils und nicht an drei oder vier Tagen? War diese Niederlage doch ein Unglück und gar keine Schlacht?

Germanicus war auf die Germanen nicht gut zu sprechen. Germanien war ein schreckliches Land. Sein Vater war schon in Germanien umgekommen, als er gerade mal sechs Jahre alt gewesen war. Der Vater fehlte ihm sehr. Und jetzt Varus! Drei Legionen der römischen Supermacht waren ausgelöscht worden, und das auf einen Schlag!

Varus war mit drei Legionen untergegangen. Mit drei Legionen! Mit 20.000 Mann! Unfassbar! Wie konnte so etwas geschehen? In Germanien war doch alles ruhig gewesen. Die Germanen waren doch friedlich. Niemand hatte so etwas erwartet. Was war da passiert? Die Leute sollten doch in neue Römerstädte umgesiedelt werden! Man hatte mit ihnen doch Verträge geschlossen, die die Germanen akzeptiert hatten. Varus hatte in seiner Gefolgschaft doch viele Advokaten!

Lassen wir Strabon sprechen: Geographica VII,1,4,3,4 *(1)*
„Die in der Nähe des Rheins wohnenden Sugambrer hatten unter ihrem Führer Melon den Krieg begonnen; und von da an taten es ihnen andere Völker zu anderen Zeiten nach, erst erfolgreich, dann niedergeworfen und sich wieder erhebend, indem sie beides, Geiseln und Friedensverträge preisgaben.

Gegen diese Völker ist Misstrauen von großem Nutzen, weil diejenigen, denen man traute, den größten Schaden angerichtet haben, wie zum Beispiel die Cherusker und ihre Verbündeten, in deren Gebiet drei römische Legionen mit ihrem Feldherrn Quinctilius Varus unter Vertragsverletzung hinterhältig vernichtet wurden."

Warum solch ein Massaker! Warum solch ein Desaster! Warum so viel Hinterhältigkeit! Augustus war todunglücklich. Alle Soldaten waren tot, nicht nur verwundet. Und das so schnell. Kaum einer hatte überlebt. Auch die Reiter nicht, die sich noch per Pferd hatten absetzen und retten können.

Der Sommer war vorbei. Sie wollten doch gerade ihre Sommerlager in Germanien verlassen und in ihre Winterlager an den Rhein zurückkehren! Sie hatten sich gerade erst in ihrem Sammellager in Osnabrück-Fledder eingefunden, um gemeinsam zurück zu marschieren. Sie wollten doch am Rhein den Geburtstag von Kaiser Augustus feiern, der 23. September fiel dieses Jahr auf einen Sonntag.

Alle Soldaten waren tot, und das auf so schreckliche, hinterhältige Weise. Varus hätte das wissen müssen, er hatte sich falsch verhalten, er hatte fahrlässig gehandelt. Er hatte sich selbst ermordet, er hatte sich in sein Schwert gestürzt, genauso wie sein Vater und Großvater es auch schon getan hatten.

Auf diese Nachricht hin wurden alle Feste und Feierlichkeiten abgesagt. Aus dem strahlenden Held Germanicus wurde ein bedrückter junger Mann. Er dachte an seinen Vater, der auch in dem schrecklichen Germanien gestorben war. Er musste immer daran denken.

Augustus war untröstlich. Nach Augustus' Meinung war nicht Arminius schuld an dem Desaster, sondern Varus. Varus hatte fahrlässig und falsch gehandelt. Unfälle und Unglücke kamen im römischen Heer öfter vor, man musste immer nur besonnen darauf reagieren. Varus hatte mit seinem Verhalten die Sache nur noch schlimmer gemacht.

Lassen wir Florus sprechen:
Epitomae rerum romanorum 2,30,21 a,b *(1)*
„Was Germanien betrifft, (wäre wünschenswert), wenn man doch gemeint hätte, es sei nicht der Mühe wert, es zu besiegen. Es ist schimpflicher verlorengegangen, als es ruhmvoll erworben wurde."

Tiberius wieder am Rhein
Nach Varus Tod eilte zunächst Tiberius an den Rhein, die Lage war unübersichtlich. Das Land brauchte Stabilität. Die restlichen Soldaten blieben in den Kasernen am Rhein. Der Schreck war ihnen in die Glieder gefahren.

Lassen wir Velleius Paterculus sprechen:
Historia Romana II 120,1 *(3)*
„Auf diese Nachricht hin machte sich Tiberius Caesar in fliegender Eile auf zu seinem Vater. Als ständiger Schutzherr des römischen Reiches übernahm er seine angestammte Aufgabe. Er wurde nach Germanien entsandt, sicherte die gallischen Provinzen, verteilte die Armeen, verstärkte die Besatzungen und bemaß seine Aussichten nach seinem eigenen Feldherrentalent und nicht nach der Siegeszuversicht der Feinde, die Italien mit einem neuen Kimbern- und Teutonenkrieg drohten."

Und Augustus verstärkte das Heer. Er wollte eine schlagkräftige Mannschaft. Acht Legionen sollten es sein. Das Heer sollte so groß sein, dass die Germanen nicht in der Lage waren, es nochmals auf einmal gänzlich zu vernichten. Aber es gab keine Soldaten. Niemand wollte nach Germanien. Augustus musste Gewalt anwenden. Er musste die Leute zwingen, er musste ihre Vermögen einziehen, damit er überhaupt genügend Leute fand. Keiner ging freiwillig. Er musste sogar einige Leute töten, um seinen Willen durchzusetzen.

Lassen wir Cassius Dio Coccellanus sprechen: Römische Geschichte 56/23-24 *(3)*

„Auf die Nachricht von dem Missgeschick des Varus hin, zerriss Augustus sein Gewand, und war tief bekümmert über die Verluste an Menschenleben, und voller Besorgnis wegen der gallischen und germanischen Provinzen. Vor allen Dingen glaubte er Italien und Rom selbst bedroht. War doch hier keine nennenswerte waffenfähige Mannschaft mehr vorhanden, und die Bundesgenossen, die nur irgend zu brauchen waren, hatten auch sehr gelitten. Trotzdem traf Augustus alle Vorkehrungen, die bei der gegenwärtigen Lage der Dinge möglich waren.

Weil sich keiner der Kriegspflichtigen ausheben lassen wollte, wurde von den noch nicht über 35 Jahre alten Leuten regelmäßig jeder fünfte, und von den älteren jeder zehnte Mann ausgelost, und durch Konfiskation des Vermögens und Entziehung der römischen Bürgerrechte bestraft. Als sich schließlich auch so noch sehr viele ihrer Pflicht entziehen wollten, ließ er einige sogar hinrichten.

Von alledem, was sonst üblich war, geschah nichts; auch Feste wurden nicht gefeiert. Die Kunde jedoch, dass ein Teil des Heeres mit dem Leben davon gekommen, dass Germanien von römischen Truppen besetzt sei, und dass sich der Feind nicht bis zum Rhein vorgewagt habe, ließ den Kaiser wieder aufatmen und gab ihm seine ruhige Überlegung wieder."

Das Leben ging weiter. In Rom wurden neue Soldaten ausgehoben und nach Germanien beordert. Varus hatte 3 Legionen verloren, 2 Legionen wurden jedoch nur ersetzt. Die Legion 20 wurde in Köln stationiert, die Legion 21 kam nach Xanten.
Das Jahr **10 n. Chr.** verlief ohne Zwischenfälle, es passierte nichts. Die Römer waren immer noch geschockt, sie blieben auf der linken Rheinseite. Sie trauten sich nicht ins Germanengebiet.

Im Jahr **11 n. Chr.** gab es nur einzelne kleine Scharmützel in der Nähe des Rheins. Seit dem Tod von Varus und seinen drei Legionen ging alles nur noch langsam voran. Große Schlachten wurden nicht geschlagen, Tiberius wollte keine neuen toten Soldaten. Er vermied es, weit ins germanische Hinterland zu ziehen. Er blieb lieber in den Kastellen und in der Nähe des Rheins.
Tiberius teilte das Heer (am Rhein) in zwei Bereiche auf, in Ober- und Unter-Germanien: Obergermanien mit der Hauptstadt Mainz und Untergermanien mit der Hauptstadt Xanten. In Mainz bekam der Legat Caius Silius das Kommando, in Xanten der Legat Aulus Caecina.

Im Jahr **12 n. Chr.** bekleideten Tiberius und Germanicus ihre Ämter als Konsuln in Rom.

Im Jahr **13 n. Chr.** holte Tiberius den Triumphzug nach, der im Jahr 9 n. Chr. wegen der Varusschlacht nicht hatte stattfinden können.

Ebenfalls im Jahr **13 n. Chr.**, im Jahr vor seinem Tod, verlieh Augustus die prokonsularischen Befugnisse [imperium proconsulare maius] an Tiberius und designierte ihn damit öffentlich als einzig möglichen Nachfolger.

Aber den Oberbefehl über alle acht Legionen, die am Rhein standen, gab Augustus an Germanicus, seinen Enkel, den Sohn des Drusus. Germanicus war inzwischen 28 Jahre alt.

Im Jahr **13 n. Chr.** übernahm also Germanicus den Oberbefehl im Rheinland. Er bereitete neue Feldzüge ins rechtsrheinische Germanien vor. Die Germanen mussten jetzt aufs Neue unterworfen werden.

Kaiser Augustus starb am 19. August **14 n. Chr.** in Nola bei Neapel. Eine Ära ging zu Ende. Die Welt hielt den Atem an. Augustus wurde knapp 76 Jahre alt. Seine Leiche wurde auf dem Marsfeld verbrannt und die Asche im Augustus-Mausoleum in Rom beigesetzt. Nach seinem Tod wurde er zum Staatsgott [divus] erklärt.

Seine Witwe ‚Livia Drusilla' wurde mit dem Titel „Iulia Augusta" in die julische Familie aufgenommen.

Die 3 Legionsnummern XVII, XVIII, und XIX, wurden nie wieder vergeben.

Lassen wir Tacitus sprechen: Annalen I,3,5,6,7 *(1)*
„Wirklich übertrug Augustus dem Germanicus, dem Sohn des Drusus, den Befehl über die acht Legionen am Rhein und ließ ihn von Tiberius adoptieren, obwohl ein junger Sohn (Drusus (minor)) im Hause des Tiberius lebte, aber er bestand auf mehreren Stützen.

Krieg war zu jener Zeit nur noch gegen die Germanen zu führen, mehr um die Schande wegen des mit Quinctilius Varus verlorenen Heeres zu tilgen, als aus dem Wunsch nach Reichserweiterung oder lohnendem Gewinn.

Im Innern alles ruhig. Die Staatsämter dem Namen nach unverändert; das jüngere Geschlecht nach dem Sieg bei Actium geboren; auch die Älteren großenteils während der Bürgerkriege. Wie wenige mochten es sein, die den Freistaat noch erlebt hatten?"

V Germanicuszeit

Nach der „Varus-Katastrophe"

Wer war Germanicus?
Nero Claudius Drusus Germanicus[75] *24.5.15 v. Chr. in Rom, †10.10.19 n. Chr. in Antiochia am Orontes) war römischer Feldherr in Germanien: Er war der Sohn des älteren Drusus und der jüngeren Antonia sowie der Enkel des Kaisers Augustus.

Er war der Stiefsohn des Tiberius, im Jahr 4 n. Chr. adoptiert, (nach seiner Adoption hieß er Gaius Julius Caesar Germanicus). Er heiratete die ältere Agrippina, eine Enkelin des Augustus, mit der er neun Kinder hatte. Er war Vater des Kaisers Caligula.

Meuterei der römischen Legionen an der Donau
Nach dem Ende des Pannonischen Krieges im Jahr 14 n. Chr. kehrten die 3 Legionen, die 8., 9, und 15. Legion, in ihre angestammten Quartiere an der Donau zurück.

Als die Nachricht vom Tode des Augustus sie erreichte, befanden sie sich im Sommerlager in Carnuntum, (Noricum, Österreich). Sie standen unter dem Befehl von Bläsus.

Wegen der Trauerfeierlichkeiten wurden die normalerweise stattfindenden Kriegsübungen eingestellt. Die Soldaten hatten nun viel freie Zeit. Sie wurden nachdenklich und fingen an, sich um ihre weitere Zukunft Gedanken zu machen.
Sie merkten plötzlich, dass nach dem Tode des Augustus niemand mehr für ihre Sicherheit verantwortlich war. Tiberius sollte zwar der

neue Herrscher werden, er musste jedoch erst noch in sein Amt eingeführt werden. Ein Machtvakuum war entstanden.

Percennius, vormals Haupt der Theaterklaque (Schreier), gemeiner Soldat, ein frecher Schwätzer mit theatralischem Geschick, ein Aufwiegler, hetzte die einfachen Soldaten auf, die sich nach dem Tod von Augustus um ihre eigene Zukunft besorgt zeigten. Er wollte nur ein wenig Randale machen, vielleicht konnten sie was gewinnen?

Es gab zwar keine besondere Ursache für einen Aufruhr, aber Percennius war daran gelegen, ein bisschen Unruhe zu verbreiten. Er suchte sich Gleichgesinnte, die sich ihm anschlossen. Wer sollte sie schon bestrafen? Niemand war zuständig. In nächtlichen Zusammenkünften probten sie den Aufstand

Er begann geschickt mit Fragen. Er fragte seine Zuhörer: Warum mussten sie immer den paar Tribunen und Centurionen wie Sklaven gehorchen? Warum konnten sie nichts dagegen unternehmen? Die Zuhörer pflichteten ihm bei.

Percennius hatte Recht. Die Soldaten beklagten sich über ihre Lage. Immer mussten sie den wenigen Centurionen und Tribunen wie Sklaven gehorchen.

Sie fragten sich, wie sie daran etwas ändern könnten, ob sie nicht die neuen noch schwankenden Fürsten bitten oder sogar mit Waffen angreifen könnten?

Viele dienten seit langer Zeit im römischen Heer und hatten viele Feldzüge mitgemacht. Die meisten waren schon seit 30 oder 40 Jahren dabei und hatten viele Wunden davongetragen. Bisher hatten sie immer aus Feigheit nichts gesagt, aber nun wollten sie sich bei den neuen, noch nicht bestätigten Fürsten beschweren und um Abhilfe ihrer Mühseligkeiten bitten.

Sie waren mit ihrem Leben und mit ihrem Dienst unzufrieden. Der Dienst sei in Wirklichkeit drückend und armselig, die Bezahlung äußerst dürftig. Für alles brauchten sie Geld. Für alles mussten sie bezahlen. Aber sie bekamen nur 10 Asse täglich und daraus mussten sie Kleidung, Waffen und Zelte anschaffen und sich zu allem Überfluss noch von Misshandlungen der Centurionen und von Kriegsarbeiten loskaufen.

Und sie beklagten sich über die lange Dienstzeit. Selbst die Entlassenen würden nicht freigestellt, sie nannten sich zwar Veteranen, sie müssten aber immer weiter dieselben Arbeiten verrichten. Selbst wenn sie dann endlich wirklich entlassen seien, bekämen sie irgendwo in weit entfernten Ländern Äcker zugewiesen, die sich als moorige Sümpfe oder raues, unfruchtbares Bergland herausstellten.

Aber sie resignierten, denn Schläge und Wunden, harte Winter und plagvolle Sommer, schrecklicher Krieg und armseliger Friede würden immer weiter Bestand haben. Alle Mühseligkeiten würden immer weiter fortbestehen, es gab kein Ende. Es war sowieso keine Aussicht auf Besserung in Sicht. Es ginge immer so weiter, Schläge und Wunden, harte Winter, plagvolle Sommer, abscheulicher Krieg oder magerer Friede.

Um den Schwierigkeiten zu entgehen, müssten sie Forderungen stellen. Dazu gehörte, dass in erster Linie die Bezahlung verbessert würde, für ihre Arbeit wollten sie wenigstens anständig bezahlt werden, 1 Denar Sold pro Tag sollte es wenigstens sein.

Weiterhin sollte nach 16 Jahren der Dienst zu Ende sein und sie wollten nach der Entlassung nicht länger weitere Dienste im Heer verrichten. Auch die Belohnung (Abfindung) sollte im Lager bar bezahlt werden.

Ihre Forderungen verglichen sie mit den prätorischen Kohorten, die schon 2 Denar Sold erhielten und nach 16 Jahren in ihre Heimat entlassen würden, aber dann in den Städten den Wachdienst versehen müssten. Der Wachdienst war zwar unattraktiv, aber immer noch besser als in fremdem Gebieten unter fremden Völkern Böden und Äcker zu bestellen.

Die prätorischen Kohorten
Die prätorischen Kohorten waren eine Garde-Truppe, die bereits seit der römischen Republik von den Feldherren genutzt wurde.

Sie repräsentierten das römische Militär in Italien und auch in Rom. Sie absolvierten täglich die Wache im kaiserlichen Palast. Sie waren die Schutztruppe der römischen Kaiser. Der Name Prätorianer geht zurück auf das Prätorium, das im Zentrum des Lagers stand und der Wohnsitz des römischen Legaten war.

Die Truppe bestand aus Infanterie und Kavallerie. Ihre Ausrüstungen waren mit der Ausrüstung der anderen Soldaten vergleichbar.

Es wurden zunächst nur römische Bürger, die in Italien geboren waren, in die Garde aufgenommen. Später, zu Augustus Zeiten wurden die Prätorianer aus allen Teilen des römischen Reiches rekrutiert.

Um die Zeitenwende bestand jede Kohorte aus 500 Männern und 30 Reitern, es gab wohl 9 Kohorten.

Im Feld waren die Prätorianer der römischen Armee gleichgestellt, doch es gab einige Unterschiede. Ihre Kohorten waren größer, der Sold war deutlich besser. Sie erhielten größere Geldgeschenke (Donativa) als die regulären Truppen[76].

Die Zustimmung zu den Vorschlägen war groß. Alle waren aufgeregt und lärmten Beifall. Sie alle hatten am Körper Striemen der Schläge vorzuweisen, ihre Kleidung war abgenützt, ihr Haar ergraut.

Sie steigerten sich immer mehr in Rage. Zuletzt gerieten sie so sehr in Wut, dass sie als Lösung an eine Verschmelzung der drei Legionen dachten; aber damit waren sie doch nicht einverstanden, denn jeder war stolz auf seine eigene Legion und nicht bereit, die Ehre der eigenen Legion in Frage zu stellen.

Dann hatten sie wieder eine neue Idee. Sie stellten die Adler und Feldzeichen der Kohorten zusammen, trugen Rasenstücke herbei und fingen an ein Bühne zu bauen.

Als der **Legat Bläsus** das sah, wies er sie zurecht, er schritt ein, sie sollen lieber ihn, den Legaten töten, das sei das kleinere Übel als vom Imperator abzufallen. Aber sie hörten nicht auf ihn.

Weiterhin wurde der Rasen zu einer Bühne aufgehäuft, er wuchs zu stattlicher Größe heran, als sie endlich auf Bläsus hörten und davon Abstand nahmen und aufhörten.

Er beschwor sie, sie sollten auf keinen Fall durch Meuterei oder Rotten ihre Wünsche dem neuen Herrscher mitteilen, denn so etwas hatten weder ihre Vorgänger von den alten Herrschern noch sie selbst vom vergöttlichten Augustus verlangt. Es sei jetzt nicht die passende Zeit, von den neuen Herrschern neue Regeln zu verlangen.

Wenn sie jedoch im Frieden das erreichen wollten, was in Bürgerkriegen nicht einmal die Siegerpartei gefordert hätte, müssten sie die Erfüllung ihrer Forderungen ohne Gewalt erreichen.

Bläsus schlug vor, dass sie Abgeordnete bestimmten und denen in seiner Gegenwart Aufträge erteilen sollten. Die Abgeordneten sollten dann beim neuen Kaiser Tiberius vorstellig werden.

Bläsus' Sohn, der Tribun, sollte die Gesandtschaft anführen und für die Soldaten den Abschied nach 16 Dienstjahren verlangen. Diese Forderung hielten sie im Moment für die wichtigste. Weitere Forderungen wollten sie erst dann stellen, wenn diese erste Forderung erfüllt sei. Alles andere wollten sie auf später verschieben.

Bläsus Sohn reiste nach Rom ab und die Situation war zunächst beruhigt. Sie waren zufrieden und zuversichtlich, dass sie jetzt etwas durch Zwang erreichen würden, was sie mit Bescheidenheit niemals erreicht hätten.

Vor Beginn des Aufstandes hatte man einige Manipel (Unterabteilung der Kohorte) zum Straßen- und Brückenbau nach Nauportus (heute Vrhnikea in Slowenien) abgesandt. Als die Abordnung unter Bläsus' Sohn Nauportus erreichte und die Gesandten von den Unruhen im Lager Carnuntum erzählten, verließen die Soldaten auch hier ihre Arbeit, ergriffen die Fahnen und machten selbst Randale, sie schlossen sich dem Aufstand an. Das Beispiel machte Schule. Sie plünderten und verheerten die umliegenden Dörfer.

Ihr Hass richtete sich speziell auf den Präfekten Rufus. Sie hatten mit ihm noch ein Hühnchen zu rupfen, denn der wollte, dass der alte schwere Dienst wieder im Lager eingeführt werden sollte.

Sie verfolgten die nach Rom weiterziehenden Gesandten mit Gespött und misshandelten sie.

Dann kehrten sie um und zogen zur Donau.

Als sie in Carnuntum ankamen, bekam der ganze Aufstand neue Nahrung. Sie verheerten auch in Carnuntum die Umgebung.

Bläsus befahl, die Soldaten, die geplündert hatten, zur Abschreckung der anderen, auszupeitschen und einzusperren.

Er konnte diesen Befehl noch geben, denn die Soldaten gehorchten bis jetzt noch dem Legaten und den Centurionen.

Doch als sie ergriffen wurden, leisteten sie Widerstand. Sie umfassten die Knie der Umstehenden, riefen bald Einzelne mit Namen auf, bald die Centurie, die Kohorte, die Legion, immer schreiend, alle müssten gleich behandelt werden, weil alle am Aufstand beteiligt waren.

Sie riefen Schmähworte auf den Legaten, beschworen Himmel und Götter und taten alles, um Erbitterung, Mitleid, Furcht und Hass zu erregen.

Alle liefen herbei, brachen den Kerker auf, lösten die Fesseln und solidarisierten sich mit den Gefangenen. Sie nahmen die Ausreißer und die Todesverbrecher unter sich auf.

Der Aufstand wurde immer hitziger, er schaukelte sich auf, es bildeten sich neue Anführer. Vibulenus, ein einfacher Soldat wurde nun auf die Schultern der Umstehenden emporgehoben, die Menge wartete gespannt auf seinen Vortrag.

Vibulenus begann damit, dass sie zwar die Menschen aus dem Kerker befreit hätten, aber er fragte, wer seinem Bruder das Leben wiedergeben würde. Denn sein Bruder sei vom germanischen Heer abgeschickt worden, aber in der letzten Nacht von seinen Gladiatoren erdrosselt worden, die ihn eigentlich beschützen sollten und er fragte, wo der Präfekt Bläsus den Leichnam hingeworfen hätte?

Wenn sein Schmerz nachlassen würde, dann könne der Präfekt auch ihn ermorden. Sie seien dann nicht wegen eines Verbrechens, sondern zum Wohle der Legionen getötet worden.

Hinweis:
Das ganze Theater ist ein Lügentheater.
Danach soll jemand ermordet worden sein, was jedoch nicht stimmt.

Das Lügentheater wirkt so echt, dass die Soldaten nicht erkennen was richtig ist.

Das Theater wurde immer theatralischer. Vibulenus steigerte die Spannung durch Schluchzen, schlug mit den Händen auf seine Brust und sein Gesicht.

Er sprang von den Schultern derer, die ihn trugen herab und warf sich vor die Füße der Umstehenden. Er erregte solch eine Bestürzung, das Theater wirkte so echt, dass einer der Soldaten in Bläsus Diensten die Gladiatoren fesselte und andere die übrige Dienerschaft fesselten, wieder andere sogar hinliefen, den Leichnam zu suchen und wäre nicht schnell bekannt geworden, dass es keinen Leichnam gab und dass die Sklaven auf der Folter den Mord leugneten und dass Vibulenus nie einen Bruder gehabt hatte, so waren sie nahe daran, den Legaten zu ermorden.

Endlich wurde das Theater als Lüge entlarvt, doch es kehrte keine Ruhe ein. Sie gingen auf die Tribunen und den Lagerpräfekten los und warfen sie aus dem Lager. Das Gepäck der Flüchtenden wurde geplündert. Der Centurio Lucillius, der schon vorher für seine Prügelstrafen bekannt war, wurde ermordet.

Die beiden Legionen 8. und 15. gingen mit Schwertern aufeinander los, nur die 9. Legion trat mit Bitten und Drohungen dazwischen und verhinderte Schlimmeres.

Die Übrigen versteckten sich, nur Clemens Julius wurde verschont, weil er fähig war, die Aufträge der Soldaten auszuführen.

Tiberius in Rom sah sich veranlasst, seinen Sohn Drusus (Minor) samt den ersten Staatsmännern nach Carnuntum abzuordnen.

Drusus bekam eine auserlesene Mannschaft an seine Seite gestellt, dazu zwei prätorische Kohorten, verstärkt durch einen großen Teil der prätorischen Reiterei, und zusätzlich den Kern der Germanen, der die persönliche Leibwache des Kaiser Augustus gewesen war.
Ferner nahmen der prätorische Präfekt Sejanus und sein Vater Strabon teil.

Drusus bekam keine bestimmten Aufträge, er solle nach Gutdünken handeln, die erlesene Mannschaft sollte ihn unterstützen.

Als Drusus sich dem Lager näherte, gaben die Legionen ihm zwar ihr Ehrengeleit, aber sie zogen ihm nicht gerade begeistert entgegen.

Sobald Drusus innerhalb des Walles war, besetzten die Legionen die Tore mit Wachen, sie stellten bewaffnete Scharen auf, die übrigen umringten das Tribunal. Drusus gebot mit der Hand Stillschweigen.

Aber die Menge richtete sich nicht nach ihm, sie erhob statt dessen wilddrohendes Geschrei. Die Situation war gefährlich.

Als Drusus und seine Gefolgschaft die Augen auf die Menge richteten, und die Soldaten den Caesar anblickten, zitterten sie und murmelten ängstlich, dann wechselte sich dumpfes Gemurmel und grässliches Gebrüll ab, dann plötzlich wieder Stille.

Endlich gelang es Drusus, das Schreiben seines Vaters Tiberius vorzulesen.

Tiberius schrieb, dass ihm die tapferen Legionen sehr am Herzen lägen, mit denen er so viele Kriege bestanden hätte. Sobald sich sein Gemüt von der Trauer erholt hätte, würde er ihr Verlangen den Vätern (Senat) vorbringen. Inzwischen könnte sein Sohn gestatten, was sogleich bewilligt werden könnte.

Alles andere bliebe dem Senat vorbehalten, der von Rechts wegen bei Begnadigungen und Bestrafungen mitzubestimmen hätte.

Die Versammlung antwortete, dass der Centurio Clemens Julius ihre Forderungen vortragen solle.
1) Er begann mit der ersten Forderung und verlangte den Abschied nach 16 Jahren.
2) Ferner wollten die Soldaten einen Denar Sold pro Tag erhalten.
3) Sie erwarteten eine Belohnung (Abfindung) nach vollendetem Dienste.
4) Die Veteranen sollten entlassen werden und nicht immer noch länger bei der Fahne gehalten werden.

Drusus entgegnete, dass nur der Senat und sein Vater Tiberius bei all diesen Forderungen das Entscheidungsrecht hätten.

Die Menge/Meute bemängelte, was er denn hier wolle, warum er überhaupt gekommen sei, wenn er sowieso keine Vollmachten/kein Entscheidungsrecht hätte, weder den Sold zu erhöhen, noch die Lasten zu erleichtern, noch irgendeine Wohltat zu erweisen. Die Legionen waren nicht zufrieden, sie waren tief enttäuscht. Er hätte dann nicht herzukommen brauchen. Denn nur zum Schlagen und Töten hätte jeder Vollmacht. Das wäre auch bei Tiberius und immer schon so gewesen. Sie reagierten verächtlich.

Sie waren spöttisch, denn es sei etwas ganz Neues, dass der Imperator etwas Vorteilhaftes für die Soldaten immer nur an den Senat verweise. Schon zu Augustus Zeiten hätte Tiberius in Augustus Namen alle Wünsche der Legionen verhindert. Jetzt mache Drusus dasselbe. Immer wenn etwas zum Vorteil der Legionen sein solle, müsse man den Senat befragen, aber wenn es um eine Hinrichtung oder eine Schlacht gehe, dann würde Willkür herrschen.

Als sie das Tribunal endlich verließen, bedrohten sie weiterhin die prätorischen Soldaten und die Freunde des Drusus mit Fäusten, sie wollten offenen Kampf. Am meisten ärgerten sie sich über Lentulus, weil sie glaubten, dieser bestärke den Drusus, weil er jeden Soldatenfrevel verabscheute.

Als Drusus und Lentulus nun ins Lager zurückgingen, um sich vor Gefahr zu schützen, fielen sie Lentulus an und warfen Steine. Er war schon blutig und halbtot, als er durch das Gefolge des Drusus gerettet wurde.

Plötzlich verdunkelte sich der Himmel, es gab eine Mondfinsternis (27.9.14)[77].
Die Soldaten kannten nicht die Ursache der Mondfinsternis, sie erhoben Erzgeklirr, Trompeten- und Hörnergetön, sie waren abergläubisch. Sie fürchteten, ihre Beschwerden würden diese Finsternis verursachen.

Als der Mond wieder heller wurde, jubelten sie und als Wolken den Mond wieder verdeckten, jammerten sie, weil sie glaubten, die Götter verabscheuten ihren Frevel.

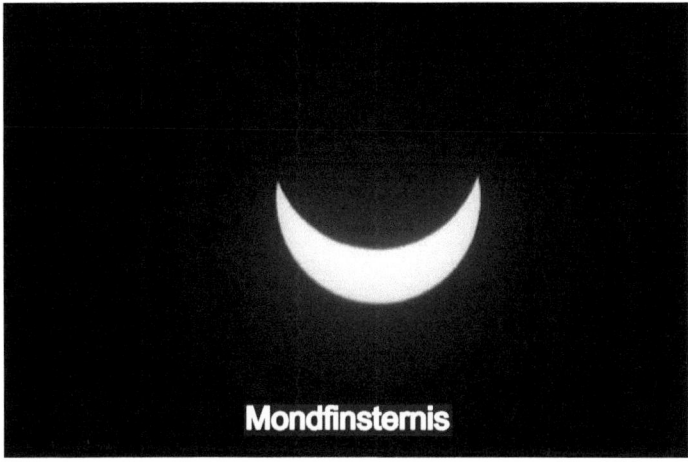
Mondfinsternis

Diese Stimmung kam dem Drusus sehr gelegen. Er wollte diese Stimmung für seine Zwecke ausnutzen. Er war raffiniert und benutzte eine List. Er schickte Leute in den Zelten herum, die mit den Soldaten sprechen sollten.

Der Centurio Clemens und andere rechtschaffene Leute sollten sich unter die Nachtwachen, Lagerposten und Türhüter mischen und Unsicherheit verbreiten. Sie sollten die Soldaten fragen, wie lange sie noch den Sohn des Imperators belagern wollten und wie das ganze enden sollte?

Sie sollten fragen, ob sie in Zukunft dem Percennius und Vibulenus huldigen wollten, ob diese die Herrschaft über das römische Volk ergreifen sollten, indem diese demnächst die Löhne zahlen und den Alten die Äcker zuweisen sollten? Die Soldaten wurden misstrauisch, sie fingen an zu zweifeln.

Die Jungen und die Alten trennten sich, auch die Legionen trennten sich. Die Ordnung wurde wieder hergestellt und die Feldzeichen zurückgebracht.

Bei Tagesanbruch berief Drusus eine Versammlung ein. Er war zwar im Reden ungeübt, doch er sprach mit der ihm angeborenen Würde. Er rügte das Vergangene und lobte das Gegenwärtige.
‚Er werde sich weder durch Schrecken noch Drohungen beugen lassen, wenn sie jedoch bescheiden seien, wenn sie flehen oder bitten würden, dann würde er seinem Vater schreiben, dass er gnädig sein solle.'

Eine neue Abordnung, bestehend aus Bläsus Sohn, Lucius Apronius und Catonius, wurde an Tiberius abgesandt.

Die einen wollten die Rückkehr der Abordnung abwarten und inzwischen die Soldaten besänftigen, die anderen wollten Stärke zeigen. Sie fürchteten, dass sie sonst selbst eingeschüchtert und dann ungestraft verachtet würden.

Aber weil der Aberglaube die Soldaten immer noch ängstigte, müsste der Feldherr (Drusus) die Unruhestifter wegräumen. Drusus ließ die ersten Anführer Percennius und Vibulenus vorrufen und umbringen.

Danach wurden die hauptsächlichen Unruhestifter aufgesucht. Ein Teil war außerhalb des Lagers und wurde von den Centurionen oder prätorischen Soldaten sofort erschlagen, ein anderer Teil wurde sogar von den eigenen Leuten zum Zeugnis der Treue ausgeliefert.

Das Wetter änderte sich, der frühe Winter kündigte sich durch Sturm und Regen an. Die Soldaten konnten die Zelte nicht mehr verlassen, um sich zu versammeln. Weiterhin hatten sie Furcht vor dem himmlischen Zorn.

Drusus reiste zurück nach Rom, ohne die Rückkehr der Gesandten abzuwarten. Die Soldaten kehrten in ihre Winterlager zurück. Es kehrte Ruhe ein. *(5)*

Meuterei der römischen Legionen am Rhein
Fast zur gleichen Zeit und aus den gleichen Gründen erhoben sich die germanischen Legionen am Rhein.

Am Rhein standen zwei Heere: das obere Heer in Mainz mit den 4 Legionen (2. 13. 14. 16) unter dem Legaten Silius, das untere Heer in Köln (1. und 20. Legion) und in Xanten (5. und 21. Legion) unter dem Legaten Caecina.

Die Oberaufsicht über beide Heere (8 Legionen) lag bei Germanicus.

Als die Nachricht vom Tode des Augustus ankam, befanden sich die Legionen des unteren Heeres im Sommerlager in Novaesium=Neuss im sogenannte Lager „C"[78].

An der Meuterei waren die Legionen 1 und 20 aus dem Legionslager Apud Aram Ubiorum (Köln) beteiligt, sowie die Legionen 5 und 21 aus Vetera (Xanten).

Germanicus war derweil nicht zu Hause, er war mit Steuereintreibungen in Gallien beschäftigt. Er hatte vom Aufstand an der Donau in Carnuntum/Pannonien nichts mitbekommen.

Die Legionen des oberen Heeres in Mainz unter Silius waren unschlüssig, ob sie sich der Meuterei in Carnuntum anschließen sollten, sie zögerten und warteten ab. Sie beteiligten sich nicht an diesem Aufstand. Dagegen empörten sich die Legionen des unteren Heeres unter Caecina massiv.
Als die Nachricht von Augustus' Tod ankam, wurde auch am Rhein der Kriegsdienst eingeschränkt. Die Soldaten mit nur leichter Beschäftigung langweilten sich.

Der Aufstand begann bei der 21. und 5. Legion, die beiden Legionen 1. und 20. wurden in den Aufstand hineingezogen.

Auch hier wollten die Legionen neue Forderung stellen. Es waren fast dieselben Forderungen, die auch die Legionen in Carnuntum stellten.

Forderungen:
1. Die Veteranen sollten entlassen werden.
2. Die jüngeren Soldaten wollten erhöhten Sold.
3. Alle wollten Erleichterung ihres schweren Dienstes.
4. Und sie wollten die Härte der Centurionen rächen.

Alle waren dafür, diese Forderungen zu stellen.
Sie waren selbstbewusst, sie waren die Soldaten, durch ihre Siege wurde das Gemeinwesen gemehrt, in ihrer Hand lag die Macht Roms. Die Imperatoren waren auf sie angewiesen.

Der Legat Caecina stoppte sie nicht. Er schritt nicht ein. Es waren so viele Tobende. Gegen die Masse hatte er keine Chance. Die Rasenden stürzten sich mit ihren Schwertern auf die Centurionen, diese waren, wie immer, die ersten Opfer der Wut.

Die Menge war in der Übermacht. Die Rasenden misshandelten ihre Opfer 60 gegen einen. Die Verletzten und die Toten warfen sie vor das Lager oder gleich in den Rhein.
Septimus, ein Centurio, war gleich nach dem Tribunal geflohen, er hatte sich zu Germanicus Füßen geworfen. Als erster wurde er herausgefordert und umgebracht.

Cassius Chärea, der Cajus Cäsar ermordet hatte, war mutig und öffnete mit dem Schwert die Bahn durch die Meuterer.

Ab sofort durfte kein Tribun, kein Lagerpräfekt weiterhin befehlen, die Masse besetzte alle Posten. Die Menge meuterte geschlossen, der Aufstand ging nicht auf das Anstiften weniger zurück, sondern sie handelten alle gemeinsam; sie waren gemeinsam aufbrausend, gemeinsam stillschweigend, dass man meinte, sie leite ein Oberhaupt.

Inzwischen wurde Germanicus von Augustus Tod unterrichtet. Germanicus wohnte mit seiner Familie in Köln. Er war verheiratet mit Agrippina, einer Enkelin des Kaisers Augustus. Mit ihr hatte er einen Sohn (Caligula, genannt Stiefelchen, * 31. 8. 12 n. Chr.).

Germanicus befand sich noch in Gallien, als der Aufstand begann. Sofort reiste er zurück an den Rhein.

Als er ins Lager kam, hörte er verworrene Klagen der Soldaten. Sie beschwerten sich über ihren schlechten Gesundheitszustand. Viele Soldaten waren alt, ihre Zähne schlecht, die Glieder gekrümmt und immer noch mussten sie diese schweren Arbeiten verrichten.

Er befahl der Menge, sich nach der Zugehörigkeit zu ihren Legionen zu sortieren, aber die Soldaten waren unwillig und meinten, so könnten sie ihn besser hören.

Er befahl, dann wenigstens die Fahnen zu holen, damit er die Kohorten besser unterscheiden könne, mit Mühe gehorchten sie.

Daraufhin hob Germanicus ein Loblied auf Rom an, auf die Erfolge des Augustus und die Siege und Triumphe des Tiberius, alles sei bestens, nirgendwo irgendwelche Unstimmigkeiten. Still hörten die Soldaten zu.

Als er aber den Aufruhr erwähnte, und sie fragte, wo die kriegerische Ordnung sei, wo sie die Centurionen und Tribunen hingetrieben hätten, da entblößten alle ihren Leib, sie zeigten ihre Wundmale und die Striemen der Schläge.

Sie klagten über die Kosten des Urlaubs und über den niedrigen Sold, besonders aber über die Härte der Arbeiten, speziell über die schweren Erdarbeiten, namentlich das Schanzen und Graben, das Herbeischleppen von Futter, von Baustoff und Holz usw. (Diese Art Arbeit beklagten die Soldaten in Carnuntum nicht!)

Die Veteranen mit 30 oder mehr Dienstjahren flehten, Germanicus möge sie nicht im Elend sterben lassen, sondern ein Ende des so mühseligen Dienstes und Ruhe ohne Mangel schenken.

Einige forderten das von Augustus vermachte Geld für Germanicus, sie wollten ihn gern als neuen Imperator sehen: sie würden ihn darin unterstützen, wenn er nur wollte. Aber sofort sprang Germanicus vom Tribunal herunter, er wies den Verrat zurück, er wollte lieber sterben als Tiberius untreu werden, er hatte auf Tiberius doch einen Eid geschworen!

Germanicus riss das Schwert heraus und wollte sich schon umbringen, aber die Nächststehenden hielten ihn zurück. Ein Soldat hielt ihm sein eigenes Schwert entgegen, er solle doch zustoßen ..., aber die Lage beruhigte sich und Germanicus wurde in sein Zelt weggebracht.

Germanicus und seine Freunde beratschlagten nun, was zu tun sei. Sie überlegten, ob sie das obergermanische Heer zur Verstärkung holen sollten, denn wenn Köln geplündert werden sollte, befürchteten sie, dass dann sofort die Germanen kämen, die Stadt ausraubten und dann auch sofort Gallien überfallen würden. Ob man nichts oder alles den Soldaten bewillige, immer sei Gefahr gegeben, egal was man machen würde.

Sie setzten daraufhin ein Schreiben mit ihren Forderungen auf:

1. Nach 16 Dienstjahren sollten die Soldaten verabschiedet werden, dann aber ohne Arbeit weiter unter der Fahne behalten werden, und nur bei Kämpfen gegen den Feind sollten sie helfen.

2. Nach 20 Dienstjahren sollten die Soldaten endgültig entlassen werden;
3. Das Vermächtnis (Belohnung/Abfindung) sollte dann ausbezahlt und verdoppelt werden.

Die Soldaten nahmen das Ergebnis der Beratung zur Kenntnis. Mit der Auszahlung der Gelder später im Winterlager waren sie jedoch nicht einverstanden. Sie wollten sofort Ergebnisse sehen.

Die 5. und 21. Legion wollten nicht nach Xanten abziehen, zuvor musste noch im Sommerlager das Geld ausgezahlt werden.
Germanicus und seine Freunde legten das Geld aus ihrem Reisebedarf zusammen.

Die 1. und 20. Legion führte Caecina in die Stadt der Ubier (Köln) zurück, auch mit Geld beschenkt.

Germanicus reiste zum oberen Heer nach Mainz, wo die Soldaten sofort den Eid leisteten, denn ihnen war sofort Geld und Entlassung unaufgefordert angeboten worden.

Doch der Aufstand setzte sich trotz der Zahlungen fort.

Bei den Chauken begannen die Veteranen, die entlassen werden sollten, mit dem Aufstand. Um die Ruhe wieder herzustellen, befahl der Lagerpräfekt Menius, zwei Soldaten hinzurichten.

Der Präfekt hatte zwar nicht die Macht, so etwas zu befehlen, aber er tat es trotzdem. Die Menge wollte den Präfekten lynchen, der aber ergriff die Fahne und rief, sie sollten sich nicht am Präfekten vergreifen sondern sich lieber an Germanicus oder Tiberius halten. Er drohte ihnen, wer aus der Reihe tritt, würde als Ausreißer angesehen und mit dem Tod bestraft.

Daraufhin beruhigte sich die Lage und er konnte die Soldaten ins Winterlager nach Xanten zurückführen.

In Köln überwinterten die 1. und 20. Legion zusammen mit den Veteranen, die noch unter der Fahne standen.

Als die Abgeordneten des römischen Senats, die vom Tribun Bläsus nach Carnuntum geholt worden waren, plötzlich in Köln auftauchten, wussten die Soldaten nicht, was diese Abgeordneten wollten; sie fürchteten, dass ihnen die Zuggeständnisse, die Germanicus gemacht hatte, wieder weggenommen werden sollten.

Sie suchten einen Schuldigen und fanden Plancus als Kopf der Gesandtschaft. Um Mitternacht stürmten sie den Eingang zu Germanicus' Wohnung, sprengten die Türen, holten Germanicus aus seinem Schlafzimmer und zwangen ihn, die Fahne herauszugeben. Sie entwendeten die Fahne, rannten damit auf die Straße, und stießen auf die Gesandten aus Rom.

Diese waren vom Lärm benachrichtigt worden und wollten Germanicus zu Hilfe kommen. Sie überhäuften die Gesandten mit Schmähworten, sie wollten sie schon ermorden, allen voran den Plancus, doch der rettete sich geistesgegenwärtig in das Lager der 1. Legion. Er ergriff die Feldzeichen und den Adler, um sich zu schützen. Der Adlerträger kam ihm zu Hilfe, er wehrte die Angreifer ab, sonst hätte ihn die Menge umgebracht.

Am nächsten Morgen trat Germanicus in das Lager, und nahm Plancus mit auf die Bühne. Germanicus beklagte die Raserei als verhängnisvolle Situation, die vor allem Schuld der Götter sei.

Er berichtete vom Gesandtschaftsrecht, dem unverdienten Pech des Plancus und von der Schmach der Legionen, die diese Schuld auf sich geladen hätten. Die Gesandten wurden daraufhin unter dem Schutz der Reiter aus den Hilfstruppen entfernt.

Alle tadelten nun Germanicus, weil er sich nicht zu dem obergermanischen Heer begeben hatte, denn die dortigen Soldaten hätten ihm geholfen. Die Wohltaten, Entlassungen und Geldspenden, waren nun genug und übergenug.

Trotzdem müsste Germanicus seine Familie vor den Angreifern schützen, sie forderten, seine schwangere Frau und sein kleiner Sohn sollten sich in ein sicheres Gebiet begeben. Nach diesem Schrecken könnten sie für die Sicherheit seiner Familie keine Garantie mehr übernehmen.

Agrippina, seine Frau, aber wollte in Köln bleiben, sie war nicht damit einverstanden, einfach weggeschickt zu werden. Doch die Legionen bestanden darauf, seine Familie und die anderen Frauen aus dem Lager sollten gemeinsam mit den Kindern in Sicherheit gebracht werden. Sie zogen in das Treverer Land nach Trier.

Als die Soldaten den traurigen Zug der Frauen sahen, bemängelten sie, dass nicht einmal normales Gefolge Frauen und Kinder begleitete. Das sei unwürdig einer Gattin des Imperators. Die Soldaten baten, sie mögen umkehren, aber die Frauen verließen das Lager und begaben sich nach Trier.

Germanicus gab den Legionen die Schuld, dass die Frauen abreisen mussten. Er machte ihnen Vorwürfe, wie sollte er sie nennen, Soldaten oder Bürger? Sie hätten die Gesandten des Senats bedroht und damit das Völkerrecht gebrochen.

Vorwurfsvoll gab er einen Hinweis auf die Vorfahren:
Julius Cäsar hätte mit einem Wort das empörte Heer gezähmt, Augustus hätte bei Actium mit Miene und Blick das Heer in Schrecken versetzt.

Die 1. und 20. Legion jedoch sei immer noch nicht zufrieden trotz Geld und Entlassungen, immer noch würden Centurionen getötet, Tribunen verjagt, Gesandte eingesperrt ...
Die Flüsse und die Lager seien mit Blut befleckt und selbst sein eigenes Leben sei äußerst unsicher.

Er hätte an jenem ersten Versammlungstag lieber sich selbst ermorden sollen, ein Soldat hatte ihm doch sogar sein eigenes Schwert angeboten. Er hätte dann nicht erlebt, was an Frevel alles passiert sei.

Sie hätten dann einen neuen Anführer wählen können, einen der seinen ‚Germanicus' Tod zwar ungesühnt gelassen hätte, aber dafür den Tod des Varus und der 3 Legionen gerächt hätte.

Er rief den vergöttlichten Augustus an, und bat seinen Vater Drusus, den Bürgerhass zum Verderben der Feinde (Germanen) umzuwandeln. Er beschwor sie, trennt euch von den Meuterern, lasst euch nicht von den Meuterern anstecken!

Die Soldaten waren schuldbewusst, seine Vorwürfe seien gerecht, sie forderten, Germanicus solle die Schuldigen bestrafen und dann ihnen verzeihen und sie gegen den Feind führen. Die Frauen sollten zurückkommen und den Galliern nicht als Geisel dienen.

Die schlimmsten Meuterer schleppten sie vor das Gericht. Der Legat der 1. Legion sollte Recht sprechen: Die Soldaten standen mit gezückten Schwertern wie in den Versammlungen.

Der Tribun führte jeweils den Beschuldigten vor, befand die Versammlung ihn für schuldig, so wurde er von der Bühne hinunter geworfen und niedergemacht. Die Soldaten schlachteten die Meuterer. Germanicus ließ es geschehen.

Die Veteranen wurden nun unter einem Vorwand nach Rätien geschickt, um sie aus dem Lager zu entfernen.

Dann folgte die Centurionen Musterung.
Germanicus rief jeden Centurio auf, jeder musste seinen Namen nennen, seinen Rang, die Zahl der Dienstjahre und welche Erfolge er im Krieg hatte und welche Kriegsgeschenke er erhalten hatte.
Wenn die Legionen Diensteifer und Wohlverhalten anerkannten, blieb er Centurio, wenn nicht, wurde er entlassen, des Dienstes enthoben.

Als der Aufstand in Köln beigelegt worden war, blieb noch der Aufstand in Xanten übrig. Bei der 5. und 21. Legion war sowieso der

Aufruhr zuerst entstanden. Scheußlichste Gewalttaten waren von den Legionen in Vetera verübt worden. Sie waren immer noch grimmig, sie ließen sich nicht durch die Bestrafung der Kölner Legionen schrecken.

Germanicus beschloss, Waffen, Flotte und Soldaten den Rhein hinabzusenden. Sollten sie den Gehorsam verweigern, wollte er sie alle bekämpfen.

Germanicus hatte bereits ein Heer zusammengezogen, um gegen die Xantener zu Felde zu ziehen, aber er zögerte. Er wollte noch etwas abwarten, ob sie nicht von selbst zur Vernunft kommen würden.

Er sandte ein Schreiben an Caecina voraus, in dem er mitteilte, er käme mit starker Heeresmacht und wenn sie nicht zuvor die Bösen bestrafen würden, werde er alle ohne Unterschied zusammenschlagen.

Dieses las Caecina den Alten und Fahnenträgern und den Treugesinnten heimlich vor. Sie sollten sich selbst dem Tod entziehen. Die Zuverlässigen sollten sie herausfinden und einweihen, die Schuldigen dagegen sollten sie alle umbringen. Im Einverständnis mit Caecina sollten sie die Unruhestifter mit dem Schwert überfallen.

Auf ein geheimes Zeichen stürzen sie in die Zelte und erschlugen die Nichtsahnenden. Nur die Eingeweihten wussten, wo das Morden begonnen und wo es geendet hatte.

Noch nie war ein Bürgerkrieg schlimmer als dieser. Nicht in unterschiedlichen Lagern brach der Kampf aus, nein, sie alle waren vereint in demselben Lager, in denselben Zelten, Tag und Nacht in demselben Raum.

Hier hatten sich zwei Parteien gebildet aus denselben Leuten. Zwei unterschiedliche Sichtweisen metzelten die Soldaten nieder. Kein Legat oder Tribun führte die Soldaten. Das Blutbad war fürchterlich.

Als Germanicus das Lager betrat, war er bestürzt über das Blutbad, die Rache war fürchterlich. Er ordnete er an, die Leichname zu verbrennen.

Die tobenden Gemüter ergriff die Lust, lieber den Feind (die Germanen) zu bekämpfen als sich selbst, zur Sühne ihrer Raserei. *(5)*

Angriff auf die Marser

Tiberius war in Rom, weit weg vom Rhein. Das war Germanicus gerade recht. Er war der Oberbefehlshaber, er war der Kronprinz, er hatte alle Möglichkeiten. Die Soldaten wollten jetzt sofort die Feinde bekämpfen. Sie waren ungeduldig. Germanicus unterstützte seine Soldaten. Und er wollte endlich seinen Auftrag erfüllen und Germanien erobern.

Jetzt war seine Stunde gekommen. Jetzt hatte er die Macht am Rhein. Das Kriegshandwerk hatte er bei Tiberius erlernt. Er kannte sich aus. In den Jahren 6 bis 9 n. Chr. hatte er in Pannonien und Dalmatien eigene Truppen führen dürfen. Er konnte jetzt Truppen führen. Er wusste, wie man abgefallene Stämme wieder unterwarf. Er hatte bei Tiberius gelernt und gut aufgepasst.

Er wollte alles besser machen als Tiberius. Tiberius wollte den Rhein als neue alte Grenzlinie verteidigen. Damit war Germanicus nicht einverstanden. Tiberius wollte die Lage beruhigen. Die Soldaten sollten nur am Rhein bleiben. Germanicus gefiel das gar nicht. Er wollte an die Elbe, er wollte das Werk seines Vaters fortführen. Er hieß doch schon Germanicus.

Er war auf Tiberius nicht gut zu sprechen. Tiberius hatte Schneisen in den Wald geschlagen. Bis hierher und nicht weiter sollte das römische Gebiet verteidigt werden. Aber Germanicus wollte sich nicht einengen lassen. Er hatte den Anspruch, alles so zu machen wie sein Vater Drusus es vorgesehen hatte, nämlich das Land bis zur Elbe zu unterwerfen.

Nach dem Tode von Augustus wollte Germanicus nun das Machtvakuum in Rom nutzen, um seine eigenen Vorstellungen durchzusetzen. Er war aufmüpfig und ungehorsam.

Germanicus überlegte. Es war jetzt zwar schon Anfang Oktober, aber für einen kleinen Raubzug war immer noch Zeit. Eine kleine Strafexpedition zu den Germanen musste noch sein. Sie mussten unbedingt noch etwas gewinnen. Sie brauchten unbedingt noch einen Sieg.

Kundschafter hatten gehört und ihm, Germanicus, zugetragen, dass die Germanen ein Fest feierten. Das Fest sollte im Caesischen Wald stattfinden. Der Caesische Wald lag in dem Gebiet zwischen der Lippe und der Ruhr, nicht allzu weit entfernt vom Rhein. Dieses Fest wollte er angreifen und zerstören.

Germanicus zog also mit den 4 Legionen von Xanten aus rheinaufwärts bis zum Sommerlager in Neuss. Dort ließ er eine Brücke über den Rhein schlagen und zog mit 12.000 Soldaten, 26 Kohorten Bundesgenossen und 8 Alen Reiter nach Germanien hinein.
Sie folgten wie immer der heutigen Eisenbahnlinie.

Lassen wir Tacitus sprechen: Annalen I,49,1 *(2)*
„Das unwiderstehliche Verlangen (die Gier) flog die immer noch trotzigen Gemüter an, dasselbe gegen den Feind als Sühne für die Raserei (zu richten); denn nicht anders könnten sie versöhnen die Geister der Kameraden, als wenn sie annähmen ehrenvolle Wunden auf (ihre) unfrommen Brüste.

Der Kaiser folgte der Begierde des Soldaten und über eine zusammengefügte Brücke schickte er 12.000 Soldaten aus den Legionen, 26 Verbände der Verbündeten, 8 Flügel der Reiterei, deren Gehorsam unbefleckt geblieben war in diesem Aufstand."

Lassen wir Tacitus sprechen: Annalen I,49,4 *(1)*
„Die Soldaten errichteten ihr Lager auf der Schneise, auf der von Tiberius begonnenen neuen Grenze, Front und Rücken wurden mit Schanzwerk befestigt, die Seiten mit Verhau. Palisaden hatten sie nicht mitgebracht. Mit diesen schweren Hölzern wollten sie sich nicht belasten. Die Palisaden waren sowieso nutzlos, das hatte die Varusschlacht gezeigt. Sie befürchteten keinerlei Angriffe seitens der Germanen."

Lassen wir Tacitus sprechen: Annalen I,50,1 *(1)*
„Fröhlich lebten nicht weit entfernt die Germanen, während wir uns wegen Augustus' Tod (Staatstrauer), danach wegen Zwistigkeiten und Zankereien ruhig verhielten.
Nun aber durcheilte der Römer mit dem Heer den Caesischen Wald und die von Tiberius begonnene Straße, errichtete das Lager auf der Straße, Front und Rücken mit Schanzwerk, die Seiten mit Verhau befestigt."

Es führten zwei Wege zum Festplatz. Sie zogen über die dunklen bewaldeten Berge und überlegten, welchen der beiden Wege sie nehmen sollten, den kurzen und üblichen oder den langen Weg, der schwieriger und unbekannter war. Es wurde der längere Weg gewählt, sie wollten nicht vorzeitig bemerkt werden. Caecina wurde mit einer Abordnung Soldaten vorausgeschickt, um die Wege von Hindernissen zu befreien, damit die Legionen ohne Aufenthalt folgen konnten. Schnellen Schritts kamen sie voran. Die Nacht war sternenklar. Sie erreichten den Festplatz der Marser und umstellten sofort den Festplatz.

Die Marser[79] waren ein kleiner germanischer Volksstamm, der zwischen Rhein, Ruhr und Lippe siedelte. Der Stamm war aus einer Abspaltung von rechtsrheinisch verbliebenen Resten der Sugambrer entstanden, die unter Tiberius im Jahr 8 v. Chr. in linksrheinisches Gebiet umgesiedelt worden waren.

Die Marser hatten keine Wachen aufgestellt, sie waren sorglos, sie rechneten nicht mit einem Überfall. Sie feierten das Fest zu Ehren der Tanfana.

Lassen wir Tacitus sprechen: Annalen I,50,4 *(1)*
„Unterstützt durch die sternenklare Nacht kam man zu den Dörfern der Marser und umzingelte die auch jetzt auf Lagern oder neben Tischen Liegenden, die furchtlos keine Wachen aufgestellt hatten; so sehr waren alle ohne Kriegsfurcht in Sorglosigkeit verfallen, und die Friedfertigkeit war auch nur wie Schlaffheit und Lässigkeit unter Betrunkenen."

Der Überfall kam blitzartig, die Marser hatten sie gar nicht bemerkt. Die Germanen waren auf Verteidigung überhaupt nicht eingerichtet. Germanicus richtete unter ihnen ein Blutbad an. Die Römer ermordeten alle, Männer, Frauen, Kinder, Alte und Junge. Das Heiligtum der Germanen, der Tempel der Tanfana wurde dem Erdboden gleichgemacht. Die Römer kamen ohne Schaden davon, sie hatten unbewaffnete, schlafende oder betrunkene Menschen ermordet.
Und sie mordeten und plünderten weiter.

Tanfana war ein Heiligtum der Germanen, das bis heute unbekannt ist. Der Tempel der Tanfana stand wahrscheinlich in Essen.
Gilt die Regel: Einmal ein heiliger Ort = Immer ein heiliger Ort? Dann kommt das Essener Münster in Frage. Ist das reine Spekulation? Der Caesische Wald lag wohl in Essen. Essen liegt an der Kreuzung zweier Hellwege. Der Heissi-Wald in Essen soll der Rest des Caesischen Waldes sein.

Germanicus teilte das Heer in vier Teile auf, damit eine möglichst große Fläche geplündert werden konnte. Sie mordeten und plünderten und verwüsteten mit Feuer und Schwert eine Fläche mit einem Umkreis von 50 Meilen = 75 km.

Lassen wir Tacitus sprechen: Annalen I,51,1 *(1)*
„Der Caesar Germanicus teilte die beutegierigen Legionen in vier Gruppen auf, damit umso weiter geplündert würde. Er verwüstete mit Schwert und Feuer eine Fläche mit einem Umfang von 50 Meilen; nicht Geschlecht, nicht Alter fand Mitleid; Weltliches und Heiliges und der bei jenen Völkern hochberühmte Tempel, welchen sie Tanfana nennen, wurde dem Erdboden gleichgemacht. Die Soldaten, die Halbschlafende, Unbewaffnete oder Betrunkene ermordet hatten, blieben ohne Wunde."

Diese Morde schreckten auch die benachbarten germanischen Stämme auf. Die Brukterer, Tubanten und Usipeter griffen zu den Waffen. Sie besetzten die bewaldeten Berge, durch die das Heer zurückmarschieren musste. Aber Germanicus wusste, was zu tun war, er reagierte sofort. Er musste sein Heer in Kampfformation aufstellen.

Die Kampfformation sah folgendermaßen auf: Zuerst kamen Teile der Reiterei, dann marschierten die Kohorten der Hilfstruppen, es folgte die 1. Legion, dann auf der linken Seite die 21. Legion, auf der rechten Seite die 5. Legion. Das Gepäck wurde in der Mitte geführt. Die 20. Legion beendete die Kampfformation. Danach marschierten die anderen Bundesgenossen.

Kampf-Formation

	Das Heer marschierte wie folgt:	
	Teile der Reiterei	
	Kohorten der Hilfstruppen	
	1. Legion (Köln)	
21. Legion (Xanten)	Gepäck	5. Legion (Xanten)
	20. Legion (Köln)	
	andere Bundesgenossen	

Die Germanen verhielten sich zunächst ruhig. Sie warteten ab. Als sich der römische Heerzug über die Berge erstreckte, griffen sie mit ihren schwachen Kräften die Vorhut und die Seiten an, aber sie richteten nichts aus. Bei den leichten Kohorten der Nachhut hatten sie mehr Glück, diese wurden durch die dichten Scharen der Germanen in die wilde Flucht geschlagen.

Aber Germanicus hatte alles im Griff. Er ritt an das Ende des Zuges zur 20. Legion und rief seinen Soldaten mit lauter Stimme zu, sie sollten jetzt endlich die Meuterei vergessen. Sie sollten kämpfen, um ihre Schuld in Ehre zu verwandeln. Die Soldaten wurden mutig und griffen rücksichtslos die Germanen an. Sie durchbrachen die Reihen der Germanen in einem einzigen Angriff, trieben sie in offenes Gelände und machten sie nieder. Die Germanen hatten keine Chance.

Gleichzeitig kamen die ersten römischen Truppen aus den Wäldern heraus und errichteten ein Lager. Von da ab war der Marsch ruhig und das Heer wurde in die beiden Winterlager (Köln und Xanten) am Rhein geführt. Die Soldaten vertrauten voll auf ihre Stärke. Sie waren zufrieden, dass der Beutezug so erfolgreich verlaufen war. Die Meuterei hatten sie vergessen. Germanicus hatte sich und die römischen Soldaten eindrucksvoll in Szene gesetzt.

Lassen wir Tacitus sprechen: Annalen I,52 *(2)*
„Diese Neuigkeiten erfüllten den Tiberius mit Freude und Sorge zugleich. Er freute sich über den unterdrückten Aufstand, aber dass er (Germanicus)sich durch große Geldsummen und voreilige Dienstentlassungen die Gunst der Soldaten verschafft hatte und dadurch dem Germanicus kriegerischer Ruhm (erwuchs) bedrückte ihn.

Er berichtete dennoch im Senat über die Angelegenheit, erzählte "memorativ" gestenreich und viel über dessen Tapferkeit, mehr dem Anscheine nach bewundernde Worte, ohne dass man glaubte, dass er aufrichtig fühlte.
Weniger lobte er Drusus (minor) und die Beendigung des Illyrischen Bebens, aber in eindringlicherer und aufrichtigerer Rede."

Weil diese Schlacht so günstig verlaufen war, beschloss der Römische Senat unter den Konsuln Drusus Caesar (minor) und C. Norbanus einen Triumph für Germanicus.

Drusus (minor) wurde nach Pannonien/Dalmatien geschickt, um das Kriegsende zu beschließen. Alles Geld, was Germanicus seinen Soldaten am Rhein bewilligt hatte, erhielten auch die Soldaten in Pannonien.

Das wissen wir auch von Velleius Paterculus:
Historia Romana II 120,2 *(3)*

„So überschritt er (Germanicus) seinerseits mit dem Heer den Rhein (14 n. Chr.) und trug den Krieg ins Land des Feindes, während sein Vater (Tiberius) und sein Vaterland sich mit der Abwehr begnügt hatten.

Er drang ins Landesinnere ein, legte die Grenze offen, verwüstete die Äcker, brannte die Häuser nieder, schlug alle, die sich ihm entgegen stellten, und kehrte mit Ruhm bedeckt und ohne jeglichen Verlust bei seinen Truppen, die er über den Rhein geführt hatte, ins Winterlager zurück."

Feldzüge im Jahr 15 n. Chr.

Raubzug zu den Chatten

Das neue Jahr fing vielversprechend an. Germanicus plante seinen ersten großen Feldzug. Er hatte es eilig, in diesem Jahr hatte er noch viel vor. Im Winter hatte er alles schon überlegt und darüber nachgedacht wie er es angehen sollte. Er wollte das Varus-Schlachtfeld sehen. Ihm kam es darauf an zu sehen, was da passiert war. Im Frühjahr des Jahres **15** sollte es losgehen.

Aber vorher hatte er noch etwas zu erledigen, er musste die inzwischen abgefallenen Provinzen erneut unterwerfen. Germanicus war tatendurstig, und die Soldaten mussten beschäftigt werden.

Außerdem brauchte er für seinen Feldzug Lebensmittel, Waffen, Werkzeug und vieles mehr. Was möglich war, wollte er sich bei den Germanen besorgen. Er startete also zunächst einen Beutezug in das germanische Binnenland. Es war noch früh im Jahr.

Der Treffpunkt wurde vereinbart, er sollte an der oberen Lippe sein. Sie wollten wie immer die Germanen in die Zange nehmen.

Germanicus übergab dem Legaten Caecina die vier Legionen des untergermanischen Heeres, zuzüglich noch linksrheinische Scharen und 5.000 Soldaten der Hilfstruppen. Er sollte mit den Soldaten von Xanten aus über den Rhein gehen und die Lippe hinauf ziehen. Sie sollten die Germanen-Stämme an der Lippe angreifen.

Germanicus selbst ging im Frühjahr zunächst nach Mainz, zum obergermanischen Heer. Von dort aus startete er seinen Angriff auf die Chatten. Die Chatten waren ein germanischer Stamm, der im heutigen hessischen Bergland lebte.

Germanicus zog nun mit seinen vier Legionen und 10.000 Hilfstruppen von Mainz aus über den Rhein. Sein Weg ging Richtung Osten über den Taunus.

Als er zu einem verfallenen Kastell seines Vaters kam, sah er, dass nur noch Trümmer der Festung übrig waren. Das war ärgerlich. Aber er ließ sich nicht schrecken. Seine Soldaten waren auf Widrigkeiten vorbereitet. Er ließ über dem Kastell ein neues Lager von den Soldaten errichten (Tac. Ann. 1.56.1).

Das alte Römerlager Rödgen, das 10 v. Chr. von Drusus mit einer Fläche von 3,3 Hektar gegründet wurde, war als Stützpunkt und Etappenlager gedacht. Es war von einer drei Meter breiten Holz-Erde-Mauer umgeben und mit vorgelagertem Doppelgraben versehen. Das Lager hatte große Lagerhäuser für die Versorgung und den Nachschub.

Das neue Lager des Germanicus entstand nun auf dem Burgberg von Friedberg, 3 km südlich von Rödgen, in Bad Nauheim (Hessen). Diese Angabe ist wahrscheinlich archäologisch gesichert[31].

In diesem Frühjahr hatte es wenig geregnet, die Bäche führten nur wenig Wasser. Er ließ deshalb den Legaten L. Apronius mit zwei Legionen zurück, die Soldaten sollten Brücken über die Bäche schlagen und die Straßen instand setzen. Bei der Rückkehr erwarteten die Römer eventuell Regenwetter oder auch Hochwasser in den Flüssen. Die Wege sollten zu jeder Zeit gangbar sein.

Germanicus zog inzwischen weiter nach Norden in das Gebiet der Chatten und erreichte die Eder [Adrana]. Dann überfiel er die Chatten.

Sein Heer war sehr schnell. Der Überfall kam blitzartig. Er kam so plötzlich und so überraschend für die Bevölkerung, dass die Leute aufgeschreckt wurden und gar nicht so schnell flüchten konnten. Die Bevölkerung wurde entweder gefangen genommen oder gleich ermordet. Sie konnte sich nicht wehren.

Als sogar einige Chatten zu den Römern überliefen, sie wurden gefangen genommen und zu Soldaten gemacht, verließen die anderen ihre Dörfer und verschwanden in den Wäldern.

Die Römer überfielen die umliegenden Dörfer und Gehöfte und plünderten das offene Land. Sie nahmen alle Lebensmittel und alles Brauchbare mit.

Zur besseren und einfacheren Überquerung der Eder wollten die Römer eine Brücke erstellen. Germanicus hatte in seinen Reihen sehr gute Baumeister. Eine Brücke zu bauen war für die Römer keine Schwierigkeit, das war überhaupt kein Problem.

Die Soldaten begannen mit dem Brückenbau, doch junge Germanen kamen und wollten sie daran hindern. Sie durchschwammen die Eder und griffen die römischen Soldaten an.

Aber Germanicus war bestens ausgerüstet. Er hatte schon eine Maschine, ein Geschütz, mit dem Pfeile abgeschossen werden konnten. Es war für die Soldaten ein Leichtes, die jungen Germanen mit den

Pfeilen zu vertreiben. Die Chatten baten um Frieden, aber Germanicus lehnte ab, er hatte mit Frieden nichts im Sinn.

Die Brücke sollte wahrscheinlich in Frankenberg (Eder) gebaut werden. Die Straße von Mainz aus führte über Friedberg, Rödgen/Bad Nauheim, Gießen, Marburg, Frankenberg, dann weiter Richtung Norden, nach Aliso. In Frankenberg wechselt die Eisenbahnlinie heute noch von der östlichen auf die westliche Seite.

Da der Brückenbau einige Zeit in Anspruch nahm, befahl Germanicus, in der Zwischenzeit die Hauptstadt der Chatten mit Namen Mattium zu plündern und anzuzünden.

Und wir fragen uns, wo die Hauptstadt der Chatten gewesen sein könnte?

Zur Auswahl stehen:
1. Die Altenburg bei Niedenstein, sie kommt wahrscheinlich nicht mehr in Frage.
2. Die Hauptstadt[80] der Chatten lag im nördlichen Chattenland. Die Mader Heide bei Gudensberg könnte als Hauptstadt in Frage kommen. Sie war ein chattischer Kultplatz und bis ins 17. Jh. einer der wichtigsten politischen und kulturellen Orte in Hessen. In chattischer und fränkischer Zeit war sie Gerichts- und Versammlungsort. In Maden steht der Wotanstein, ein beeindruckendes Megalithdenkmal.

Die Zangenbewegung war abgeschlossen, als Germanicus und Caecina mit ihren Heeren an der oberen Lippe zusammentrafen. Dieses Treffen müsste in Aliso (Schloß Neuhaus) gewesen sein. Mit dieser Umrundung hatte Germanicus die Chatten besiegt und ihr Gebiet wieder in das römische Reich eingegliedert. Germanicus änderte die Richtung seines Heerzuges, er wendete den Heerzug zum Rhein.

Als die Römer abzogen, trauten sich die Chatten nicht, die Römer im Rücken anzugreifen. Die benachbarten Cherusker, die im Nordosten wohnten, wollten den Chatten helfen, aber der römische Feldherr Caecina schüchterte sie ein, indem er ihnen die römischen Waffen zeigte. Er zeigte sie nur, er trug sie einfach hin und her, um eine Menge vorzutäuschen. Caecina machte das sehr geschickt.

Daraufhin trauten sich die Cherusker auch nicht, sich den Römern in den Weg zu stellen; die im Nordwesten benachbarten Marser an der Lippe wollten ihnen auch helfen und griffen zu den Waffen. Aber die Römer kämpften sie nieder, die Germanen waren einfach nicht in der Lage, die Römer aufzuhalten.

Familienstreit
Das große Heer mit Germanicus befand sich nun schon auf dem Weg zum Rhein, als es plötzlich Unruhe am Ende des Heerzuges gab. Was war da los? Segimundus, der Sohn des Segest war gekommen mit einer Abordnung Germanen. Germanicus kannte ihn, denn Segimundus war eigentlich Priester am Altar der Ubier in Köln.

Was wollte denn Segimundus? Er überbrachte den Hilferuf seines Vaters. Segimundus druckste herum. Er hatte eigentlich ein schlechtes Gewissen, denn er hatte im Jahr 9 n. Chr., in dem Jahr der Varusniederlage, den Ubier-Altar verlassen. Er hatte seine Priesterbinde, eine Kopfbinde, zerrissen und war zu den Rebellen, zu Arminius, übergelaufen. Segimundus bat im Namen seines Vaters Segest um

Hilfe, der Hof seines Vaters wurde von Arminius belagert. Es gab einen Familienzwist.

Denn Aminius hatte inzwischen Thusnelda, die Tochter seines Widersachers Segest zur Frau genommen. Segest war mit seinem Schwiegersohn jedoch nicht einverstanden, er hatte bereits für seine Tochter einen anderen, seiner Meinung nach geeigneteren Mann ausgesucht. Mit diesem Mann war seine Tochter jedoch nicht einverstanden und opponierte gegen ihren Vater.

Thusnelda war schwanger geworden, sie erwartete ein Kind von Arminius. Daraufhin hatte Segest seine Tochter zurückgeholt an seinen Hof, doch Arminius wollte seine Frau zurück, Segest aber die Tochter nicht herausgeben.
Arminius belagerte nun mit seiner kleinen Streitmacht den Hof des Segest. Seine Truppe bestand aus seiner römischen Hilfstruppe, aus Soldaten der verschiedenen germanischen Völkerstämme.

Er griff Segest nicht an. Er wollte nur seine Frau zurück. Aber Segest war stur. Er hatte seine Tochter mit Gewalt in ihr Elternhaus zurück gebracht und gab sie nicht wieder heraus. Segest wurde ungeduldig. Er hatte sich nicht anders zu helfen gewusst, als seinen Sohn Segimundus zusammen mit Gesandten zu Germanicus zu schicken. Er sollte bei den Römern Hilfe holen. Germanicus war wie immer hilfsbereit.

Germanicus hörte Segimundus wohlwollend an. Leute, die um Hilfe baten, hatten immer mit Milde der Römer zu rechnen. Segimundus selbst hatte nichts zu befürchten. Er schickte Segimundus mit seinen Gesandten und einer Eskorte nach Köln.

Raubzug zu Segest

Hei! Dieser Hilferuf war Spitze, das war toll, wunderbar. Das war eine Supersache für Germanicus. Das ließ sich Germanicus nicht zweimal sagen, er ließ sich nicht lange bitten. Germanicus drehte mit dem gesamten Heer um, Segest zu helfen. Das war eine einfache, leichte Aufgabe. Das machte Germanicus doch nebenbei. Er hatte Arminius nicht gesucht! Er hatte diesen kleinen Umweg, diese Befreiung weder geplant noch einkalkuliert, das war Zufall. Doch was für ein Zufall! Sein Heer war schnell, nein, es war noch schneller. Die Aussicht auf reiche Beute beflügelte ihren Schritt. Der Hof lag nicht weit entfernt von der Hauptlinie der Römer. Sie erreichten nach kurzer Zeit den Hof des Segest.

Besuch bei Segest

Segest, ein großer kräftiger Mann, hieß die Soldaten willkommen. Er erschrak nicht ob der vielen Soldaten.

Er war froh, dass sie sofort gekommen waren. Segest entschuldigte sich bei Germanicus für den Fehler seines Sohnes Segimundus, der im Jahr 9 n. Chr. den Ubier-Altar verlassen hatte. Er gab auch zu, dass er seine Tochter Thusnelda mit Gewalt hergebracht hatte, und das, obwohl sie von Arminius schwanger war.

Der Hof des Segest könnte in Segest-Petze[81, 82] gelegen haben. Der Ort Segest-Petze bei Hildesheim, ein kleiner Ort in Niedersachsen kommt hier in Frage. Der Verräter, die Petze(!) Segest wohnte in Segest-Petze. Die Römer hatten sich für den Verrat des Segest erkenntlich gezeigt und eine Straße zu seinem Anwesen gebaut. Bis 1991 fuhr eine Museums-Eisenbahn über diese Zufahrt[83].

Die Entfernung von Aliso nach Segest-Petze beträgt ca. 100 km Luftlinie. Die Römer brauchten für diese Entfernung nur drei, höchstens vier Tage.

Die Cherusker waren immer noch unter sich zerstritten. Schon vor Jahren hatten sich zwei Parteien gebildet. Die eine Partei unter dem Fürsten Segest war römerfreundlich und sah in den Vorstellungen und vor allem in den Plänen und Bauwerken der Römer Vorteile, auch für sich selbst und die Germanen, die andere Partei unter dem Fürsten Arminius lehnte die römischen Bauwerke ab, sie wollte die Veränderungen nicht unterstützen. Diese Cherusker wollten ihre Heimat nicht aufgeben, nur damit die Römer ihren Nachschub und damit die Eroberung besser organisieren konnten. Denn die Römer waren rigoros. Sie setzten ihre Vorstellungen mit allen Mitteln durch.

Lassen wir Tacitus sprechen: Annalen I,57,3-5 *(1)*
„Germanicus war es wert, mit dem Heer umzukehren; es wurde gegen die Belagerer gekämpft und Segest mit einer großen Schar Verwandter und Gefolge befreit.

Dabei waren vornehme Frauen, unter ihnen die Frau des Arminius und zugleich Tochter des Segest; mehr von der des Gatten als des Vaters Art, blickte sie ohne Tränen oder Bitten mit unter dem Kleid verschränkten Händen auf den schwangeren Leib.

Ebenso brachte man als Beute verteilte Rüstungen von der Niederlage des Varus, meist von denen, die damals (bei der Niederlage des Varus) kapitulierten; auch Segest selbst kam, gewaltig anzuschauen, und im Bewusstsein guter Bundesgenossenschaft unerschrocken."

Doch Arminius hatte die Siegesserie der Römer durchbrochen. Im Jahre 9 n. Chr. hatten Arminius und seine Helfer die neuen römischen Bauwerke, die Stauwehre und Staustufen benutzt, um die Römer zu vernichten. Sie hatten in Osnabrück das Hasetor geschlossen und so eine Überschwemmung im Römerlager in Osnabrück-Fledder ausgelöst. Die Massenpanik, die entstanden war, war fürchterlich gewesen. Zu allem Überfluss hatte Varus die Soldaten zum Tribunal gerufen. Die Menschen, die aus dem Lager fliehen wollten, drehten um und wollten zum Tribunal. Dieses Durcheinander in dem engen Raum war für die drei römischen Legionen tödlich gewesen.

Für diese Tat genoss Arminius bei den Cheruskern höchstes Ansehen. Er war derjenige, der die Römer in die Schranken verwiesen hatte, denn die Römer siegten sonst immer. Das Römische Heer verlor hin und wieder einmal eine Schlacht, doch die Soldaten waren gehalten, jede Niederlage durch einen neuen, anderen Sieg in einen Erfolg umzuwandeln. Es war wichtig für die Römer, dass nach jeder verlorenen Schlacht am Ende immer ein Sieg der Römer stand.

Varus und seine Zenturionen und Advokaten hatten sich zwar noch per Pferd absetzen und retten können. Aber sie wurden von Arminius und seinen Hilfstruppen verfolgt und überwältigt. Sie zwangen Varus sich selbst zu töten.

Segest, der andere Germanenfürst, hatte damals Arminius und seine Helfer verraten, er hatte sie wiederholt und auch beim letzten Gastmahl mit Varus angezeigt, nur Varus hatte ihm nicht geglaubt. So nahm das Schicksal seinen Lauf.

Inzwischen waren sechs Jahre vergangen. Die beiden Parteien gab es immer noch. Arminius war bei den Cheruskern angesehener als Segest. Die Zeiten waren unruhig. Arminius galt als kühn und zuverlässig, denn er befürworte immer noch den Widerstand gegen die Römer und rief zu offenem Kampf auf.

Als Germanicus nun mit seinem Heer ankam, wurden die Belagerer mit Arminius kurz bekämpft. Die Römer trafen nur auf wenig Widerstand. Arminius hatte sich mit seiner germanischen Hilfstruppe, mit seiner kleinen Streitmacht vorsichtshalber gleich zurückgezogen. Er hatte sowieso gegen das große Heer keine Chance.

Das Gespräch kam auf das Geschehen im Jahr 9 n. Chr. und die Massenpanik. Segest wies darauf hin, dass er Varus über den Verrat des Arminius informiert hatte; denn Segest hatte beim letzten Gastmahl vor dem Unglück dem Varus mitgeteilt, das Arminius etwas im Schilde führe.

Es war auch nicht das erste Mal, dass er Varus von dem geplanten Anschlag erzählt hatte. Er hatte Varus gebeten, ja ihn sogar gedrängt, ihn und Arminius festzunehmen, dann würde nichts passieren, weil die anderen Germanen ohne ihre Fürsten nichts unternehmen würden.

Varus hätte dann Zeit gehabt die Lage zu beurteilen und um Gute und Böse unterscheiden zu können. Nur Varus hatte ihm leider nicht geglaubt und keinerlei Interesse gezeigt. Varus' Vertrauen in den Frieden war so groß, dass er nicht beunruhigt wurde.

Varus richtete sich immer nach den römischen Gesetzen. Er hatte keine Möglichkeit gesehen, Arminius vor der Straftat festzunehmen. Das sahen die römischen Gesetze sowieso nicht vor. So nahm das Schicksal seinen Lauf.

Segest hatte sich mit den Römern arrangiert. Er war immer bestrebt, die Römer und ihre Vorstellungen zu unterstützen. Er wusste sich im Recht, er war gegen jeden Krieg, denn für Segest war der Frieden das Allerwichtigste, viel wichtiger als jede Auseinandersetzung. Segest war auch mit den römischen Bauten einverstanden. Er war der Ansicht, dass Römer und Germanen gleichermaßen von den neuen Bauwerken profitieren könnten.

Er hatte wie die Römer die Menschen in Freunde und Feinde, in treue und treulose Menschen eingeteilt. Waren sie den Römern nützlich und hilfreich oder waren sie das nicht?

Segest beklagte jetzt das Unglück. Die nachfolgenden Ereignisse seien fürchterlich gewesen und könnten mehr beweint als verteidigt werden.

Zeuge sei nur jene Nacht gewesen, die Nacht, in der das Unheil stattgefunden hatte. Segest klagte, ach, wenn die besagte Nacht, die Nacht des Anschlags doch für ihn die letzte Nacht gewesen wäre... . Die Massenpanik sei entsetzlich gewesen und hatte bei völliger Dunkelheit stattgefunden.

Lassen wir Tacitus sprechen: Annalen I,58,2b *(1)*
„Da ich (Segest) durch das Desinteresse des Feldherrn hingehalten (wurde), habe ich, weil das Recht zu wenig Handhabe bot, gefordert, dass Varus mich, Arminius und die Mitwisser festnehme: Zeugin sei **jene Nacht**, wenn sie doch für mich die letzte gewesen wäre!"

Nach dem Anschlag hatte Segest Arminius in Ketten legen lassen und war umgehend selbst durch Arminius in Ketten gelegt worden. Aber es war zu spät. Diese Bestrafungen änderte an dem Unglück nichts mehr.

Und nun war Segest heilfroh, dass Germanicus gekommen war, um ihn und seine zahlreiche Verwandtschaft zu befreien. Germanicus ließ Milde walten.

Germanicus und sein Heer befreiten die Eingeschlossenen und nahmen sie nun ihrerseits gefangen und schickten sie, genauso wie Segimundus, zum Rhein. Darunter waren außer der großen Familie des Segest noch andere vornehme Persönlichkeiten, die zum Adel der Germanen gehörten. Germanicus versprach dem Segest einen

Wohnsitz für ihn selbst, für seine Familie, seine Verwandtschaft und sein Gefolge auf dem besiegten linksrheinischen Ufer. Ihm und seiner Familie sollte nichts geschehen.

Vor dem Abzug plünderten die Soldaten das Gut des Segest. Sie machten reichlich Beute. Es kamen Helme und Brustpanzer, Rüstungen, Waffen und vieles mehr zum Vorschein, alles Ausrüstungsteile, die die Römer während der Varusniederlage verloren hatten und die von Germanen mitgenommen worden waren. Auch Segest hatte seinen Anteil an den Beutestücke erhalten. Die römischen Soldaten nahmen alles mit, auch sämtliche Vorräte. Das hatte sich gelohnt. Dort war weit mehr zu holen als bei den einfachen Bauern.

Germanicus führte das Heer zurück zum Rhein und nahm vom Stifter Tiberius die Bezeichnung Herrscher (Imperator) an (T. Ann. 1,58,5b). Dieser Titel beinhaltete das Recht der Ausgabe von Münzen mit Augur-Stab[84].

Germanicus dachte an seinen Vater Drusus. Der hatte im Jahr 11 v. Chr. die beiden Söhne Arminius und Flavus des Cheruskerfürsten Segimer mitgenommen, erst nach Xanten und später nach Rom geschickt. Germanicus nutzte nun die Gunst der Stunde, die Frau des Arminius ebenfalls nach Xanten und später nach Rom zu bringen. Das war für ihn selbstverständlich. Er wusste, sein Vater hätte genauso gehandelt.

Aber diese Befreiung und gleichzeitige Gefangenname hatte etwas verändert. Germanicus befürchtete Racheakte seitens der Germanen, speziell von Arminius. Durch das Hilfeersuchen des Segest an Germanicus wurde aus der Familienzankerei ein öffentlicher Streit. Das wusste auch Germanicus. Er hatte ab sofort einen persönlichen Gegner mit weitreichenden Folgen. Aber das interessierte ihn jetzt nicht. Für ihn gab es jetzt wichtigere Dinge.

Aus dem Familienkonflikt wird nun ein weltpolitischer Konflikt.

Die Kunde vom Überlaufen des Segest verbreitet sich wie ein Lauffeuer. Sie wurde von den einen mit Kummer, von den anderen mit Hoffnung aufgenommen.

Das Heer kehrte um und marschierte zurück zum Rhein.

Arminius' Reaktion

Arminius war entsetzt. Er war bestürzt über das, was geschehen war. Seine Frau war geraubt, das ungeborene Kind war geraubt, er befürchtete Sklaverei für seine kleine Familie.

Er beschuldigte mit Schmähungen Segest als herzlosen Vater, Germanicus als rücksichtslosen großen Imperator, er beschuldigte das große starke Heer, so viele Hände waren nötig, um eine einzige kleine Frau wegzuschaffen.

Er selbst würde nie so handeln. Er führe nur offenen Krieg gegen Bewaffnete, ohne Verrat, und schon gar nicht gegen schwangere Frauen. Er hatte drei römische Legionen besiegt. Die römischen Feldzeichen hingen immer noch in den Heiligen Hainen. Er hatte sie dort für die germanischen Götter aufgehängt. Sie hingen immer noch dort und jeder könne sie sehen.

Arminius musste jetzt reagieren. Er brauchte Verstärkung, unbedingt. Arminius war ein Cheruskerfürst. Er brauchte jetzt unbedingt und sofort ein Heer, ein großes, starkes Heer. Er wollte Hilfe holen bei Marbod, dem Markomannen-König, der hatte eine große Streitmacht. Aber der lehnte ab. Er wollte sich auch jetzt noch aus allem heraushalten. Arminius brauchte aber Verbündete. Seine Landsleute, die Cherusker sollten ihm helfen.

Er forderte seine Landsleute auf, ihm zu folgen.

Lassen wir Tacitus sprechen: Annalen I,59,6 *(1)*
„Wenn sie ihr Vaterland und die alten Verhältnisse lieber wollten als Fremdherrscher und neue Römerstädte, dann sollten sie lieber Arminius zu Ruhm und Freiheit folgen als Segest zu schmachvoller Knechtschaft."

Wieso neue Römerstädte?
Sollten die Germanen umgesiedelt werden?

Brauchte Varus die vielen Advokaten für die Umsiedlungen? Waren dafür die Verträge?
„Si patriam parentes antiqua mallent quam dominos et colonias novas, Arminium potius gloriae ac libertatis quam Segestem flagitiosae servitutis ducem sequerentur." (Tac. 1,59,6)

Germanicus dagegen hoffte, dass die Cherusker weiterhin in zwei Gruppen aufgespalten blieben, in einen romfreundlichen und einen romfeindlichen Teil. Er fürchtete diese Verstärkung und sah eine Riesenwelle auf sich zukommen. Er wollte lieber, dass die Cherusker geschwächt wären, wenn es zum Kampf kommen sollte.

Arminius aber flog durch die Cheruskergaue. Er forderte Waffen gegen Segest und Waffen gegen Germanicus. Jetzt wollte er ein Heer zusammenstellen, ein großes, schlagfertiges Heer. Aber alle lehnten ab.

Nur sein Onkel Inguiomerus lief mit seiner Truppe zu Arminius über. Inguiomerus war seit langem bei den Römern in hohem Ansehen. Für Arminius war er ein ganz wichtiger Partner. Er schloss sich Arminius an und verstärkte dessen Truppe.

Lassen wir Tacitus sprechen: Annalen I,60,1 *(1)*
„Aufgereizt wurden durch solches nicht nur Cherusker, sondern auch benachbarte Stämme und zur Partei wurde des Arminius' Onkel Inguiomerus gezogen, der bei den Römern in altem Ansehen stand: daher wurde des Caesars Besorgnis größer."

Arminius schimpfte, Segest könne seinetwegen auf dem von Römern besiegten linksrheinischen Ufer wohnen, sein Sohn könne auch Priester in Köln sein, für die anderen Germanen komme jedoch nicht infrage, zwischen Elbe und Rhein die römischen Ruten, die Beile und die Toga zu sehen.

Denn im römischen Reich gab es horrende Tributzahlungen, auch Todesstrafen und andere drakonische Strafen. Die Völker, die mit den Römern nichts zu tun hätten, wüssten nichts davon, sie hätten davon keinerlei Kenntnis.

Aber Arminius beruhigte auch die Bevölkerung. Sie sollten keine Angst haben, sie hätten sich von der Besatzungsmacht befreit. Augustus sei tot und Tiberius sei in Rom weit weg. Germanicus sei nur ein unerfahrener Jüngling, der es mit einem aufrührerischen Heer zu tun hätte. Er selbst hatte sie alle verjagt.

Raubzug zu den Brukterern
Für Germanicus war der Familienzwist zwischen Segest und Arminius nebensächlich. Germanicus hatte Wichtigeres vor. Wichtig war jetzt für ihn der große Feldzug zum Schlachtfeld des Varus. Germanicus befürchtete zwar Angriffe seitens der Germanen, speziell von Arminius, aber er kannte sich aus, er wusste, wie er darauf zu reagieren hatte. Er würde die Feinde zersplittern. Um die Angriffsfläche möglichst klein zu halten, musste er das römische Heer aufteilen.

Germanicus teilte das Heer in drei Teile auf. In einer Zangenbewegung wollte er die abgefallenen germanischen Stämme zwischen Lippe und Nordsee erneut unterwerfen.

Zuerst wurde der Treffpunkt bestimmt. Der Treffpunkt war dort, wo der Weg durch das Münsterland die Ems überquert. Dieser Weg war in den Jahren 2 v. Chr.-4 n. Chr. von den Legaten L. Ahenobarbus und M. Vinicius angelegt worden. Der Treffpunkt/Schnittpunkt lag an der Bahnlinie Haltern - Osnabrück, etwas nordöstlich von Münster, bei Vadrup. Funde aus römischer Zeit von dort gibt es bereits.

Der Legat Caecina sollte mit den 4 Legionen des untergermanischen Heeres an der Lippe entlang über Haltern zum vereinbarten Treffpunkt an der Ems marschieren; Germanicus selbst nahm sich aus der Gefahrenzone heraus, er wollte sowieso den neuen Drususkanal ausprobieren. Er wollte per Schiff den Treffpunkt erreichen, dazu sollten ihn die Reiter unter dem Präfekt Pedo in Friesland an der Emsmündung erwarten.

Emsbrücken

Germanicus fuhr also mit vier Legionen Soldaten des obergermanischen Heeres (Mainz) auf Schiffe verteilt durch den Drususkanal, dann über die Ijssel, über das Ijsselmeer, die Unsingis und die Nordsee in die Ems hinein. An der Emsmündung warteten schon die Reiter, die die Boote die Ems hinaufziehen sollten.

Die Chauken, die an der Nordsee und in der norddeutschen Tiefebene wohnten, waren Verbündete der Römer. Sie wollten Hilfstruppen stellen und wurden in den Heeresverband aufgenommen.

Die Anreise war gut geplant, die Fußsoldaten, die Reiter und die Boote kamen zur gleichen Zeit an dem vorbestimmten Treffpunkt an. Auch diese Zangenbewegung wurde erfolgreich abgeschlossen. Alle Germanenstämme westlich der Ems waren wieder römisch geworden.

Im östlichen Münsterland wohnten die Brukterer. Ihr Gebiet reichte bis zum Teutoburger Wald. Der Teutoburger Wald bildete die Grenze zwischen dem Brukterergebiet und dem Cheruskergebiet. Die Brukterer waren gewarnt, sie hatten schon von den Überfällen auf die Marser und Chatten gehört und auch von der Gefangenname des Segest. Sie hatten vorsichtshalber schon ihr Hab und Gut verbrannt, um es nicht in die Hände der Römer fallen zu lassen und waren geflohen.

Trotzdem raubten, plünderten und brandschatzten die römischen Soldaten alles, was sie in die Finger bekamen und was die Brukterer zurückgelassen hatten. Die Soldaten verwüsteten das Land mit Feuer und Schwert. Alles was sich ihnen in den Weg stellte, wurde niedergemacht. Stertinius ging mit seiner leichtbewaffneten Einheit immer voraus.

Vom Treffpunkt Vadrup aus verteilten sich die Soldaten zunächst entlang der Bever, dann über Glandorf bis zum Teutoburger Wald. Bei dieser Aktion fanden die Soldaten den Adler der 19. Legion, die unter Varus gedient hatte und die im Jahr 9 n. Chr. umgekommen war.

Der Adler war seit Gajus Marius (156-86) das Feldzeichen der römischen Legionen. Marius war römischer Konsul und Feldherr; er schuf ein Berufsheer, er schlug die Teutonen und Kimbern 102 v. Chr. bei Aix in Provence und 101 v. Chr. bei Vercelli.

Das Adlerzepter war ursprünglich das Attribut Jupiters, danach Attribut der triumphierenden Kaiser. Im römischen Kaiserkult wurde (zuerst in der Vergöttlichung des Augustus) die Auffahrt des verstorbenen Kaisers durch das Auffliegen eines Adlers symbolisiert.

Die Soldaten durchkämmten das Gebiet nordöstlich der Ems und kamen bis an die äußerste Grenze des Brukterergebietes, bis dahin, wo das flache Münsterland in das Gebirge, in den Teutoburger Wald übergeht.

Die Römer ermordeten alle, derer sie habhaft werden konnten. Sie wollten die Germanen bestrafen, sie sollten für das büßen, was sie Varus und den drei Legionen angetan hatten; und sie mussten ihre eigene Angst unterdrücken. Sie wussten nicht, was sie auf dem Schlachtfeld erwartete.

Als sie genug gewütet hatten, waren sie bereit für das Schreckliche, jetzt wollten sie endlich das Schlachtfeld sehen.

Lassen wir Tacitus sprechen: Annalen I,60,3b *(1)*

„Von dort (vom Treffpunkt aus) wurde das Heer zu den entferntesten Brukterern geführt und was zwischen den Flüssen
Ems [Amisia] und Hase [Lepia]
lag, verheert, keineswegs weit von dem Teutoburger Wald, auf dem die Überreste des Varus und der Legionen unbestattet liegen sollten."

In den Übersetzungen der Tacitus Annalen I,60,3b heißt es, dass das Heer des Germanicus 15 n. Chr. das Land zwischen den Flüssen

Ems [Amisia] und Lippe [Lupia] verwüstet hat. In den Übersetzungen taucht immer nur der Name "Lupia" = Lippe auf.
Aber man muss zwischen den beiden Flüssen Lippe [Lupia] und Hase [Lepia] unterscheiden. Der Unterschied besteht nur in einem Buchstaben. Was ist richtig?

Die Übersetzung: „Zwischen Ems und Lippe ..." kann nicht stimmen, sie ist sicherlich falsch. Es muss vielmehr heißen: „Zwischen Ems und Hase ..."

Der Fehler liegt sicher daran, dass wir von den „Annalen" nur eine Abschrift haben, kein Original. Dieser Übertragungsfehler wurde schon vor langer Zeit gemacht.

Der große Feldzug zum Schlachtfeld des Varus.

Germanicus bestimmte, dass Caecina mit einer Abordnung Soldaten (Pionieren) den weiteren Weg begutachten und Hindernisse aus dem Weg räumen sollte. Caecinas Soldaten gingen voraus, sie bildeten die Vorhut, die den Weg bereitete. Als Caecina meldete, der Weg sei frei und gangbar, sammelten sie sich auf dem Kammweg des Teutoburger Waldes. Ihr Weg führte sie nun zum Schlachtfeld des Varus, Richtung Norden, nach Osnabrück-Fledder. Sie marschierten von Bad Iburg aus über die ‚Alte Heerstraße' zum Unglücksort.

Lassen wir Tacitus sprechen: Annalen I,61,1a *(1)*

„Daher ergriff den Caesar das Verlangen, Soldaten und Feldherrn die letzte Ehre zu erweisen; zum Jammern zu Mute war dem ganzen Heer, das anwesend war, wegen der Verwandten, Freunde, ferner der Zufälle im Kriege und des Schicksals der Menschen."

Das Schlachtfeld

Die Soldaten hatten immer noch Angst. Was würden sie auf dem Varus-Schlachtfeld sehen? Als sie das Lager erreichten, bot sich ihnen ein fürchterlicher Anblick. Man sah an dem weiten Umfang der Palisaden und dem großen Umfang der Kommandantur und an dem großen Mittelplatz, dass drei Legionen daran gearbeitet hatten, man sah den umlaufenden Graben, der nicht mehr tief sondern nur noch flach war; und man sah die Palisaden, die an einer Seite eingestürzt waren. Viel schlimmer waren die bleichen Knochen anzusehen. Man konnte erkennen, was passiert war.

**Es gab keinen Zweifel,
die Legionen waren in ihrem Lager umgekommen.**

Lassen wir Tacitus sprechen: Annalen I,61,2a *(1,2)*

„Das erste Lager des Varus offenbarte durch den großen Umfang und die Abmessungen der Kommandantur die Arbeit dreier Legionen; weiterhin erkannten sie an der halbumgefallenen Palisade und dem flachen Graben, dass die schon stark geschwächten und verwundeten Überlebenden sich zusammengekauert hatten."

"Prima vari castra lato ambitu et dimensis principiis trium legionum manus ostentabant; dein semiruto vallo humili fossa acciasae iam reliquiae consedisse intellegebantur" (Tac. 1,61,2a).

Dass Wasser in das Lager eingedrungen war, wissen wir auch von Tacitus. Er schreibt von einem flachen Graben, der nur durch Wasser zugeschwemmt worden sein konnte.

Tacitus schreibt auch, dass man erkennen konnte, ob die Soldaten geflohen waren oder Widerstand geleitstet hatten. Denn inmitten des Schlachtfeldes lagen bleichende Knochen zu Haufen gestapelt oder auch einzeln, je nachdem, ob sie geflohen waren oder Widerstand geleistet hatten. Das lässt auf den Trompeter schließen, der die Fliehenden zum Tribunal zurückgerufen hatte.

Lassen wir Tacitus sprechen: Annalen I,61,3a,b *(1)*
„Dabei lagen Bruchstücke von Wurfwaffen und Glieder von Pferden zusammen mit an Baumstämmen befestigten Schädeln.

In den benachbarten Hainen standen die Altäre der Germanen, an welchen sie die Tribunen und Centurionen Erster Ordnung geopfert hatten."

Im Osten der Stadt Osnabrück, in Osnabrück-Fledder, hat es bereits zu früheren Zeiten viele Funde gegeben.

Schon Prof. Theodor Mommsen *30.11.1817 - † 1.11.1903 vermutete die Varusschlacht aufgrund der vielen Funde im Osten von Osnabrück.

Auch Justus Möser *14.12.1720 - † 08.01.1774, er war Stadtschreiber und Archäologe in Osnabrück, vermutete die Varusschlacht aufgrund der vielen Funde ebenfalls im Osten von Osnabrück, in Osnabrück-Düstrup.

Das Bahngelände wurde Ende des 19. Jahrhunderts, ca. 1875 bebaut. Nach dem 2. Weltkrieg, in den Jahren um ca. 1965, wurden weitere Gebiete in Osnabrück-Fledder bebaut. Fledder wurde ein Industriegebiet.

Bestattung der Toten
Germanicus beschloss, den Toten die letzte Ehre zu erweisen und sie zu bestatten. Dafür sammelten die Soldaten die Knochen ein und schichteten sie auf einem Scheiterhaufen am Knochenort in Hasbergen auf. Hasbergen[85] ist eine Gemeinde westlich von Osnabrück.

Es war bei den Römern üblich, die Leichen zu verbrennen. Während dieser Arbeit schlug ihre Stimmung um von Trauer in Zorn auf die Germanen, die dieses Unglück verursacht hatten. Dieses Massaker war unvorstellbar. Nie vorher hatte es etwas Vergleichbares gegeben. Eine unheilvolle Massenpanik war bei Dunkelheit ausgebrochen, als

die Soldaten schliefen, und das eigentlich nur wegen eines Wassereinbruchs durch die Palisaden. Dabei stand das Wasser gar nicht hoch.

Nur Varus hatte sich falsch und fahrlässig verhalten. Er hatte die Massenpanik noch verstärkt, indem er die fliehenden Menschen zum Tribunal und damit zurück rief.

Aber es wäre für Varus sowieso unmöglich gewesen, diese Massenpanik zu verhindern, oder gar sie zu ersticken. Varus hatte das große Lager zu nahe an der Hase errichtet. Warum konnte so etwas geschehen?

Arminius war schuld. Varus hatte nicht mit einem Anschlag gerechnet, denn die Germanen waren friedlich gewesen und hatten seine vorbereiteten Verträge mit den Umsiedlungen akzeptiert.

Varus war schuld. Er war sich zu sicher gewesen. Er hatte Segest nicht geglaubt. Er hatte nicht damit gerechnet, dass die Germanen irgendetwas gegen die Römer unternehmen würden. Als die Römer das Lager aufbauten, war das Wasser ja gar nicht vorhanden gewesen.

Die Menschen, die dieses Massaker überlebt hatten, wussten selbst nicht, wie sie es geschafft hatten, aus dem Hexenkessel herauszukommen. Als sie das Lager errichteten, war der Boden doch trocken gewesen.

Lassen wir Sueton sprechen: 4 Caligula 3,2 *(1)*
„Als die alten und zerstreuten Überreste der Gefallenen von der Niederlage des Varus in einem einzigen Grabhügel beerdigt werden sollten, unternahm er (Germanicus) es als erster, (die Knochen) mit seiner Hand aufzusammeln und zusammenzutragen."

Lassen wir Tacitus I,62,1 sprechen: *(1)*
„Sodann bedeckte das römische Heer, das anwesend war (8 Legionen) im sechsten Jahr nach der Niederlage die Gebeine dreier Legionen mit Erde, wobei keiner wusste, ob fremde Gebeine oder von den Seinigen; alle befiel wie bei Befreundeten, wie bei Verwandten wachsender Zorn gegen den Feind, zugleich traurig und feindselig.

Die erste Rasensode für den zu errichtenden Ehrenhügel legte der Caesar, aus höchster Verpflichtung gegen die Toten und als Mitfühlender im Schmerz der Lebenden."

Es gefiel dem Kaiser Tiberius gar nicht, dass Germanicus eigenmächtig das Schlachtfeld aufgesucht hatte, ganz besonders nicht, dass er sich am Aufsuchen der Knochen und Leichenteile beteiligt hatte. Das ziemte sich nicht für einen Herrscher und schon gar nicht für einen Priester [Augurn].

Spurensuche

Aufteilung des Heeres

Nach der Trauerfeier teilte Germanicus das Heer erneut auf. Zuerst wurde wie immer der Treffpunkt bestimmt. Sie wollten sich am nördlichsten Punkt des Wiehengebirges treffen, in Kalkriese.

Caecina und seine Legionen sollten den Weg der Fußsoldaten Richtung Norden verfolgen in das Osnabrücker Bergland hinein.

Germanicus wollte den Weg der Reiter in das Meller Bergland hinein verfolgen. Varus und seine Zenturionen und Advokaten hatten sich damals noch per Pferd retten können. An dem zerstörten Palisadenwall konnten sie nun erkennen, an welcher Stelle der Ausbruch der Reiter gelang.

Die Reiter hatten den Weg nach Osten, nach Melle eingeschlagen, sie hatten sich zunächst in den Meller Bergen verschanzt und waren dann nach Norden in das Waldgebiet „Auf dem Fledder" geflüchtet. Arminius und die germanischen Reiter hatten damals die flüchtenden Römer verfolgt.

Germanicus verfolgte nun ebenfalls den Weg der Reitersoldaten nach Osten, Richtung Melle, an der heutigen Bahnlinie entlang.

Er kam zu den Römerschanzen bei Melle, wo heute noch die Römerschanzen sichtbar sind und Überlebende zeigten die Stelle, an der Varus seine erste Wunde erhalten hatte (Tac. I.61,4).

Sie zogen weiter nach Norden in das Wiehengebirge hinein. Es ging über den Moseler Berg und den Holzhauser Berg. Das Gelände steigt dort sehr steil an.

Der Weg wurde immer anstrengender, bis sie dann auf der Hochebene an der Huntequelle ankamen, auf der der Entscheidungskampf stattgefunden hatte. Diese Hochebene heißt heute noch „Auf dem Fledder". Hier hatte sich Varus in auswegloser Situation in sein Schwert gestürzt. Überall lagen noch Leichen herum.

Oben am Berg befanden sich die Galgen, an denen sie die gefangenen Römer aufgehängt hatten.

Lassen wir Tacitus sprechen: Annalen I,61,4 *(1)*
„Und Überlebende dieser Niederlage, Kampf oder Fesseln entronnen, berichteten, hier seien die Legaten gefallen, dort die Adler erbeutet; wo dem Varus die erste Wunde beigebracht war, wo er sich mit seiner unseligen Rechte den Tod gab."

Die Germanen hatten ihre eigenen toten Krieger bereits geborgen und bestattet. In Grambergen am Gramberg könnte der Ort sein, an dem die Germanen ihre eigenen Toten bestattet hatten.

Die römischen Waffen und andere Ausrüstungsgegenstände hatten die Germanen unter sich aufgeteilt. Alle Stämme hatten verschiedene Beutestücke erhalten (Tac. II.45,5).

Sie fanden im Tal liegend den Opferstein, wo die Germanen die Römer getötet und ihren Göttern geopfert hatten. Hier hat man schon 1870 römische Beile, Knochenreste, Kohlestücke und Keramiken gefunden. Nicht weit entfernt befindet sich der Rote Teich, dieses Wasserloch sah jetzt harmlos aus.

Die Gruppe um Germanicus herum arbeitete sorgfältig. Die Knochen wurden auch hier zusammengetragen und verbrannt. Die Geldkisten des Varus nahmen sie einfach mit. Die wertvollen Münzen der Toten steckten sie einfach ein.

Caecinas Spurensuche
Caecina zog inzwischen mit seiner Truppe von Osnabrück-Fledder nach Norden, Richtung Kalkriese. Er sollte die Spuren der Fußsoldaten bis in das Osnabrücker Bergland hinein verfolgen, dorthin, wohin sich die überlebenden Fußsoldaten gerettet hatten. Auch hier

zeigten die Überlebenden der Varusniederlage den Weg. Sie zogen am Belmer Bach entlang und sahen den abgebrannten Holzstoß auf dem Lechtenbrink. Sie kamen zum Halterberg in Haltern.

Hier fanden sie das zweite Lager, das die Fußsoldaten für ihre weitere Übernachtung errichtet hatten. Dieses Lager war winzig im Vergleich zum ersten Lager, es war viel kleiner als das erste Lager und hatte auch nur eine einfache Umzäunung aus Holz und Laub. Man konnte gut sehen, dass die Soldaten keinerlei Werkzeuge mehr zur Verfügung hatten. Die gesamte Ausrüstung war in Fledder im Wasser versunken, sie war einfach untergegangen.

Die Überlebenden zeigten auch, wo die Schlucht, das Nettetal mit der Plattform, der Tribüne war, von der aus Arminius seine Ansprache gehalten hatte. Er hatte dort triumphierend am Berg Hohn gestanden, als er mit Stolz Feldzeichen und Adler verspottet hatte.

Er hatte den Kopf des Varus präsentiert, seine Trophäe, um die Römer mutlos zu machen, er verspottete und verhöhnte sie, als plötzlich das Wasser wiederkam. Das Wasser war aus dem Stausee der Nette in das Tal geströmt, sie waren vor dem Wasser des Nette-Stausees geflüchtet.

Sie mussten damals schnell das Tal verlassen und hatten sich am Ruller Loh versteckt. Vom Ruller Loh aus gab es nur einen Ausweg, nach Osten. Im Norden befand sich der leere sumpfige Stausee der Nette, im Westen stand das Wasser des Nette-Stausees, im Süden lagdie Schlucht, durch die sie gekommen waren. Im Osten war der rote Hügel. Auf diesem roten Hügel hatten die Germanen gestanden und wieder angegriffen.

Caecina folgte ihren Spuren; die Soldaten trugen die bleichen Knochen zusammen und errichteten weitere Scheiterhaufen. Die Stimmung unter den Soldaten war angespannt.

Kalkriese

Nach getaner Arbeit strebten Germanicus und Caecina mit ihren Soldaten dem vereinbarten Treffpunkt in Kalkriese zu. Am nördlichsten Punkt des Wiehengebirges wollten sie sich treffen. Caecina und seine Fußsoldaten sollten von Süden kommen, Germanicus und seine Reiter von Osten. Arminius hatte mit seinen Hilfstruppen an diesem Treffpunkt eine Falle, einen Hinterhalt aufgebaut. Germanicus sollte mit seinen Soldaten in den Engpass von Kalkriese reiten, den Arminius und seine Helfer durch einen Wall verengt hatten.

Arminius hielt seine eigenen Reiter im Wald bei Kalkriese versteckt. Sie hatten Wälle aufgebaut, hinter denen sie sich verschanzen konnten.

Arminius ritt Germanicus entgegen. Er zeigte sich den Römern. Als die Römer ihn erblickten, drehte er um und ritt schleunigst davon. Germanicus und seine Reiter jagten hinterher, Arminius lotste sie nach Kalkriese. Es kam zum Kampf. Arminius und seine Reiter gegen Germanicus und seine Reiter. Bei diesem Kampf verloren die Reiter um Germanicus die vielen Gold- und Silbermünzen, die sie den toten Zenturionen und Legaten an der Huntequelle abgenommen und die sie noch nicht richtig verstaut hatten. Die Römer selbst hatten ihren eigenen Landsleuten die Münzen abgenommen, als sie „Auf dem Fledder" die Knochen einsammelten, den Scheiterhaufen aufschichteten und anzündeten.

Als jedoch urplötzlich Caecina mit seinen Fußsoldaten auftauchte, erschreckten sich die Germanen. Arminius hatte Caecina noch nicht erwartet. Bevor Germanicus die Fußsoldaten zum Kampf aufstellen konnte, zog sich Arminius vom Kampf zurück. Man trennte sich unentschieden.

Lassen wir Tacitus sprechen: Annalen I,63,1a,b *(1)*
„Doch Germanicus folgte dem ins Unwegsame zurückweichenden Arminius. Bei der ersten Gelegenheit befahl er der Reiterei, vorzusprengen und dem Feind das von ihm besetzte Gelände zu entreißen. Arminius, der die Seinen angewiesen hatte, sich zu sammeln und den Wäldern zu nähern, machte plötzlich kehrt; dann gab er denen das Zeichen hervorzubrechen, die er in den Waldbergen versteckt hatte."

Lassen wir Tacitus sprechen: Annalen I,63,2a,b *(1)*
„Alsdann wurden die Reiter durch die neue Front in die Flucht geschlagen, und die zu Hilfe geschickten und durch den Zug der Flüchtenden mitgerissenen Reservekohorten vermehrten die Verwirrung. Und sie wären in einen den Siegern (Germanen) bekannten, den Ahnungslosen (Römern) gefährlichen Sumpf gedrängt worden, wenn der Caesar nicht die herangeführten Legionen aufgestellt hätte. Daher erfüllte Schrecken die Feinde (Germanen) und Vertrauen die (römischen) Soldaten; man trennte sich unentschieden."

Bei dem von Tacitus beschriebenen „gefährlichen Sumpf" handelt es sich um das Moor zwischen dem großen Moor im Norden und dem Kalkrieser Berg im Süden.

Rückweg

Die „Langen Brücken" [pontes longi]
Germanicus gab Caecina die Anweisung, über den von L. Domitius Ahenobarbus angelegten Weg zurückzugehen. Auf diesem Weg lagen die sogenannten „Langen Brücken", die über ein großes Moorgebiet führten. Die „Langen Brücken" waren ein gefährlicher Bohlenweg, einmal wegen seiner Enge und auch wegen seines tückischen Untergrundes. Germanicus wies Caecina an, diesen Weg möglichst schnell hinter sich zu lassen[86].

Rückweg des Germanicus zur Nordsee
Germanicus selbst wollte mit seinen Soldaten, mit den vier Legionen des obergermanischen Heeres zur Hase [Lepia] ziehen.

Die Boote, die sie bei Münster zurückgelassen hatten, sollten vom Treffpunkt/Schnittpunkt an der Ems nach Bramsche gebracht werden. Die Soldaten sollten auf die Boote verladen werden und den Weg über die Ems zurück fahren, den sie gekommen waren.

Die Reiter sollten an der Nordsee-Küste entlang zur Unsingis ziehen.

Rückweg des Caecina über die „Langen Brücken"
Caecina machte sich also mit seinem Heer, mit seinen 4 Legionen des untergermanischen Heeres, auf den Weg nach Haltern an der Lippe.

Diesen Rückweg hätte Varus vor 6 Jahren mit seinen Soldaten eigentlich auch nehmen sollen, Varus aber war nicht so weit gekommen, er hatte diesen Weg nicht mehr geschafft, weil die Germanen sein Heer schon vorher in Osnabrück-Fledder vernichtet hatten.

Caecina strebte zunächst dem Teutoburger Wald zu. Er musste das Gebirge überqueren und kam ins Münsterland. Das Münsterland, eine flache Ebene, war vor Urzeiten einmal eine große Meeresbucht. Die „Langen Brücken" lagen gleich hinter dem Teutoburger Wald, an der Eisenbahnlinie südlich von Kattenvenne.

Arminius kannte den Weg, den Caecina und seine Fußsoldaten nehmen sollten, er war schneller als Caecina und seine Soldaten.

Caecina beeilte sich zwar, aber als er an den „Langen Brücken" ankam, waren Arminius und sein Onkel Inguiomerus bereits vor Ort. Die beiden hatten die Wege abgekürzt, durch ihren Eilmarsch waren sie schneller unterwegs, als das römische Heer mit seinem vielen Gepäck, seinen Waffen und Rüstungen, den Zelten usw.

1. Tag
Das Gelände dort war schlammig, klebrig, morastig, von Bächen durchzogen. Auch heute noch ist dieses Gebiet das größte Moorgebiet im Münsterland. Rechts und links stiegen die Wälder leicht an. Sie kamen nachmittags an den „langen Brücken" an. Caecina ließ als erstes ein Lager erstellen und überlegte dann, wie er die gebrochenen und zerstörten Brücken und Bohlen reparieren bzw. ersetzen sollte.

Arminius und Inguiomerus hielten die Wälder ringsum schon besetzt, sie waren dem Heer zuvorgekommen. Sie waren schneller als das große Heer. Die Germanen begannen sofort damit, die Römer zu umzingeln und anzugreifen. Sie durchbrachen die römischen Posten und griffen nicht nur die Soldaten, sondern auch die Arbeiter an. Die Römer mussten sich gleich verteidigen. Sie nahmen sofort den Kampf auf.

Für die Römer war das Gelände sehr nachteilig. Der Boden war glitschig und morastig. Sie standen auf dem nassen Bohlenweg mit den Füßen im Wasser und mussten sich eigentlich verteidigen, indem sie ihre Lanzen und Wurfspieße benutzten. Aber weil sie ihre Rüstung angelegt hatten, die ihr Körpergewicht noch verstärkte, konnten sie aus dem Wasser heraus ihre Lanzen weder schwingen noch schleudern. Die Arbeiter standen dazwischen und waren im Weg. Es war ein heilloses Durcheinander. Der Kampfeslärm war groß und mischte sich mit dem Lärm der Arbeiter. Doch Caecina war unerschrocken. Er war es gewohnt, mit Widrigkeiten fertig zu werden.

Abends und auch in der Nacht waren die Germanen fröhlich und guter Dinge. Sie gönnten sich keine Ruhe. Sie leiteten die Bäche aus der Umgebung um in das Tal, das Wasser sammelte sich am Bohlenweg, überschwemmte den Weg und die Erde stürzte ein, so dass die Römer ihre Arbeit am nächsten Tag wiederholen mussten. Caecina war im 40 Dienstjahr als Untergebener oder Vorgesetzter, er kannte Glück und Unglück gleichermaßen, ihn konnte nichts erschüttern.

In der Nacht überlegte sich Caecina, wie er weiter vorgehen sollte. Der vergangene Tag hatte viele Verwundete gebracht, die versorgt werden mussten.

Er beschloss, die Germanen in den Wäldern solange zurückzuhalten und mit Kämpfen zu beschäftigen, bis die Verwundeten und der

Tross mit dem Gepäck weitergezogen waren. Denn er wusste, dass sich mitten zwischen den Bergen und den Sümpfen eine Ebene erstreckte, eine trockene Fläche, die sich mitten durch das Moorgebiet hinzog und auf der er eine schmale Schlachtreihe aufstellen konnte.

Er beschloss, die 1. Legion an die Spitze, die 5. Legion an die rechte Seite, die 21. Legion an die linke Seite und die 20. Legion an das Ende zu stellen.

Die ganze Nacht war unruhig. Die Germanen feierten in den Wäldern ihren Sieg, während die Römer still und niedergedrückt bei den Zelten umherirrten und schlaflos über ihre Niederlage nachdachten.

Caecina hatte einen bösen Traum. Er sah den Geist des Varus blutüberströmt aus dem Schlamm auftauchen, der ihn herbei rief und ihm die Hand reichen wollte. Aber Caecina stieß die Varus-Hand zurück, er wollte nicht wie Varus enden, er wollte ihm nicht folgen. Für Caecina waren Träume und Traumdeutungen unwichtige Hirngespinste.

2. Tag
Beim Morgengrauen sah Caecina, dass die Soldaten der 5. und 21. Legion ihren zugewiesenen Platz verlassen hatten. Sie hatten bereits das Gelände jenseits des Morastes besetzt, die Flanken waren somit ungeschützt. Arminius hätte sofort angreifen können, aber er nutzte seinen Vorteil nicht, er wartete mit seinem Angriff, bis die Römer wieder sumpfiges und schlammiges Gelände erreicht hatten.

Erst als der Tross im Sumpf und Schlamm stecken blieb, als keine Ordnung mehr vorhanden war, weil die Feldzeichen in dem Morast nicht befestigt werden konnten, als sich jeder so schnell wie möglich retten wollte und niemand mehr auf Befehle hörte, da griff Arminius an.

Mit dem Ruf: "Seht Varus und die dem Untergang geweihten Soldaten", spaltete er den Zug; es stürzten sich ausgewählte germanische Reiter auf die Römer und fügten besonders den Pferden böse Wunden zu. Die Pferde schlugen aus, oder sie glitten aus und stürzten zu Boden, sie zersprengten Pferde und Soldaten. Das Blut spritzte und die Pferde zertrampelten die Reiter.

Die Adler konnten in dem schlammigen Boden nicht fest verankert werden, die heran fliegenden Geschosse waren zu gefährlich. Caecinas Pferd wurde durchbohrt, er fiel vom Pferd; aber Caecina konnte sich auf seine Soldaten verlassen. Die 1. Legion warf sich den Angreifern entgegen, sie verhinderte Schlimmeres und schützte Caecina.

Doch die Germanen waren auf Beute aus. Was für ein Glück! Das freute die Römer. Die Germanen sicherten ihre Beute und teilten sie auf. Die Römer waren erleichtert, dass der Kampf zu Ende war und dass sie an diesem Abend festen Boden unter den Füßen hatten.

Das Moorgebiet lag hinter ihnen. Gott sein Dank, das hatten sie geschafft. Den gefährlichsten Teil des Weges hatten sie gemeistert. Den Feind hatten sie fürs Erste besiegt. Aber der Tag war immer noch nicht zu Ende. Die Tiere mussten noch versorgt werden.

Dann hieß es: Schanzen. Das Lager musste noch hergerichtet und die Zelte aufgebaut werden. Einige Gruppen hatten ihre Zelte verloren, andere Zelte waren unbrauchbar geworden, wieder andere hatten das Werkzeug verloren, sie beklagten sich, weil sie nicht wussten, wie sie die Arbeiten verrichten sollten ohne ihr Werkzeug.

Ein Damm musste auch noch aufgeworfen werden (keine Palisaden!), dabei waren die Spaten nicht aufzufinden, sie hatten keine Spaten und mussten erst suchen. Es war wie verhext.

Die Lebensmittel waren verschmutzt und mit Blut beschmiert, sie waren eigentlich ungenießbar; die Leute, die das Verteilen übernahmen jammerten, dass so viele tausend Menschen nur noch einen einzigen Tag zu leben hätten. Das Verbandszeug für die Verwundeten war ebenfalls schmutzig und mit Blut beschmiert und dadurch unbrauchbar. Sie befanden sich in einer unheilvollen, äußerst prekären Lage. Gut, dass sie reines Quellwasser zur Verfügung hatten!

Sudmühle an der Werse

Das könnte in Sudmühle nordöstlich von Münster gewesen sein. Die Ems hatten sie inzwischen überquert und auch die Werse. Das Gelände lag etwas höher als das übrige Münsterland. Hier an der Sudmühle gab es frisches Quellwasser (Engelbach). Sie fühlten sich sicher. Bis hierher konnten ihnen die Germanen nicht so schnell folgen.

3. Tag
Am nächsten Morgen machten sie sich wieder auf den Weg. Sie marschierten unbehelligt weiter, immer in Richtung Haltern. Die Germanen griffen nicht wieder an. Endlich erreichten sie Haltern an der Lippe. Sie waren froh, dass sie es bis hierher geschafft hatten.

Hier gab es ein fertiges Lager, das sie benutzen konnten, ein Lager, das bereits unter Ahenobarbus erstellt worden war, als dieser die Straße mit den „langen Brücken" angelegt hatte.

Doch plötzlich entstand Panik im Lager, alle Leute strebten zu den Toren, alle wollten gleichzeitig hinaus, sie strebten hauptsächlich zu dem Tor, das von den Germanen abgewandt war. Was war geschehen? Nichts war passiert. Nur ein Pferd hatte sich losgerissen und spielte verrückt. Es trabte, es schoss durch das Lager. Die Leute waren verängstigt und dachten, die Germanen seien in das Lager eingedrungen. Die Leute waren nicht zu beruhigen, das Geschrei setzte sich fort und die Panik wurde immer größer. Sie weitete sich aus und steigerte sich zur Massenpanik.

Lassen wir Tacitus sprechen: Annalen I,66,1a,b *(1)*
„Ein zufällig losgerissenes Pferd, das frei umherjagte und durch das Geschrei der Herumstehenden verschreckt war, brachte Verwirrung.

Daher, weil man glaubte, die Germanen seien eingebrochen, entstand eine solche Bestürzung, dass alle zu den Toren stürmten, von denen hauptsächlich das hintere das Ziel war, weil es vom Feinde abgewandt und den Fliehenden sicherer war."

Caecina wurde benachrichtigt, die Furcht sei unnötig, sie entbehre jeder Grundlage, aber auch Caecina konnte die Leute nicht zurückhalten, nicht mit Worten, nicht mit seiner Hände Taten. Erst als er sich auf die Schwelle des Tores legte, und die Leute auf ihn oder über ihn treten mussten, kehrte Vernunft ein. Die Legaten und Zenturionen konnten sich jetzt wieder Gehör verschaffen und sagten ihnen, das nur ein losgerissenes Pferd die ganze Aufregung verursacht hatte.

Lassen wir Tacitus sprechen: Annalen I,66,2a,b *(1)*
„Caecina, benachrichtigt, die Furcht sei grundlos, versperrte, da er dennoch weder durch seine Autorität oder Bitten, ja noch nicht einmal mit eigener Hand jemandem den Weg zu versperren oder die Soldaten zurückzuhalten erreichte, ihnen endlich den Weg, nachdem er sich auf die Schwelle des Tores gelegt hatte, durch das Mitleid, da sie über den Körper des Legaten treten mussten. Gleichzeitig gaben Tribunen und Zenturionen bekannt, die Furcht sei grundlos."

Caecina befahl daraufhin, dass sich am Abend alle auf dem Hauptplatz versammeln sollten. Er hielt eine Ansprache an seine Soldaten und erklärte ihnen, dass es sicherer sei, bei der Truppe zu bleiben. Wenn sie auf eigene Faust versuchen würden, den Rhein und damit sicheres Land zu erreichen, müssten sie auch sumpfiges und gefährliches Gelände passieren. Die Germanen lauerten überall und würden sie umbringen. Sie sollten Vertrauen zu ihm haben und zu ihren Waffen. Caecina verkündete nämlich seinen Plan:

Die Soldaten sollten zunächst hinter den Palisaden bleiben. Er wollte die Germanen bis an die Tore und Palisaden herankommen lassen, dann würde man mit Lärm und lautem Geschrei aus allen Toren gleichzeitig herausstürzen. Durch diesen Ausfall könnten sie den Rhein erreichen. Die Germanen würden überrannt und niedergemacht und die Römer wären die Sieger.

Dann gab er die Pferde der Legaten und Tribunen den tapfersten Kriegern, damit zuerst sie und danach die Fußtruppen die Germanen angreifen sollten. Er überzeugte seine Soldaten und die nächste Nacht war ruhig.

4. Tag

Bei den Germanen gab es Uneinigkeit. Arminius wollte mit einem erneuten Angriff warten, bis die Römer wieder in einem unsicheren, sumpfigen Gelände angekommen seien, aber sein Onkel Inguiomerus wollte lieber sofort angreifen. Wozu sollten sie warten? Auch die meisten Germanen waren auf schnelle Eroberungen und auf Beute aus und folgten Inguiomerus.

Beim Morgengrauen warfen sie Holzreiser in die römischen Befestigungsgräben und kletterten an den Palisaden hoch. Oben auf der Balustrade waren nur wenige Soldaten zu sehen. Sie erwarteten leichte Beute. Aber als sie gerade die Krone erklimmen wollten, erhob sich innerhalb des Lagers ein ohrenbetäubender Krach, ein Riesen-Geschrei. Die Hörner und Tuben machten einen Höllenlärm. Die

Tore wurden geöffnet und die Soldaten stürzten mit Kriegsgeschrei heraus. Die Waffen blitzten.

Die Germanen hatten mit einem ängstlichen Heer gerechnet, sie waren überrascht und rannten nun um ihr Leben, sie rannten kopflos davon. Viele Germanen wurden niedergemacht, auch Inguiomerus wurde schwer verwundet. Der Kampf dauerte den ganzen Tag. Die Römer waren guter Laune. Jetzt hatten sie endlich die gleichen Bedingungen wie die Germanen, denn hier gab es weder Sümpfe noch Wälder.

Arminius blieb unverletzt. Die römischen Truppen machten die Germanen nieder, solange ihre Wut und solange das Tageslicht andauerte. Die Germanen waren durch ihr eigenes Unvermögen und ihre eigene Unvorsichtigkeit umgekommen, sie hatten sich selbst überschätzt. Arminius und Inguiomerus gaben den Kampf auf.

Am Abend kehrten die Römer in ihr Lager zurück, froh über ihren Sieg. Sie hatten jetzt zwar noch mehr Wunden als am Tag zuvor, aber sie hatten gesiegt. Sie hatten auch jetzt keine Lebensmittel, auch kein Verbandzeug für die Verwundeten, aber heute war das nicht schlimm, sie hatten neuen Mut und neues Selbstbewusstsein getankt. Ihr Selbstvertrauen war zurückgekehrt. Jetzt sollen die Germanen nur kommen, jetzt würden sie die jederzeit besiegen. Sie wussten gar nicht mehr, warum sie vor den paar Germanen Angst gehabt hatten. Die Gruppe war doch viel zu klein, die konnte ihnen doch sowieso keine Angst einflößen. Zudem hatten die Germanen ja nicht einmal ordentliche und wirksame Waffen! Jetzt konnten sie sich über diese kleine Armee lustig machen. Es war nun nicht mehr weit bis zum Rhein.

Caecinas Ankunft am Rhein

In Köln hatte sich das Gerücht verbreitet, das Heer sei von den Germanen aufgerieben worden und die Germanen steuerten jetzt auf Gallien zu. Man wollte schon die Rheinbrücke abreißen. Aber Agrippina, die Frau des Germanicus, stand am Kopf der Rheinbrücke und wartete auf die Soldaten. Solange sie da stand, wagte niemand, die Brücke abzubauen bzw. niederzureißen. Sie hatte großes Vertrauen zu den Soldaten, sie wusste, dass sie zurückkommen würden. Der Jubel war groß, als das Heer endlich wohlbehalten zuhause ankam. Sie dankte den heimkehrenden Soldaten und verteilte Kleidung und Verbandszeug an die Soldaten.

Doch wo war Germanicus?

Germanicus, die Zenturionen und die Legaten hatten in Kalkriese das ganze schöne hochwertige Geld verloren. Die wertvollen Gold- und Silbermünzen, die schönen glänzenden Geldstücke waren weg, einfach verloren. Dieses Scharmützel mit Arminius hätte nicht sein dürfen. Das war dämlich gelaufen. Aber die kleinen Münzen, die waren noch da. Die Geldkisten mit den Kupfermünzen, die hatten sie noch. Die brauchten sie auch noch, sie mussten ja noch die Soldaten entlohnen. Gott sei Dank, die waren wenigstens gerettet.

Die Reitersoldaten hatte Germanicus angewiesen, entlang dem Ozean dem Rhein zuzustreben. Von dort aus sollten sie die Boote über die Unsingis, den Drususkanal, die Ijssel und noch wichtiger, den Rhein hochziehen. Germanicus selber zog mit den vier Legionen des obergermanischen Heeres zunächst nach Westen, zur Hase.

Doch wo ankerten die Schiffe? Die Schiffe ankerten nicht mehr am Treffpunkt Vadrup bei Münster. Germanicus hatte klug vorgesorgt.

Er hatte die Schiffssteuerleute angewiesen, die Boote auf der Ems zurückzubringen bis Meppen und dann die Hase aufwärts bis Bramsche staken zu lassen. Die Hase war sowieso erst ab Bramsche schiffbar. Die Boote, die sie bei Münster zurückgelassen hatten, waren inzwischen in Bramsche angekommen. Die Soldaten wurden auf die Boote verladen und fuhren den Weg über die Ems zurück.

Die vier Legionen aus Mainz, die per Schiff nach Germanien gekommen waren, fuhren jetzt wieder per Schiff zurück.

Rückweg über die Ems
Die Fahrt ging zunächst von Bramsche aus mit der Strömung flussabwärts, zuerst über die Hase und später über die Ems. Zwischen Löningen und Meppen war die Hase breit und damit flach, die Boote hätten bei voller Beladung aufgesetzt. Ein Teil der Soldaten machte die Strecke zwischen Löningen/Hase und Lathen an der Ems über den Hümmling[87] zu Fuß, es gab keine Probleme.
Doch auf der Nordsee wurde es ungemütlich. Die Nordsee war schwierig zu befahren, sie war gefährlich, der Wind kam von Westen, und sie mussten gegen den Wind rudern. Die Segel konnten sie nicht gebrauchen, die halfen nur bei Rückenwind. Sie merkten sofort, dass die Boote überladen waren mit Menschen, Gepäck und Zelten. Germanicus sah ein, dass dieser Zustand unhaltbar war. Er bestimmte, dass die Soldaten der 2. und 14. Legion unter dem Legaten Vittellius zu Fuß auf dem Landweg zurückgehen sollten.

Für die zwei verbliebenen Legionen 13. und 16. war die Anzahl der Boote ausreichend. Die Flotte befuhr nun das Wattenmeer, entlang der holländischen Küste und konnte jederzeit bei Ebbe gefahrlos aufsetzen. Die Boote erreichten unbeschadet die Unsingis und warteten auf die zwei Legionen, die zu Fuß unterwegs waren.

Vitellius' Fußmarsch
Vittellius marschierte derweil mit zwei Legionen an der Nordsee entlang Richtung Westen, der Wind kam von vorn, doch die Soldaten kamen zunächst gut voran. Der Boden war trocken, das Meer ruhig, die Flut gemäßigt. Dann aber frischte der Wind auf, wurde stärker und stärker, und die Soldaten hatten schwer zu kämpfen. Es war der 21. September des Jahres 15 n. Chr., Tag und Nacht waren gleich lang, und an der Küste entstand eine Springflut. Der Wind drehte nach Norden und wurde immer noch stärker. Das Land wurde überschwemmt, der Heereszug riss, er spaltete sich auf und die Soldaten wurden auseinander getrieben.

Lassen wir Tacitus sprechen: Annalen I,70,2 *(1)*
„Vitellius hatte zunächst auf trockenem Boden oder bei mäßiger Flut einen ruhigen Marsch; dann wurde bei Nordsturm in der Tag- und Nachtgleiche, an der das Meer einen Höchststand hat, der Heereszug auseinander getrieben. Das Land wurde überschwemmt: Meer, Ufer und Felder sahen gleich aus, man konnte weder Unsicheres von Festem noch Untiefes von Tiefem unterscheiden."

Es gab noch keine Deiche. Die Flut war hoch, das Land wurde einfach überspült. Es gab gewaltige Wassermengen, die innerhalb kürzester Zeit heranbrandeten.

Die Soldaten durchquerten gerade den Fjord-Einschnitt. Einige hatten ihre Kleidung ausgezogen, damit sie nicht nass wurde, (nasse Kleidung wird sehr schwer) um sie nach der Durchquerung wieder trocken anziehen zu können. Doch die Flut machte ihre Pläne zunichte.

Die Soldaten standen teilweise bis zur Brust oder gar bis zum Kopf im Wasser und kämpften mit der Strömung. Das Wasser hatte große Gewalt und riss die Leute einfach um. Alle hatten große Schwierigkeiten, sich auf den Beinen zu halten. Einige wurden sogar vom Sog verschlungen. Sie verloren ihr Vieh, ihr Gepäck, ihre Zelte, ihr Werkzeug. Leichen und Ausrüstung schwammen um sie herum. Alles wurde von der gleichen Gewalt erfasst, zersprengt oder versenkt.

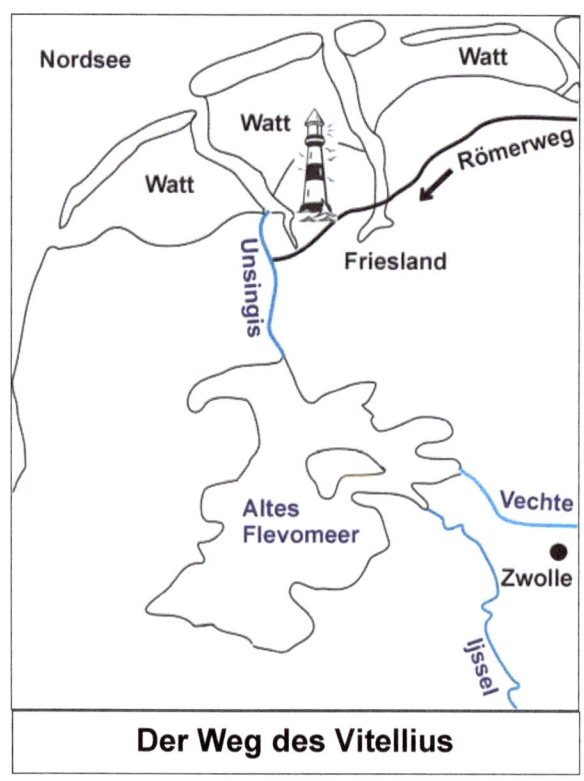

Der Fjordeinschnitt war eine tief ins Land reichende ehemalige Nordseebucht in den nordwestlichen Niederlanden.

Die Einpolderungen mit Trockenlegung begannen im 12. bis 14. Jahrhundert und setzten sich bis zum 19. Jahrhundert fort.

Der Signalturm bei Winsum/Leeuwaren gab die Richtung vor.
Winsum, Ort südwestlich von Leeuwarden: Fund = einige wenige Scherben deuten auf einen Wachtposten aus römischer Zeit hin.

Irgendwann konnten sie sich auf höher gelegenes Gelände retten. Sie hatten alles verloren, alles was irgendwie wichtig war, ihre Zelte, ihre Lebensmittel und ihre gesamte Ausrüstung. Sie hatten nichts zu essen, nichts zu trinken. Sie übernachteten ohne Feuer, ohne Gepäck, ein großer Teil der Soldaten nackt oder zerschunden. Erst das Tageslicht gab ihnen festen Boden zurück. Sie waren bedauernswert, weil sie hier nur ruhmlosen Untergang erreichen konnten.

Als die Sonne aufging, zogen sie weiter. Sie kamen zum Strom [Unsingis], der die Nordsee mit dem Ijsselmeer verband und den Germanicus mit der Flotte bereits angesteuert hatte. Die Legionen wurden wieder eingeschifft und zurückgebracht. An der Unsingis warteten schon die Reiter, die Boote wurden von nun an gezogen und alle waren wieder bestens zufrieden. Es ging durch den Drusus-Kanal, über die Ijssel und über den Rhein. Von dort aus war es nicht mehr weit bis Xanten.

Es war schon das Gerücht umgegangen, die Soldaten seien ertrunken, und man glaubte erst an ihre Rettung, als das Heer wohlbehalten zurück war.

Winterlager

Germanicus war wie immer fürsorglich. In Köln bzw. Xanten angekommen besuchte er die einzelnen Soldaten und lobte sie für ihren Einsatz, sprach mit ihnen, erkundigte sich nach ihrem Befinden, half ihnen, besuchte die Verwundeten. Er betrachtete ihre Wunden und sprach ihnen Mut zu. Er machte ihnen Hoffnung auf baldige Genesung oder auch auf Ruhm, er bat sie, ihm zu vertrauen.

Der Schaden war groß, aber die verbündeten Länder halfen, die angefallenen Verluste zu ersetzen. Die Länder Gallien, Spanien und Italien boten Germanicus Pferde, Waffen und Gold an, da ja so vieles verloren gegangen war. Germanicus lobte sie für ihre Freigebigkeit, aber er nahm nur die Pferde und die Waffen für den Kriegsverlust, den Soldaten half er mit eigenem Geld. Das Geld hatte er von Varus.

Germanicus hatte die Kriegskasse, die er „Auf dem Fledder" erbeutet hatte.

Die vielen hochwertigen Münzen hatten sie zwar schon in Kalkriese verloren, aber die Kupfermünzen waren noch da. Die Soldaten bekamen ihren Anteil.

Feldzüge im Jahr 16 n. Chr.

Neue Pläne

Im Winter wurden neue Pläne für das nächste Jahr geschmiedet. Tiberius wollte Germanicus eigentlich in den Orient schicken, er wollte ihn von seinen vertrauten Legionen abberufen und neuen Aufgaben zuführen, aber Germanicus hatte andere Vorstellungen. Er wollte unbedingt noch in Germanien bleiben, wenigstens für ein Jahr. Und er wollte seinen Auftrag erfüllen, Germanien zu erobern. Die Pläne von Augustus und seinem Vater Drusus wollte er aufgreifen und über das Meer in Germanien einfallen.

Seit Beginn der Eroberungen wurde immer die Lippe als Aufmarschweg benutzt. Das aber war Germanicus nicht genug. Er wollte über das Meer in Germanien einfallen. Noch länger wollte er nicht warten. Über das Meer und die Flüsse ging alles besser und einfacher. Denn Transporte über Land waren sehr viel aufwendiger als Wassertransporte.

Sein Plan sah vor, mit seinem Heer, mit den Legionen des obergermanischen Heeres aus Mainz, wieder den Drusus-Kanal zu nutzen und dann erneut über die Nordsee und die Ems per Schiff in Germanien einzufallen.

Das untergermanische Heer aus Köln bzw. Xanten, das Caecina befehligte, sollte wie immer die Lippe und den Landweg nehmen. Vlotho am großen Weserbogen war der ausgemachte Treffpunkt.

Germanicus ließ die bisherige Zeit in Germanien Revue passieren. Was hatte er in den vergangenen Kriegsjahren erlebt und wie wollte er sich in Zukunft verhalten? Er überdachte den Verlauf seiner einzelnen Unternehmungen und stellte die Vor- und Nachteile gegenüber.

Wichtig war, dass er den Krieg so früh wie möglich beginnen konnte, denn in Germanien waren die Sommer nur kurz und die Winter setzten entsprechend früh ein. Die Legionen mussten daher im Herbst immer rechtzeitig zurück in ihre Winterquartiere am Rhein. Er strebte also einen schnellen Sieg an. Im letzten Jahr hatte er schon viel Zeit verloren!

Und die Römer brauchten unbedingt Sicherheit für ihre Legionen. Der Wasserweg über das Meer und die Flüsse bot seiner Meinung nach große Vorteile. Auf dem Meer waren sie sicher, dort konnten sie von den Germanen nicht angegriffen werden. Germanicus wollte unbemerkt von der Nordsee her in Germanien eindringen. Bevor die Germanen merkten, dass die Römer mit ihren Legionen wieder in ihr Land eingedrungen seien, ständen die Soldaten schon mitten im Land, und das ohne Verluste für das römische Heer.

Germanien war ein weitläufiges Land. Die Entfernungen in Germanien waren sehr groß. Die langen Heerzüge waren anfällig für Angriffe seitens der Germanen.

Die langen Fußmärsche waren enorm anstrengend. Immer mussten die schweren Ausrüstungen mitgeschleppt werden. Der Tross zog sich in die Länge und war nur günstig für Hinterhalte, was die Germanen gern ausnutzten. Dagegen konnte alles über das Meer transportiert wenden, Legionen, Nachschub und sogar Pferde und Geschütze. Über das Meer und die Flüsse ging alles viel einfacher und viel besser.

Aber die Logistik musste stimmen. Sie musste gut durchdacht sein. Der Nachschub musste unbedingt reibungslos laufen, er war überlebenswichtig, denn die Legionen brauchen jeden Tag große Mengen an Getreide und andere Lebensmittel. Die Soldaten, die Pferde und andere Tiere mussten jeden Tag versorgt werden. Zusätzlich mussten vor allem Waffen, Werkzeuge, Zelte und ähnliche Dinge ständig von Etappenlager zu Etappenlager weitertransportiert werden.

Die Rastplätze mussten so gewählt werden, dass die Abstände in einer passenden Entfernung zueinander lagen. Wichtig war, dass die Rastplätze nah am Wasser lagen. Es war Sommer, Palisaden brauchten sie nicht, die Zelte mussten genügen.

Germanien war zudem ein armes, rückständiges Land. Die letzten Raubzüge hatten sich nicht gelohnt. Die Bevölkerung war sowieso nicht in der Lage, so ein großes Heer zu versorgen.

Er war der Meinung, über das Meer ginge alles besser und einfacher. Das Heer konnte die großen Entfernungen per Schiff viel besser überwinden. Er wollte die Soldaten und den Nachschub zusammen per Schiff transportieren.

Lassen wir Tacitus sprechen: Annalen II,5,4 *(1)*
„Aber wenn man von See aus eindringe, erreiche man sofortige Besetzung ohne dass der Feind es merke; zugleich könne man den Krieg eher beginnen und Legionen und Nachschub zusammen be-

fördern; verlustlos würden Reiter und Pferde durch Mündungen und Flussläufe mitten in Germanien stehen."

Er überlegte, dass die Germanen einfacher besiegt werden könnten, wenn die Schlacht auf einem für die Römer günstigen Gelände stattfinden würde. In Germanien gab es viele Wälder und Sümpfe, die nur den Germanen nützten. Er war der Meinung, dass diese Gebiete zum Kampf völlig ungeeignet waren. Die Römer kämpften immer in ihren schweren Rüstungen, dafür brauchten sie unbedingt festen Boden.

Wichtig für ihn war auch, dass die Römer nach ihrer eigenen Taktik Krieg führten. Dazu gehörte, dass sie sich das Schlachtfeld selbst aussuchen konnten.

Auch die Pferdelieferungen aus Gallien waren ins Stocken geraten. Es konnten gar nicht so viele Pferde geliefert werden, wie gebraucht wurden. Die letzten Feldzüge hatten vielen Pferden das Leben gekostet.

Germanicus wollte aber sowieso mit weniger Pferden auskommen als üblich. Durch die Benutzung der Schiffe konnten sie auf Pferde, Wagen und Karren weitgehend verzichten. Der Tross mit dem Gepäck schwamm somit auf dem Wasser.

Der Vorteil war auch, dass sie sich von den vielen Lasttieren unabhängig machen konnten. Diese vielen Tiere brauchten jeden Tag Futter, wie Getreide, Heu und eimerweise Wasser. Es war sehr aufwendig gewesen, alle dafür notwendigen Utensilien mitzuschleppen.

Sie hatten zusätzlich viele Tiere gebraucht, um die Lasten mitzunehmen, die nur für die Tiere gedacht waren.

Wenn sie die Schiffe benutzten, brauchten nur noch die Lebensmittel für die Menschen und das Futter für die Tiere, die zum Verzehr gedacht waren. Ganze Schafherden konnten verschifft werden. Auch Zelte, Kochgeschirre für die Mannschaften und andere Ausrüstungsgegenstände konnten per Schiff transportiert werden.

Nur Brennholz musste greifbar sein. In den germanischen Wäldern war dieses jedoch reichlich vorhanden.

Der Nachschub könnte durch diese Maßnahmen auf einen Bruchteil der vorherigen Menge reduziert werden.

Ziel des Germanicus
Arminius ahnte, was Germanicus vorhatte. Germanicus wollte auch die Elbe sehen, genauso wie sein Vater Drusus und sein Onkel und Stiefvater Tiberius.

Er wollte auch sehen, wie die Gegend beschaffen war, in der sein Vater verunglückte. Er wollte sich ein Bild von der Stelle machen, an der der Unfall passierte und wie das Lager aussah, in dem sein Vater gestorben war. Denn sein Vater war inzwischen 25 Jahre tot und Germanicus hatte weder die Stelle gesehen, an der sein Vater vom Pferd gefallen noch das Lager, in dem er gestorben war.

Und er wollte seinen Schatz heben. Er wollte in Hildesheim das Silbergeschirr seines Vaters ausgraben, das Tiberius mit den Soldaten unter einem großen Findling versteckt hatte. Es war das Erbe seines

Vaters, das Tiberius und seine Soldaten im Jahr 9 v. Chr. vergraben hatten.

Germanicus musste oft an seinen Vater denken, er war ja schon so lange tot. Er hatte ihn schon im Alter von 6 Jahren verloren. Daher konnte er sich kaum noch an sein Aussehen erinnern. Er kannte nur die Geschichten der Anderen, die ihm den Vater als leuchtendes Vorbild darstellten und die Wunderdinge über ihn erzählten.

Tiberius wollte eigentlich, dass Germanicus zurückkam nach Rom, aber Germanicus wollte unbedingt noch wenigstens ein Jahr länger in Germanien bleiben und Germanien in dieser Zeit vollständig unterwerfen.

Tiberius war zwar nicht damit einverstanden, dass Germanicus noch länger in Germanien blieb, denn früher sei Germanien ein ruhiges und befriedetes Land gewesen. Tiberius war neunmal von Augustus nach Germanien geschickt worden. Tiberius kannte sich aus. Man konnte doch mit den Germanen verhandeln und die Germanen seien friedlich gewesen. Seit Germanicus die Herrschaft in Germanien angetreten habe, gäbe es nur Unruhe. Aber Germanicus wollte unbedingt noch die Germanen besiegen und die Elbe sehen. Er erreichte, dass er noch ein weiteres Jahr in Germanien bleiben durfte.

Die neuen Schiffe
Um sein Ziel zu erreichen, gab Germanicus als erstes 1.000 Boote in Auftrag. 1.000 Boote schienen ausreichend zu sein. Die Holländer (Batáver) sollten sie bauen. Die Oberaufsicht über die Herstellung gab er an die römischen Legaten C. Silius, Anteius und Caecina.

Und 1.000 unter Hochdruck schnellstens gebaute Schiffe kosten Geld. Um die Steuern einzutreiben, schickte er die Legaten P. Vitellius und C. Antius nach Frankreich, sie sollten die finanziellen Mittel beschaffen, die Boote mussten ja bezahlt werden.

Lassen wir Tacitus sprechen: Annalen II,6,2 *(1)*
„Tausend Schiffe schienen ausreichend und wurden eiligst fertig gestellt. Einige kurz, mit schmalem Heck und Bug und breitem Rumpf, um leichter den Fluten standzuhalten, einige mit flachem Kiel, um ohne Schaden trocken zu fallen; viele mit Steuerrudern an beiden Steven, um nach plötzlicher Wendung vorne oder hinten anzulegen; viele wurden mit Decks versehen, auf denen Geschütze befördert werden konnten, zugleich waren sie auch geeignet, Pferde oder Nachschub zu tragen: mit den üblichen Segeln und schnellen Rudern vermehrten sie sich zu einem eindrucksvollen und erschreckenden Anblick."

Die Boote brauchten für den Einfall über die Flüsse eine spezielle Form. Sie mussten tauglich sein für die Fahrten über die Flüsse wie Ijssel, Ems und Hase, aber auch über das Ijsselmeer und die Nordsee.

Die Bataverinsel im Rhein war als Zentrum bestens geeignet. Von dort aus sollten die Schiffe starten. Man weiß nicht, wie die Schiffe aussahen. Man kann sie nur mit anderen römischen Booten vergleichen.

Römerschiff in Minden

Als Navis actuaria[88] bezeichnete man ein Transportschiff in der römischen Flotte. Der Marinetransporter hatte eine Reihe Riemen (maximal 30, also an jeder Seite 15) und Besegelung. Die Schiffe waren kurz, mit schmalem Vor- und Achterschiff und mittschiffs weitbäuchig gebaut. Sie hatten flache Kiele, um ohne Beschädigung auf Grund laufen zu können, und sie waren mit Steuerrudern vorn und achtern ausgerüstet, um mit Bug oder Heck landen zu können.

Die Boote konnten so auf jeden Strand auflaufen, dort entladen werden und später ohne zu wenden wieder ablaufen. Viele hatten Brücken, auf denen leichte Geschütze transportiert werden konnten. Sie eigneten sich für Transporte aller Art.

Man nimmt an, dass eine Actuaria 21 m Länge und 6,50 m Breite aufwies. Der Tiefgang muss gering gewesen sein (ca. 0,80-0,90 m). Zumeist waren die Actuaria nicht bewaffnet.
Die im Jahr 16 von Germanicus eingesetzten Schiffe besaßen zum Teil Überbauten (pontes), auf denen leichte Geschütze gefahren werden konnten.

Raubzug zu den Chatten
Die Soldaten am Rhein waren unruhig und ungeduldig. Sie wollten beschäftigt werden. Womit konnten sie die Zeit überbrücken, bis die Boote fertig waren? Ach ja, vielleicht war doch noch etwas bei den Germanen zu holen.

Während also die Schiffe gebaut wurden, schickte Germanicus den Legaten C. Silius mit einer kleinen, aber schlagfertigen Mannschaft auf Beutezug in das Chattenland.

Das Wetter war schlecht, es regnete den ganzen Tag. C. Silius hatte keinen Erfolg. Er erreichte zwar den Hof des Chattenfürsten Arpus, aber es war kaum Beute zu machen. Im Frühjahr waren die germanischen Speicher sowieso leer. Außerdem hatten sie im Jahr zuvor die Chatten schon einmal angegriffen und geplündert. Er nahm daher nur die Frau des Chattenführers Arpus und dessen Tochter gefangen. Die Soldaten verwüsteten das Land.

Raubzug nach Aliso

Als Germanicus hörte, dass ein Lippe-Kastell von den Germanen belagert würde, war auch das eine Gelegenheit für einen Raubzug. Er machte sich selbst auf den Weg und zog mit sechs Legionen die Lippe hinauf, um der Kastell-Besatzung zu Hilfe zu kommen. Aber auch er hatte kein Glück. Als die Belagerer hörten, die Römer seien im Anmarsch, nahmen sie reißaus. Sie machten sich aus dem Staub. Sie waren schon in den Wäldern verschwunden, bevor die Römer ankamen. Ihre Ausrüstung hatten sie mitgenommen, die mögliche Beute war gar nicht mehr vorhanden.

Aber die Belagerer hatten den alten Altar für seinen Vater Drusus zerstört und auch den kürzlich errichteten Ehrenhügel für die Legionen des Varus dem Erdboden gleichgemacht. Die Situation war wie immer ärgerlich. Alles was die Römer aufbauten, bauten die Germanen umgehend wieder ab.

Germanicus machte sich sogleich an die Arbeit und sie restaurierten den alten Altar. Das war er seinem Vater schuldig. Die Soldaten paradierten zu Ehren des Vaters vor dem Altar. Germanicus selbst marschierte an der Spitze mit.
Den Ehrenhügel für die Legionen des Varus bauten sie nicht wieder auf. Varus war mit drei Legionen untergegangen, das war nicht ehrenvoll, Germanicus empfand den Ehrenhügel als unpassend.

Auf dem Rückweg vom Kastell Aliso zum Rhein wurden die Straßen entlang der Lippe erneuert und durchgehend mit Straßendämmen befestigt. Die Straßen sollten ständig in gutem Zustand sein.

Aliso[89] war ein römisches Kastell am Oberlauf der Lippe in Germanien vor und zur Zeit der Varusschlacht. Unter den Experten wird eine Diskussion über den wahren Standort des Kastells geführt. In den meisten Fällen werden die aus der Literatur bekannten Ortsnamen mit lokal vorhandenen in Beziehung gesetzt und daraus der Anspruch abgeleitet, dass an dieser Stelle Aliso gelegen habe.

Aliso war die einzige in der Geschichtsschreibung namentlich belegte militärische Anlage in der Zeit der Varusschlacht, die östlich des Rheins und nördlich des Mains im germanischen Gebiet gelegen war. Bis heute fehlen eindeutige archäologischer Beweise.
Es gibt eine Reihe von Textstellen bei den römischen Historikern wie Tacitus, Velleius Paterculus, Frontinus und Cassius Dio, die den Namen Aliso oder auch Elison erwähnen.

Das Lager Anreppen wurde erst 5 n. Chr. erstellt und kann nicht Aliso gewesen sein.

Der große Feldzug nach Osten

Inzwischen waren die Schiffe fertig gestellt. Die Flotte war äußerst imposant, mehr noch, sie sah gefährlich aus. Es war eine schlagkräftige Flotte von 1.000 Schiffen.

Allein der Anblick war Furcht einflößend und sollte es auch sein. Die Schiffe waren tauglich für die verschiedenen Gewässer, sie konnten große Lasten tragen und waren zudem noch wendig. Die Schiffe sollten von der Rheininsel Betuwe aus starten.

Die Personen-Schiffe, die das obergermanische Heer nutzen sollte, waren seetüchtig. Sie konnten sowohl auf den Flüssen als auch auf der Nordsee fahren. Diese Personenschiffe nahmen ihre Verpflegung und ihren Nachschub selbst mit. Die Legionen und Bundesgenossen des obergermanischen Heeres aus Mainz wurden auf die Schiffe verteilt. Sie fuhren durch den Drususkanal, die Unsingis, über die Nordsee und die Ems.

Die Frachtschiffe waren Binnenschiffe. Sie waren nicht seetüchtig. Der Materialtransport, der Nachschub sollte weitgehend über die kleineren Flüsse im Binnenland erfolgen. Das zentrale Materiallager müsste in Zwolle gewesen sein.

Die Frachtschiffe wurden beladen und sogleich vorausgeschickt. Sie wurden getreidelt über die Vechte, über die Ems, über die Hase und Else und weiter zur Weser. Wenn die Legionen in den einzelnen Etappenlagern ankamen, sollte der Nachschub bereits vorher angekommen und vorhanden sein.

Die Wasserscheiden waren die schwierigsten Teilstücke. Denn die Staustufen an den Wasserscheiden waren noch nicht fertig. Die Schiffe mussten an diesen Stellen umgeladen werden. Doch diese Probleme schob er beiseite. Man brauchte die Staustufen nicht unbedingt. Man konnte auch mit entsprechend mehr Personal die Schiffe einfach umladen. Die kurzen Landwege stellten kein Hindernis dar.

Wenn sie erst die Wasserscheide an der Bifurkation überwunden hatten, stand ihnen der Weserraum offen. Sie konnten dann mit Schiffen die einzelnen Etappenlager an Werre und Weser gut erreichen. Auch die Orte Elze und Hildesheim waren über Aller und Leine erreichbar.

Wenn die Legionen an der Weser und den anderen Nebenflüssen ankamen, war der Nachschub bereits vorher eingetroffen. Die einzelnen Stationen waren bereits fest eingeplant. Die Logistik war ein ausgeklügeltes System.

Bei Antritt der Reise betete Germanicus zu seinem Vater Drusus und bat ihn um Beistand für dieses schwierige Unterfangen. Sein Vater hatte diese Reise bereits vor 25 Jahren gewagt und nicht überlebt.

Lassen wir Tacitus sprechen: Annalen II,8,1 *(1)*
„Und schon war die Flotte eingetroffen, der Nachschub vorausgeschickt und die Legionen und Bundesgenossen auf die Schiffe verteilt, in den Drusus-Graben eingefahren und an Vater Drusus gebetet, er möge für das gleiche Wagnis willig und gefällig durch Beispiel und Gedenken an Ratschläge und Vorbilder helfen.

Von dort fuhr man zum zweiten Mal durch den See und das Meer in glücklicher Fahrt bis zur Ems."

Bootsfahrt über das Meer und die Ems
Germanicus war mutig losgefahren. Die römischen Soldaten waren in See-Dingen unerfahren und ängstlich. Daher hatte er zusätzlich zur Sicherheit eine holländische Mannschaft mitgenommen. Die Holländer sollten die Schiffe steuern und die Kommandos geben.

Es ging zunächst durch den Drusus-Kanal [Fossa Drusiana], eine ungefährliche Strecke, dann über das Ijsselmeer und die Unsingis in die Nordsee hinein. Die Nordsee war ruhig. Sie ruderten kräftig und bei achterlichem Wind (Westwind) wurden die Segel aufgespannt. An der Emsmündung warteten schon die Reiter. Die Pferde sollten jetzt die Boote die Ems hinauf ziehen (treideln). Die Fahrt verlief problemlos.

Bei der Einmündung der Hase in die Ems (in Meppen) entschied Germanicus, nicht in die Hase einzulaufen, sondern bis Rheine auf der Ems zu bleiben. Die schräg aufsteigende [subvexus] Hase war zwar der größte Nebenfluss der Ems, aber sie war klein, zu kurvenreich und zu schmal für die neuen Boote und auch nicht tief genug. Er befürchtete, auf der Hase steckenzubleiben.

Germanicus wollte kein Risiko eingehen. Sie fuhren also weiter emsaufwärts, sie fuhren weiter auf dem linken Strom der Ems und nicht auf dem rechten Strom, der Hase. In Rheine waren sie auch mitten in Germanien. Germanicus war mit sich und der Welt zufrieden.

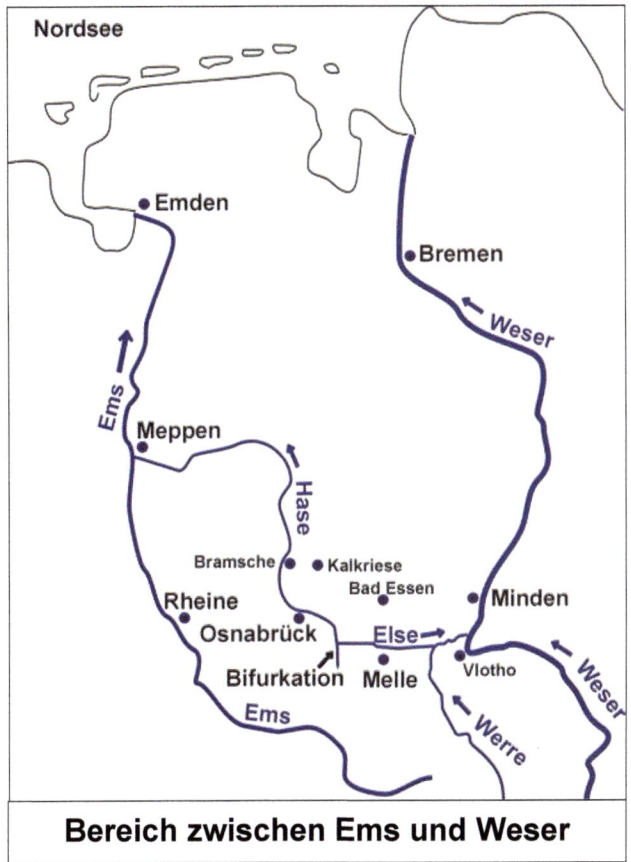

Bereich zwischen Ems und Weser

Der Ankerplatz müsste in Rheine gewesen sein, doch einfache Anlegeplätze sind aufgrund ihrer schlichten Bauweise nur sehr schwer archäologisch aufspürbar. Zur Römerzeit wurden angebrannte Erlenstämme in den Boden gerammt, an denen die Boote angebunden oder anderweitig befestigt werden konnten.

In Rheine stiegen die Soldaten aus. Sie mussten nun zu Fuß weiter nach Osten in das Gebiet rechts der Ems marschieren.

Der 52. Breitengrad gab die Richtung vor. Dieser Weg von Rheine bis Osnabrück musste neu angelegt werden, er war bei der Planung von Augustus nicht vorgesehen. In Osnabrück anzukommen wäre zwar besser gewesen, denn Osnabrück liegt höher und weiter östlich als Rheine.

Aber die vier Legionen des Germanicus waren ein riesengroßes Heer. Diese große Menschenmenge hatten die Planer von Augustus nicht bedacht. Doch Germanicus hatte seine Pioniere dabei. Der Wege- und Brückenbau stellte kein Problem dar. Die Soldaten bauten in relativ kurzer Zeit eine neue Straße von Rheine bis Osnabrück. Heute ist dieser Weg eine Eisenbahnlinie.

Hase-Überquerung
Als sie die Hase überqueren wollten, bauten sie Brücken über den Fluss. Hier war die Stelle bei Osnabrück, an der sie eigentlich mit ihren Schiffen hätten ankommen sollen.

Die ersten Legionen konnten unerschrocken die überfluteten Niederungen bewältigen, als die Fluten noch nicht angestiegen waren und ungehindert die Hase überqueren. Doch auf einmal stieg das Wasser an. Der Fluss bekam Hochwasser und trat über die Ufer. Das war jedoch noch ungefährlich. Die Soldaten erreichten unbeschadet das östliche Ufer.

Als aber das zweite Hochwasser kam, war das Wasser plötzlich so hoch, dass sogar die neuen Brücken überspült wurden und nicht mehr passiert werden konnten. Die letzten im Heereszug, unter ihnen die Holländer, mussten mutig ins Wasser springen und schwimmen und einige sind sogar ertrunken.

Lassen wir Tacitus sprechen: Annalen II,8,3 *(1)*
„Die Reiterei und die Legionen überquerten zunächst unerschrocken die überfluteten Niederungen, als die Fluten noch nicht anstiegen; der letzte Teil des Heereszuges, unter ihnen die Bataver, die ins Wasser sprangen und ihre Schwimmkunst zeigten, wurde durcheinander gebracht und einige ertranken."

Doch woher kam das Hochwasser? Es gab doch kein Unwetter, wieso konnte ein so kleiner Fluss wie die Hase auf einmal so viel Wasser führen? Es waren die Staustufen, die die Römer selbst gebaut hatten. Die Germanen hatten zwischenzeitlich die Staustufen geflutet und auch den Stausee der Nette mit Wasser gefüllt. Für diese beiden Fluten waren die Germanen verantwortlich. Diese Fluten hatten die Germanen künstlich hergestellt.

Das war noch einmal gut gegangen, aber sie merkten, dass die Germanen mit Arminius wieder aktiv waren. Die Germanen meldeten sich schon wieder mit einer List zurück. Sie hatten die Staustufen und den Nette-Stausee geflutet, und ließen jetzt das Wasser ab. Man sah die Germanen nicht, sie verbargen sich in den Wäldern, aber die Römer wussten jetzt, dass sie ständig beobachtet wurden.

Die Römer zogen nun weiter Richtung Osten. Sie passierten das Hasetor in Osnabrück, die Römer sagten „Haseport" und kamen an den Staustufen von Hase und Else vorbei. Sie zogen immer zwischen dem Wiehengebirge und der Hase bzw. Else entlang Richtung Weser.
Die Römer zogen durch die zwischen den beiden Höhenzügen Teutoburger Wald und Wiehengebirge liegende Ravensberger Mulde. Seit frühester Zeit gibt es diesen Handelsweg von Osnabrück über

Löhne nach Vlotho an der Weser. Heute gehört das Areal zum Eisenbahngelände, dem Gelände der Hannoverschen Westbahn[90].

Die Römer, das große Heer mit Germanicus zog von Löhne aus weiter auf der südlichen Bahnlinie bis Vlotho. Ihr Ziel war zunächst die Weser. An der Weser bei Bad Oeynhausen-Babbenhausen knickt der Weg nach Süden ab und verläuft ca. 4 km weseraufwärts über Vlotho bis Winterberg am großen Weserbogens, dem ausgemachten Treffpunkt mit dem untergermanischen Heer. Wir folgen wie immer der heutigen Bahnlinie.

Ankunft an der Weser
Als die Römer an der Weser ankamen und ihr Lager abstecken wollten, erhielten sie die Nachricht, dass die bisher mit ihnen verbündeten Angrivarier, die nördlich des Wesergebirges wohnten, wieder abgefallen waren, das heißt, sie waren zu Arminius und seinem Heer übergelaufen. Das konnte Germanicus nicht zulassen. Sofort schickte er Stertinius mit seinen leichtbewaffneten Reitern zu den Abtrünnigen und nahm Rache mit Feuer und Schwert. Untreue wurde von den Römern immer hart bestraft.

Der Weg der Römer führte nach Süden an der Weser entlang stromaufwärts. Die Angrivarier wohnten demnach im Rücken zur Marschrichtung weserabwärts an der Porta Westfalica.

Lassen wir Tacitus sprechen: Annalen II,8,4 *(1)*
„Beim Lager abstecken wurde dem Caesar der Abfall der Angrivarier im Rücken gemeldet: Auf der Stelle wurde Stertinius mit Reitern und Leichtbewaffneten losgeschickt und rächte mit Feuer und Mord die Untreue."

Die Römer trafen nun erstmals auf Germanen. Die Weser floss zwischen den Römern und den Cheruskern. Arminius befand sich mit seinen Soldaten am rechten, dem östlichen Weserufer, die Römer am linken westlichen Weserufer. Bogenschützen waren aufgestellt, um die gegenüberliegenden Feinde in Schach zu halten.

Flavus
Arminius trat nah an den Fluss heran und fragte, ob Germanicus inzwischen angekommen sei. Als das bejaht wurde, bat Arminius um die Erlaubnis, mit seinem Bruder Flavus sprechen zu dürfen. Flavus war sein jüngerer Bruder, der zusammen mit ihm nach Rom gebracht worden war und jetzt im Germanicus-Heer seinen Dienst versah. Das Gespräch wurde erlaubt und sein Bruder herbeigeführt. Flavus hatte vor kurzem ein Auge verloren im Kampf unter Tiberius.

Die Weser ist ein mächtiger Strom mit einer beträchtlichen Breite. Wenn das Gespräch vertraulich sein sollte, durfte der Abstand zwischen den beiden Ufern nicht allzu weit sein.
Sie trafen sich in Holtrup an der ehemaligen Römerinsel. Arminius stand auf der Römerinsel und wartete auf seinen Bruder. Das Gespräch war sicherlich nur von der Weser-Insel zum gegenüberliegenden Ufer möglich. Die Insel ist heute verschwunden. Am alten Fährhaus gibt es jedoch eine Infotafel mit einem Hinweis auf die ehemalige Insel[91].

Arminius schickte seine Begleiter fort und bat, auch die römischen Bogenschützen zurückzuziehen. Nachdem das geschehen war, fragte Arminius zunächst nach der Ursache der Gesichtsentstellung. Flavus berichtete von einer Verwundung, die ihm erst kürzlich im Kampf

Infotafel Fährstelle Holtrup

unter Tiberius zugefügt worden war, er nannte Ort und Zeit der Schlacht. Wir wissen nicht, um welche Schlacht es sich handelte, Flavus hatte unter Tiberius in Pannonien und Illyricum (Dalmatien) gekämpft.

Arminius fragte ihn, welche Belohnung er denn für die Verletzung erhalten habe und Flavus nannte verschiedene Dinge: mehr Sold, mehrere Auszeichnungen, Kranz, Kette usw. Arminius verhöhnte die Belohnungen als billigen Preis für seine Verletzung, nur würdig als Sklavenpreis.

Die beiden Brüder fingen an zu streiten. Sie hatten unterschiedliche Ansichten über ihr Leben und über die römische Armee.

Flavus sah sich als Teil dieser Armee, dieser großen römischen Armee, die immer und überall erfolgreich war. Flavus sprach von der Größe Roms, von der Macht des Caesars Germanicus und lobte die Werke des Kaisers.

Er nannte die Vorzüge, die die Römer ihren Feinden gewährten, wenn sie sich unterwarfen, denn schwere Strafen hätten nur diejenigen zu fürchten, die sich widersetzten und besiegt werden müssten. Er hob hervor, dass der Kaiser bei Unterwerfung immer Milde gewähre. Nur die Feinde, die besiegt werden mussten, hätten schwere Strafen zu fürchten.

Arminius' Frau Thusnelda und sein Sohn Thumelicus würden von den Römern gut behandelt, die beiden würden nicht als Feinde betrachtet. Arminius brauche sich keine Sorgen zu machen.

Aber Arminius hatte andere Vorstellungen. Arminius sah diese Armee als große Macht, die die Bevölkerung unterdrückte. Er bat, Flavus solle sein Vaterland nicht verraten.

Auch die Mutter wünsche sich, Flavus solle nach Hause kommen. Die Germanen hätten ihre eigenen Götter, ihr eigenes Leben, das immer schwieriger wurde. Die Lebensbedingungen unter der römischen Herrschaft wurden immer schlechter. Arminius war die Freiheit wichtig, das Vaterland, die Götter, die Mutter, die Verwandten, die Nachbarn ...

Die beiden Brüder gerieten in einen immer heftiger werdenden Streit. Sie hätten sich fast geprügelt. Der dazwischen liegende Fluss wäre kein Hindernis gewesen. Flavus forderte zornig Waffen und ein

Pferd, aber Stertinius eilte herbei und brachte Flavus wieder zur Vernunft.

Arminius auf der östlichen Seite, auf der Römerinsel am anderen Weserufer, kündigte die nächste Schlacht an, er drohte den Römern in lateinischer Sprache, denn er hatte auch als Hilfstruppenführer unter Tiberius gedient und die lateinische Sprache erlernt.

Die Weserbrücke
Am folgenden Tag stand die Schlachtreihe der Germanen jenseits der Weser und wartete auf die Römer. Die Römer des obergermanischen Heeres befanden sich immer noch am linken Weserufer bei Vlotho.

Hier in Vlotho kamen die 4 Legionen des untergermanischen Heeres unter der Leitung von Caecina dazu. Die Legionen des untergermanischen Heeres mit Caecina hatten den Weg an der Lippe entlang genommen. Sie waren dann über den Teutoburger Wald und entlang der Werre marschiert und hatten über Bad Salzuflen inzwischen auch den Treffpunkt in Vlotho erreicht.

Die Weserbrücke war immer noch nicht aufgebaut. Aber Germanicus war auf Sicherheit bedacht. Er wollte seine Soldaten nicht ohne Brücken und ohne Bollwerke die Weser überqueren lassen und in den Kampf schicken. Die Weser ist ein mächtiger Strom und nicht so leicht zu überwinden.
Germanicus war vorsichtig. Er beschloss, zunächst die Reiter vorzuschicken. Er schickte Stertinius und den Primipilaren Aemelicus mit ihren leichten Reitereinheiten über eine Furt auf die rechte Weserseite. Sie sollten die Streitkräfte der Germanen entfernt voneinander

angreifen. Der Feind, die Germanen sollten zersplittert werden. Germanicus war wie immer fürsorglich für seine eigenen Leute. Er sah sich als der Beschützer seiner Legionen.

Die Vössener Furt[92] lag im Ortsteil Holtrup in der Nähe der Autobahnbrücke. Der Ortsteil Holtrup gehört heute zur Stadt Porta Westfalica. Vom Schlossberg aus lässt sich die Weserfurt gut übersehen. Man kann von dort auch einen Aussichtspunkt erreichen, von dem aus man Bad Oeynhausen und das davorliegende Weser Tal überblicken kann. Ein idealer Platz für einen Wachtposten.

Die Brückenteile wurden von Transportschiffen angeliefert. Die Versorgung mit Nachschub und Ausrüstungsteilen klappte fast reibungslos. Die Soldaten verbrachten viel Zeit mit der Erstellung von Brücken und Bollwerken. Dann überquerten sie die Weser. Die Eisenbahnbrücke bei Vlotho-Winterberg gibt die Stelle vor, an der das römische Heer die Weser überquerte.

Die Soldaten, die die Brücke überquert hatten, marschierten zum nächsten Etappenlager bei Veltheim. Der Weg führte zwischen der Weser und dem Berg Buhn hindurch. Er führte weseraufwärts und

Eisenbahnbrücke Vlotho

folgte der heutigen Eisenbahnlinie Richtung Osten, Richtung Hameln. Das nächste Etappenlager lag auf dem rechten Weserufer kurz vor Veltheim. Veltheim[93] liegt ca. 6 km von Vlotho entfernt. Arminius ließ das römische Heer kommen.

Die Holländer
Chariovaldus, der Führer der Bataver hatte seinen eigenen Plan. Die Holländer brauchten keine Brücke. Flussüberquerungen kannten sie aus ihrem Leben im Rheindelta. Sie waren mutig, waghalsig und tollkühn. Sie machten die Flussüberquerung zu einer Mutprobe.

Chariovaldus überquerte mit seinen Holländern die Weser an ihrer reißendsten Stelle. Die reißendste Stelle ist in der Nähe der Porta

Westfalica, denn hier durchbricht die Weser das Gebirge, hier ist der Weserdurchbruch zwischen Wiehen- und Wesergebirge. Hier ist die Strömung besonders stark.

Als Chariovaldus und seine Reiter von Dehme aus die Weser überqueren wollten, wurden sie von der Strömung erfasst und nach Osten mitgerissen. Sie wurden dann in der nächsten großen Kurve wieder an Land getrieben, das war etwa bei Hausberge, weil sich die Weser dort wieder nach Norden wendet. Chariovaldus erreichte mit seinen Soldaten das östliche Weser-Ufer bei Hausberge. Die Kleidung war nass, sie mussten ja mit ihren Pferden schwimmen.

Aber Chariovaldus hatte keine Zeit nachzudenken, denn es zeigte sich Arminius. Arminius wandte wieder eine List an, er nutzte dieselbe Taktik, die er schon in Kalkriese angewandt hatte, als er Germanicus in die Falle lockte.

Arminius täuschte eine Flucht vor und veranlasste die Bataver, ihm zu folgen. Er zeigte sich, ritt landeinwärts voraus, er zeigte sich wieder und lockte die Holländer immer weiter landeinwärts. Die Holländer verfolgten ihn und plötzlich brachen seitlich aus den Wäldern (evtl. am Roten Brink) die Germanen hervor, sie jagten die Holländer und verfolgten sie.

Die Germanen lockten Chariovaldus und seine Reiter immer weiter auf eine von bewaldeten Anhöhen umgebene Ebene.

Sie umringten die Bataver und kesselten sie ein. Arminius hatte den Kampfplatz gut ausgesucht. Die Germanen griffen wieder die Pferde an, diese warfen ihre Reiter ab. Die Germanen waren daraufhin im

Vorteil. Die Bataver wollten flüchten, doch die Germanen machten sie im Nahkampf oder auch von fern nieder.

Chariovaldus war mutig. Er hielt dem Angriff der Germanen lange stand. Die eingekesselten Holländer versuchten, sich mit aller Macht zu befreien. Zuletzt befahl er, den Kreis der Angreifer in geschlossenen Haufen zu durchbrechen und zu fliehen. Als er selbst in das dichteste Getümmel einbrach, wurde sein Pferd unter ihm weggeschossen, er selbst wurde ebenfalls getroffen und tödlich verwundet. Auch viele Adelige wurden niedergemacht und getötet.

Die Reitereinheiten des Stertinius und Aemelicus kamen den Holländern zu Hilfe. Sie retteten die Holländer und schlugen die Germanen zurück.
Diese Schlacht war für die Römer gut ausgegangen, nur die Holländer waren tot. Das könnte in Todenmann[94] gewesen sein.

Was machten Stertinius und Aemelicus mit den toten Holländern? Sie brachten sie zum Heer zurück, zu Germanicus, der sich gerade im Lager bei Veltheim aufhielt und der sie vorschriftsmäßig bestattete. Die Leichen wurden wie immer verbrannt, die Knochen aus der Asche sorgfältig ausgelesen, in die Urnen gefüllt, mit Grabbeigaben versehen und ehrenvoll in der Erde vergraben. Das tote Pferd des Anführers Chariovaldus wurde mit Zaumzeug und Sattel ebenfalls verbrannt und vergraben.

Veltheim
Das Veltheim[93] schon sehr früh besiedelt wurde, beweisen die wichtigen Altertumsfunde. Neben zwei Siedlungsplätzen sind in Veltheim

zwei Gräberfelder gefunden worden, die die Wissenschaft dem 2.-3. Jahrhundert n. Chr. zuordnet.

Über einer Siedlungsstelle am Rande der Tal Aue liegt an einem sanft ansteigenden Rücken „Auf der Leuchten – Zur Lüchte" genannt, ein Gräberfeld mit Funden aus dem 2. Jh.

Ein Siedlungsplatz, der wohl noch im 3. Jh. bestanden hat, liegt am Ostausgang des heutigen Dorfes.

Nördlich davon, beim Hof Siemonsmeier, ist ein kleines Gräberfeld mit sehr reichen Bestattungen ausgegraben worden.

Auf eine Anhöhe, nordöstlich davon (Mühlenbrink) hat ein größerer Friedhof aus der gleichen Zeit bestanden, der aber nur unvollständig erfasst ist.

Von Herrn Reinhold Kölling, Ortsheimatpfleger in Veltheim, wissen wir, dass es verschiedene Funde gegeben hat.

Von dem kleinen Friedhof beim Hofe Siemonsmeier wurden 36 Bestattungen des ausgehenden 2. und 3. Jh. untersucht. Die Toten sind durchweg verbrannt worden. 14 Gräber haben sich dadurch von den übrigen unterschieden, dass sie Gegenstände enthielten, die als Import aus römischen Werkstätten in das Land gekommen sind.

Besonders reich sind zwei Bestattungen ausgerüstet gewesen, in denen jeweils zwei Bronzeeimer oder Becken zu Tage kamen. Neben Bronzegefäßen sind Tongefäße und Reste von Gläsern gefunden worden. Außerdem sind in den Gräbern ein Schwert, eine Lanzenspitze und ein Schildbuckel ausgegraben worden.

1909 hat man in Veltheim einen kleinen Friedhof entdeckt und ausgegraben. Die Wissenschaftler datierten die Funde auf das 1. bis 2. Jahrhundert n. Chr. Die Fundstücke sind nicht in Veltheim geblieben, sie wurden wahrscheinlich nach Dortmund gebracht.

„Der Lehrer Detert beschreibt in seinen Aufzeichnungen zur Geschichte von Veltheim weitere Einzelheiten zu den Altertumsfunden:
Bei einer Bodenabtragung auf dem Siemonsmeierschen Hofe Nr. 14 im Jahre 1909 wurden Urnenscherben entdeckt, die Schüler ihrem Lehrer Wellpott brachten.
Diesem rührigen Manne, der sofort den Wert dieser Scherben erkannte, ist es zu verdanken, dass die wertvollen Altertumsfunde nicht verloren gingen und der Wissenschaft erhalten blieben.

Im Verein mit dem Heimatforscher Prof. Langewiesche aus Bünde ging er mit der Schaufel an die Arbeit, um wertvolle Funde zu bergen. Es wurde ein Urnenfriedhof mit 17 Grabstellen, die in verschiedenen Tiefen lagen, entdeckt. Außer Ton-Urnen kamen 4 Bronzeurnen zutage, die römischen Ursprungs zu sein schienen. Dass bei unseren Vorfahren die uralte Volkssitte herrschte, die Leichen zu verbrennen, beweist auch hier der Inhalt der gefundenen Urnen. In fast allen Urnen fand man Reste verbrannter Leichen. Da man im abgetragenen Boden keine Spuren von angebrannter Erde fand, so darf man annehmen, dass die Feier der Verbrennung an einem anderen Platze vollzogen wurde.

Einzelne Urnen waren jedoch vollständig in Asche vergraben, und daraus lässt sich schließen, dass der Ort der Verbrennung nicht fern gelegen hat.

Die Urnen waren in der Hauptsache mit verbrannten Knochenresten ausgefüllt, die sorgfältig aus dem Brandschutt ausgelesen zu sein schienen. Einzelne Urnen wiesen auch ein oxydiertes Kupferstückchen auf. Mit Ausnahme der Bronzegefäße, die auch bedeutend tiefer eingebettet waren, zeigten sich in dem die Urne umgebenden Aschenschutt zahlreiche oxydierte Kupfer und Bronzeteile. Daraus lässt sich schließen, dass den Verbrannten ihr ganzer Schmuck mit ins Feuer gegeben wurde. Die Menge der verbrannten und zerbröckelten Knochen in den einzelnen Urnen ist sehr unterschiedlich und lässt auf verschiedene Körpergrößen und Alter schließen. Unter einer Urne, etwa einen Meter tiefer, fand man verbrannte Knochen von einem Ross. Hier muss man annehmen, dass die tierischen Knochen Überreste des mit ins Feuer gegebenen Rosses sind.

Dass dem Germanen seine Waffen, einzelnen auch ihr Ross ins Feuer mitgegeben wurden, berichtet auch Tacitus. Die gefundenen Bronzeringe mit vernieteten Lederstücken, die Eisenringe und die eisernen Schnallen beweisen auch hier, dass dem Edlen das Pferd mit ins Grab gegeben wurde, und zwar mit Zaum und Sattelzeug.
Von besonderer Bedeutung ist der Fund der Bronzeeimer in Veltheim, da bisher wohl kaum in Westfalen Funde dieser Art gemacht worden sind. Die Eimerfriese weisen verschiedene Tiergestalten auf, und zwar einheimische und fremde. Es ist anzunehmen, dass die Kunsthandwerker, die diese Eimerfriese schufen, ihre Tierstudien in der römischen Arena machten. Auf dem Veltheimer Tierfries finden wir Hunde, Eber, Hirsche, Löwen, Panther und Steinböcke vor.

Die Wissenschaft nimmt an, dass der germanische Urnenfriedhof in Veltheim aus dem 2. bis 4. Jahrhundert n. Chr. stammt und dass die germanische Bevölkerung der Wesergegend mit dem römischen Kaiserreiche damals in regem Handelsverkehr gestanden hat, der von den Rheinlanden her auf dem Wasserweg allerlei römische Ware in das Germanenland führte".

Vor der Schlacht
Ein germanischer Überläufer kam und verriet, dass Arminius bereits das Schlachtfeld ausgesucht hätte. Das Schlachtfeld sollte zwischen der Weser und dem Wesergebirge liegen, in den sogenannten Stauwiesen. Germanicus war einverstanden, er war der Ansicht, dass dieses Gelände auch für die Römer vorteilhaft sei, hier hätten beide Parteien gleiche Bedingungen.

Der Überläufer verriet auch, dass zusätzlich weitere germanische Stämme zur Verstärkung angerückt seien, die sich jetzt in dem heiligen Wald befänden, den sie dem germanischen Gott Donar geweiht hatten.
Donar (Thor) war ein altgermanischer Gott, neben Odin (Wodan) die bedeutendste und gewaltigste Gestalt unter den Asen. Der Gott des Donners, der Winde und Wolken, schenkte im Gewitter Fruchtbarkeit; sein Attribut war der Hammer Mjöllnier. Donar (Thor) kämpfte im Weltuntergangsmythos mit der Midgardschlange, die in diesem Kampf ebenso wie Donar (Thor) den Tod fand.

Der Heilige Wald könnte am Königsberg im Wesergebirge[95] gewesen sein.

In der Nacht wollten die Germanen den ersten Angriff wagen. Die Römer vertrauten dem Überläufer. Sie sahen die Feuer der Germanen und schickten Spähtrupps aus, die die Germanen auskundschaften sollten. Die Spähtrupps hörten Pferdeschnauben und andere Geräusche von einem sehr großen, aber ungeordneten Heer. Die Entscheidung stand also kurz bevor. Der Überläufer hatte richtig berichtet.

Vor der Entscheidungsschlacht hielt es Germanicus für wichtig zu erfahren, wie seine Leute über ihn dachten. Er war unsicher, ob seine Soldaten zu ihm hielten und ihm vertrauten.

Er war sehr misstrauisch gegenüber seinen eigenen Beratern. Es würden immer einige bestimmen, die anderen dem nur beipflichten. Er misstraute den Tribunen und Centurionen, die häufig anderen nach dem Mund redeten. Einige würden erzählen, die anderen dem nur zustimmen.

Daher wollte er gern die Moral der eigenen Truppe erkunden. Er wollte die wahre Meinung der Leute erfahren, dazu musste er sie beim Essen belauschen, wenn die Leute unbeobachtet seien und zu ihren eigenen Freunden sprechen würden.

Nach Anbruch der Nacht verließ er also sein Feldherrnzelt, um die Schulter ein Fell geschlungen und ging in die Lagergassen. Er nahm nur einen Begleiter mit. Er hörte viel Erfreuliches über sich selbst, die Soldaten lobten seinen Ruf als Feldherrn, oder auch sein geduldiges und freundliches Wesen. Über ihn sprachen sie sehr gut, sie lobten seine sympathische Art und seine Fürsorge. Germanicus hörte nur Gutes über sich selbst und war sehr beruhigt, er konnte sich auf seine Leute verlassen. Germanicus war sehr zufrieden.

In der Zwischenzeit ritt ein anderer Späher der Germanen an die Verschanzung heran, er sprach sogar Latein, und bot den römischen Soldaten an, zu Arminius überzulaufen. Er wollte die römischen Soldaten überreden. Sie sollen 100 Sesterzen pro Kriegstag und zusätzlich Frauen und Land erhalten.

Aber die römischen Soldaten waren nicht interessiert. Wenn es Tag würde, und wenn es Krieg gäbe, würden die Soldaten sowieso die Frauen rauben und die Äcker nehmen. Die Soldaten wiesen diese Angebote entrüstet zurück.

Ein Sesterz war eine römische Münze. Sie wurde erstmals unter Augustus geprägt bis etwa 270 n. Chr. Ein Sesterz = 4 As war die schwerste Münze der Kupferwährung.

Die Germanen wollten das Lager um die dritte Nachtwache herum angreifen. Sie schleuderten aber keine Geschosse, weil sie merkten, dass die Römer das Lager gut gesichert hatten, die Wachen standen aufmerksam auf der Verschanzung und der Schutz des Lagers war vollständig. Sie ließen daraufhin von einem Angriff ab.

In dieser Nacht hatte Germanicus einen erfreulichen Traum. Er träumte, er würde den Göttern opfern, und als das Blut sein Purpurgewand bespritzte, erhielt er von seiner Großmutter Augusta (Livia Drusilla) ein neues, viel schöneres Gewand geschenkt. Germanicus nahm es als gutes Zeichen, er war zuversichtlich, denn die nächste Schlacht sollte unbedingt siegreich werden.

Träume und Traumdeutungen waren im römischen Reich sehr wichtig. Auch für Germanicus hatten sie große Bedeutung. Das Opfern war Symbol, die nächste Schlacht war entscheidend, sie sollte unbedingt gelingen und für die Römer gut ausgehen.

Germanicus' Ansprache
Bei Tagesanbruch berief Germanicus auf dem Hauptplatz eine Heeresversammlung ein und hielt eine Ansprache an seine Soldaten. Er teilte den Soldaten seine Ansichten über den bevorstehenden Kampf mit.

Freies Gelände sei für die Römer immer das beste Gelände, aber Wälder und Berge könnten ebenfalls günstig sein, man müsse sich nur entsprechend verhalten. Ganz wichtig sei für den drohenden kommenden Kampf die richtige Taktik.

Denn die römischen Waffen seien den Waffen der Germanen sowieso in allen Belangen überlegen. Gut geeignet seien für den Kampf die Wurfspieße und die Kurzschwerter. Die Kettenhemden schützten ihre Körper.

Die Germanen dagegen hätten keine Panzer oder Helme, nur wenige hätten Lederkappen. Ihre Körper seien zwar finster anzusehen, aber ungeschützt. Sie wären nur für einen kurzen Kampf tauglich, denn wenn sie einmal verwundet würden, zögen sie sich sofort zurück und würden fliehen. Er stellte die Germanen als Feiglinge hin, so dass die römischen Soldaten auf jeden Fall gewinnen würden.

Die Germanen hätten als Waffen nur lange Lanzen. Nur die Germanen, die in der ersten Reihe kämpften, hätten Eisenspitzen an den

Lanzen, die in den hinteren Reihen hätten nur vom Feuer schwarz gefärbte Lanzenspitzen aus Holz, d.h. Lanzen mit im Feuer gehärteten Spitzen.

Ihre überlangen Speere seien zwischen den Baumstämmen und dem niedrigem Gebüsch unhandlich und ungeeignet. Die Germanen seien durchgehend schlecht bewaffnet.

Ihre riesigen Schilde seien nur dünne bemalte Bretter oder Weidengeflecht, sie seien auch nicht mit Eisen oder Leder verstärkt, also für den Kampf mit den Römern auch völlig ungeeignet.
Germanicus war guten Mutes. Er feuerte seine Soldaten an, sie sollten häufig zuschlagen und immer auf die ungeschützten Gesichter der Germanen zielen, denn der nächste Kampf war wichtig.

Wenn sie nämlich in der kommenden Schlacht die Germanen töteten, könnten sie ohne Probleme bis zur Elbe vorstoßen. Denn die Elbe sei jetzt schon näher als der Rhein, und wenn sie an diesem Tag den Kampf gewönnen, gäbe es keinen weiteren Krieg. Denn inzwischen hätten sie schon die Hälfte der Strecke zwischen Rhein und Elbe hinter sich gebracht.

Wenn sie sich ein Ende des Krieges wünschten, wenn sie genug hätten von den weiten Wegen in Germanien und genug vom Meer, dann sollten sie ihm zu einem Sieg verhelfen, ihm, der den Spuren des Vaters folge. Auch wenn sie sich nach Hause sehnten und ein Ende der Kämpfe wünschten, sei die kommende Schlacht entscheidend.

Die Soldaten waren begeistert von seiner Rede und das Zeichen zum Kampf wurde gegeben. Die Römer hatten nichts zu befürchten.

Die Legionen wurden daraufhin in Schlachtformation aufgestellt.

Arminius Ansprache
Auch Arminius und die anderen germanischen Führer hielten eine Ansprache an ihre Soldaten. Arminius wusste, dass es schwer werden würde, die Römer zu besiegen. Trotzdem verbreitete er Zuversicht und verwies auf die vielen Rückschläge, die die Römer in diesem Land bereits gehabt hatten.
Er erinnerte sie an Varus und sagte ihnen, dass sie die Römer schon unter Varus besiegt hätten und verwies auf die Erfolge bei der Varus-Niederlage. Er erinnerte sie auch an die ängstlichen, fluchtbereiten Römer aus dem Heer des Varus, die einen Aufstand angezettelt hatten, um keinen weiteren Krieg erleiden zu müssen.

Arminius sprach von den Verletzungen, von den Wunden, von den zerschlagenen Knochen, die die Römer schon erleiden mussten. Er verwies auf die Fahrten über die Nordsee im vergangenen Jahr, im Heer von Germanicus seien viele Soldaten, die schon im letzten Jahr an der Nordsee gestrandet seien, die Nordseestürme seien verheerend gewesen.

Germanicus habe jetzt den weiten Ozean nur zu Hilfe genommen, damit niemand die Ankommenden ausfrage oder die Geschlagenen bedränge. Aber wenn es zum Kampf käme, wäre die Ausrede von Winden und Rudern für die Geschlagenen nutzlos. Arminius sprach von den ungnädigen römischen Göttern, ohne Hoffnung auf ein gutes Ende für die Soldaten.

Sie sollten sich nicht fürchten, nicht vor dem toten, jetzt heiligen göttlichen Augustus, auch nicht vor Tiberius und erst recht nicht vor Germanicus, der vor lauter Angst, überfallen zu werden, den Umweg über die Nordsee genommen hatte. Die Germanen sollten sich immer an die Habsucht und die Grausamkeit der Römer erinnern. Sie sollten stolz sein auf ihre Freiheit und nicht in die Knechtschaft gehen. Das römische Heer sei zwar riesengroß, aber dadurch auch sehr unbeweglich. Die Rüstung mit Helm sei schwer und hinderlich. Auch er stellte seine Truppen in Position.

Lassen wir Tacitus sprechen: Annalen II,16,1 *(1)*
„Die so angefeuerten forderten die Schlacht und wurden auf das Gelände 'Idistauise' geführt. Dieses zieht sich mitten zwischen der Weser und den Hügeln dahin, ungleichmäßig breit, je nachdem die Ufer oder Berge weichen. Im Rücken erhob sich Wald mit hoch herausragenden Bäumen, ohne Unterholz zwischen den Baumstämmen."

Die Soldaten des Arminius hatten schon Aufstellung genommen. Die erste Gruppe der Germanen hielt den Waldrand nördlich des Römerweges besetzt. Die zweite Gruppe stand auf dem offenen Gelände im Süden, in der Nähe der Weser. Dazwischen auf dem Joch des vorspringenden Bockshornberges[96] standen die Cherusker. Sie wollten von oben her die Römer angreifen. Das germanische Heer war kampfbereit.

Das römische Heer war ebenfalls schlagfertig. Die Römer wollten aus dem Marsch heraus die Germanen angreifen, sie wollten aus dem Marsch zur Schlacht übergehen.

Schlachtformation: Zuerst zogen die Hilfstruppen der Gallier und Germanen zu Pferd, danach marschierten die Bogenschützen zu Fuß, danach die 4 Legionen, die Germanicus befehligte, dann Germanicus mit seinen Legaten (Prätorianern, ca. 1.000 Mann), danach folgten weitere 4 Legionen, die Caecina befehligte, und danach die leichtbewaffneten Bogenschützen zu Pferd, dann die restlichen Truppen befreundeter Volksstämme. Das Heer marschierte ohne Gepäck. Sie wollten aus dem Marsch heraus zur Schlacht übergehen.

Schlachtformation der Römer
Hilfstruppen der Gallier und anderer Germanen (Räter, Vindeliker, Chauken)
Bogenschützen
4 Legionen des Germanicus (aus Mainz)
Germanicus mit Prätorianern 2 Kohorten (ca. 1.000 Mann)
4 Legionen des Caecina (aus Köln und Xanten)
leichtbewaffnete Bogenschützen
restliche Truppen befreundeter Volksstämme
Das Heer marschierte ohne Gepäck (das Gepäck befand sich auf den Schiffen)

Idistaviso - Die Schlacht

Germanicus sah die Adler (Standarten) fliegen. Acht prächtige Vögel, die Schutzvögel der römischen Soldaten, flogen in die Wälder. Germanicus war begeistert und rief, die Legionen sollten losmarschieren und den Vögeln Roms folgen. Er nahm es als gutes Vorzeichen.

Die Cherusker begannen den Kampf. Mit ihren Pferden brachen sie wild hervor. Germanicus ließ sie von seinen besten Reitern von der Seite her angreifen. Stertinius sollte sie mit den anderen Reitern umgehen und dann im Rücken angreifen. Germanicus selbst würde rechtzeitig kommen.

Zugleich griff das Fußvolk der Germanen an. Sie kamen vom Joch heruntergerannt. Die Germanen stürmten vor, dem Heer entgegen. Aber sie konnten nicht weiter vorwärts stürmen, denn sie trafen vorne auf die römischen Bogenschützen zu Fuß, und von hinten kamen die römischen Reiter. Die Reiterei mit Stertinius und Aemelicos vertrieb die hinteren und seitlichen Germanen.

Die Germanen sahen keine Chance zu kämpfen, sie sahen nur die Möglichkeit, seitlich zu entfliehen, entweder hinunter zur Weser oder in den Wald.

Die Germanen flohen in zwei verschiedene Richtungen, die aus dem Wald in offenes Feld und die anderen aus offenem Feld in den Wald.

Mitten zwischen den flüchtenden Germanen wurden die Cherusker, die sich auf dem Joch befanden, vom Bocksberg und von den anderen Hügeln hinuntergeworfen.

Arminius war schon gleich verwundet. Arminius, man erkannte ihn an seiner Wunde, versuchte, mit lauter Stimme die Germanen zusammen zu halten und den Kampf aufrecht zu halten. Er hätte auch die römischen Bogenschützen angegriffen und ihre Reihen durchbrochen, wenn die Kohorten der Räter, Vindeliker und Gallier den Römern nicht geholfen hätten.

Doch schließlich schaffte er es zu entfliehen. Mit aller Kraft und mit der Kraft seines Pferdes, das Gesicht mit Blut beschmiert, gelang es ihm unerkannt zu entkommen. Einige berichteten, er sei von den Chauken doch erkannt und durchgelassen worden.

Auch Inguiomerus schaffte es, das Kampffeld zu verlassen. Tapferkeit oder gleiches Fehlverhalten ermöglichte auch Inguiomerus die Flucht.

Viele Germanen wurden gejagt und niedergemacht. Die meisten Germanen flohen in Richtung Weser. Das Gedränge war sehr groß. Alle wollten ein Holzscheit erwischen, um damit durch die Weser schwimmen zu können. Es entstand eine Panik, als plötzlich die Uferböschung zusammenstürzte und etliche Leute unter sich begrub.

Die meisten Germanen stürzten sich unter Todesverachtung mutig in die Weser und wurden von der Strömung mitgerissen. Die römischen Bogenschützen schossen ihre Pfeile ab und etliche Germanen wurden verwundet.

Die Strömung trieb sie flussabwärts und in einer großen Schleife weit weg von dem römischen Heer. Auf dem linken Weserufer kletterten sie wieder an Land, froh, dass sie noch am Leben waren.

Andere Germanen trauten sich nicht in das Wasser. Sie setzten alles daran, das Waldgelände zu erreichen. Auch sie wurden von den Bogenschützen verfolgt. In ihrer Not versteckten sie sich im Gebüsch oder kletterten auf die Bäume. Einige Germanen versteckten sich in den Baumwipfeln oder den Zweigen, aber die Bogenschützen waren geübt und schossen sie kurzerhand von den Bäumen herunter. Die Römer fällten auch Bäume, um die Germanen zum Aufgeben zu veranlassen[97].

Bockshornberg
Die Kiesgrube in Veltheim, heute ein Naturschutzgebiet, liegt nördlich der Bahnlinie. Früher ragte an dieser Stelle mit 124 m der Bockshornberg als die höchste Veltheimer Erhebung empor. Dieser Berg wurde durch Kiesabgrabung beseitigt. Die Kiesabgrabung endete 1970.

In der Weseraue, südlich der Bahnlinie kann man die weiten Bögen, die die Weser hier schlägt, erkennen. Die Weser hat ihren Verlauf wiederholt verlagert, und ihr vermutlich älteres Bett ist einen Kilometer südlich von Veltheim unter dem Steilhang der südlichen Terrasse zu suchen. Man kann auch die ehemaligen Flutmulden der „Alten Weser" (genannt Dahnen) erkennen.

Die Redensart: „Jemanden ins Bockshorn jagen", heißt, eine Person auf das Horn eines Bocks zu jagen. Diese Redensart bedeutet, jemanden in die Enge treiben, einschüchtern, verunsichern oder auf eine falsche Fährte locken. Die Herkunft der Redensart ist ungeklärt. Sie muss in ihrer Urform schon sehr alt sein. Dies liegt daran, dass schon zu der Zeit, aus der die ältesten uns verfügbaren Belege stammen, die ursprüngliche Bedeutung nicht mehr bekannt war. Nur so konnten sich viele Variationen entwickeln. Einig sind sie sich fast alle, dass das Bockshorn nichts Angenehmes ist[98].

Großartiger Sieg
Die Römer erreichten einen grandiosen Sieg. Von 11 Uhr an bis zur Nacht wurden die Germanen niedergemacht und eine große Strecke von 10.000 Schritt = 10 Meilen = 15 km war mit Leichen und Waffen angefüllt.
Das große Heer, die Legionen waren immer weiter marschiert. Die Soldaten in ihren schweren Panzern hatten gar nicht in den Kampf eingegriffen, sie waren nicht beteiligt. Sie waren den Germanen nicht nachgerannt, weder in den Wald noch in die Weser. Das war nur Aufgabe der Bundesgenossen (Reitereinheiten) und der Bogenschützen zu Fuß.

Die Germanen hatten auf ihren Sieg gehofft, doch dieser Kampf ging zu Gunsten der Römer aus. Die Römer fanden Ketten, (keine langen Lanzen, wie Germanicus angekündigt hatte), die die Germanen mitgebracht hatten, um die Römer zu fesseln.

Lassen wir Tacitus sprechen: Annalen II,18,1 *(1)*
„Groß und auch nicht blutig war dieser Sieg für uns (die Römer). Von der 5. Tagesstunde (11 Uhr) bis zur Nacht wurden die Feinde

(Germanen) niedergemacht und (eine Strecke von) 10.000 Schritt (15 km) war mit Leichen und Waffen angefüllt. Unter der Beute fand man Ketten, die sie für die Römer mitgebracht hatten, als sei kein Zweifel am Ausgang (der Schlacht)."

Gegen Ende des Tages gab Germanicus den Befehl, ein Lager aufzubauen. Er war froh, der Sieg war großartig, er war in Hochstimmung. Nichts war passiert. Sie hatten keinerlei Verluste erlitten. Die Legionen hatten gar nicht eingegriffen. Nur die Reitereinheiten und die Bogenschützen hatten die Germanen gejagt. Verluste gab es nur bei den Germanen.

15 km östlich von Veltheim, nördlich der Bahnlinie am Rohder Bach (Ellerbach) errichteten sie ihr nächstes Lager.

Tropaeum Nr. 1
Das große römische Heer errichtete einen Hügel als Siegesdenkmal. Die Soldaten legten darauf die erbeuteten Waffen (Ketten) und die Namen der besiegten germanischen Völker. Diesen Hügel widmeten sie dem Imperator, dem Kaiser Tiberius.

Die Schlacht am Angrivarierwall

Am nächsten Morgen befanden sich die Römer wieder auf dem Weg, sie marschierten immer weiter Richtung Elbe. Germanicus hatte sein Ziel keineswegs aufgegeben.

Als aber die Germanen das Siegesdenkmal erblickten, gerieten sie in Schmerz und Zorn. Vergessen waren die Wunden, die Trauer und die Verluste an Menschen. Die Germanen, die gestern noch fliehen wollten, um über die Elbe zurückzuweichen, griffen erneut zu den Waffen. Sie wollten nun den Kampf und die Römer vertreiben. Was bildeten sich die Römer ein, sie hatten die Germanen doch noch nicht besiegt!

Sie ließen die römischen Reiter und deren Bundesgenossen an sich vorbei ziehen. Sie griffen diesmal nicht die Vorhut an, die aus Hilfstruppen bestand, nein sie griffen jetzt das Heer und die gepanzerten Prätorianer und Germanicus selbst an.

Alle rissen ihre Waffen (Ketten) an sich, sie plünderten das Siegesdenkmal, sie kämpften alle, das Volk und der Adel, Jung und Alt, Männer und Frauen, alle die laufen konnten, griffen plötzlich das römische Heer und die Prätorianer mit Germanicus an. Jetzt griffen alle Germanen zu den Waffen, alle, die irgendwie in der Lage waren zu kämpfen und sich zu wehren. Auch die Angrivarier hatten sich jetzt angeschlossen.

Sie stürzten sich auf die Römer, so dass es zu einem richtigen Kampf kam. Sie warfen die Prätorianer aus der Bahn. Die Germanen drängten die gepanzerten Soldaten von der Bahn in das offene Gelände.

Die römischen Soldaten wurden überrascht von den ungestümen Germanen. Die Legionen marschierten indessen unbeirrt weiter.

Aus der Bahn werfen: Redensart[99],
Wer aus der Bahn geworfen wurde, hatte den Kampf verloren.

Germanicus war elektrisiert, er reagierte sofort. Er verfolgte mit seinen Prätorianer-Kohorten die germanischen Reiter. Er wusste, jetzt ging es um ihn selbst und um seine Sicherheit! Und Arminius war der Anführer.

Der Damm
Arminius lockte die Prätorianer mit Germanicus zum Bergland, weg von der Weser. Das Wesergebirge bildete die Grenze zwischen dem Cherusker- und dem Angrivarier-Gebiet. Die Angrivarier hatten dort zum besseren Erkennen der Grenze einen Erdhaufen aufgeschüttet, der die zwei Bevölkerungsgruppen trennte.

Den Erdwall[100] hielten nun die Cherusker besetzt. Auf diesem Damm standen die germanischen Fußtruppen, die Reiter verbargen sich in den benachbarten Gehölzen, so dass sie im Rücken der in den Wald eindringenden Legionen standen.

Lassen wir Tacitus sprechen: Annalen II, 19,2 *(1)*
„Schließlich wählten sie einen von Fluss und Wäldern umgebenen Ort, innen mit einer engen und feuchten Ebene; die Wälder umzog auch ein tiefer Sumpf, außer dass die Angrivarier auf einer Seite einen breiten Damm ausgehoben hatten, durch welchen sie von den Cheruskern getrennt wurden. Hier standen die Fußtruppen; die Rei-

ter verbargen sich in den benachbarten Gehölzen, damit sie im Rücken der in den Wald eindringenden Legionen stünden."

Germanicus nahm den Kampf an. Er formierte seine Soldaten. Dem Legaten Seius Tuberus unterstellte er die Reiterei und das Gelände. Die Fußtruppen stellte er so auf, dass der erste Teil ebenerdig in den Wald eindringen sollte, der zweite Teil den vorgelagerten Damm ersteigen sollte. Das Schwierige behielt er sich vor, den Rest den Legaten. Die Soldaten, die ebenerdig in den Wald eindringen sollten, hatten keine Probleme, die, die den Damm ersteigen sollten, wurden von den Cheruskern von oben her attackiert.

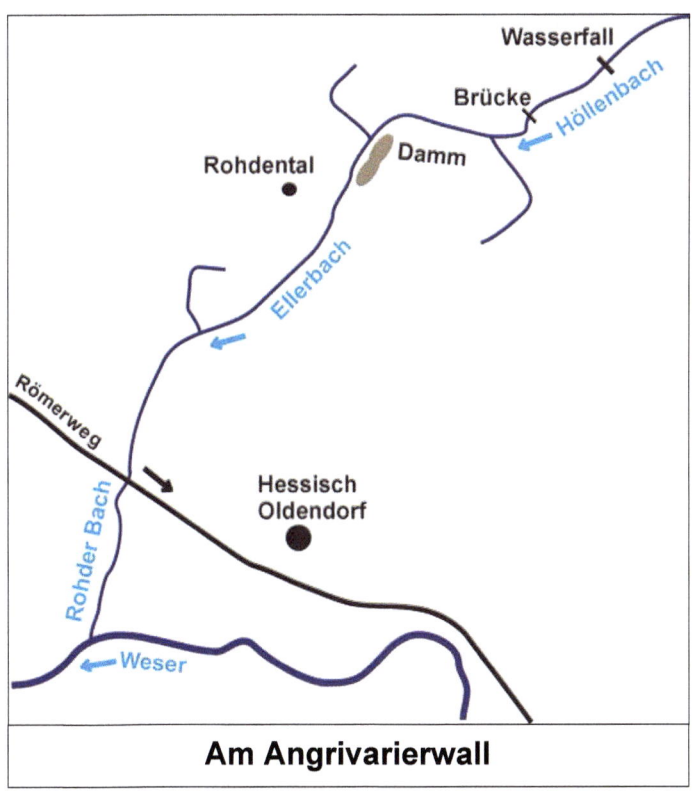

Am Angrivarierwall

Die Römer wollten die Cherusker vom Damm hinunterwerfen, aber das ging nicht so einfach. Der Damm war steil. Die Römer hatten den Eindruck, sie würden gegen eine Wand anrennen. Sie bekamen mächtige Hiebe auf den Kopf, es war so, als müssten sie eine Wand erklimmen, so als würden sie sich einer Mauer nähern. Germanicus hielt diesen Kampf für ungünstig, hier kämpfte Mann gegen Mann.

Germanicus sah die Erfolglosigkeit, und befahl, die Legionen etwas zurückzunehmen und dafür die Bleischleuderer und Steinschleuderer einzusetzen. Er führte in seinem Heer schon Maschinen mit, die Blei und Steine schleudern konnten, die die Germanen verjagen oder dort einfach hinunter schießen sollten.

Aus den mitgebrachten Geschützen wurden Speere geschleudert. Je mehr Verteidiger (Germanen) zu sehen waren, umso mehr Germanen wurden angeschossen und verwundet.

Schneegrund und Höllenbach

Nachdem die Römer den Damm erobert hatten, trug der Caesar Germanicus an der Spitze der Prätorianer-Kohorten den Angriff in die Wälder. Der Kampf ging weiter.

Die Falle
Die Römer dachten, sie hätten schon gesiegt und drangen, Germanicus und seine Prätorianer vorneweg, in das dahinter liegende Tal ein. Im Tal floss ein kleiner Bach (Höllenbach) und alle Römer zogen hinter ihrer Führung her in dieses Tal. Die Germanen lockten die Römer in einen von Wäldern umgebenen Ort, innen mit einer engen und feuchten Ebene. Die Wälder umzog auch ein tiefer Sumpf. Der Sumpf schloss im Rücken die Germanen ein, Fluss und Berge die Römer.

Nach kurzer Zeit wurde das Tal immer enger und schmaler und die seitlichen Berge immer höher und steiler. Die Soldaten fanden sich plötzlich in einem Tal wieder, das seitlich hohe Wände hatte.

Das Tal hatte keinen Ausgang! Das Tal war eine Sackgasse! Sie standen plötzlich vor einer Felswand, vor einem Wasserfall. Das Tal wurde immer voller und immer enger. Der Raum wurde so eng, dass sie sich nicht mehr bewegen konnten. Jetzt wurde es erst richtig gefährlich.

Die Soldaten des Arminius schlossen das Tal ab und ließen niemanden heraus. Alle waren nun darin eingesperrt und konnten nicht wieder heraus. In was für einen Hinterhalt waren sie da wieder geraten! Die Soldaten konnten sich nicht mehr bewegen, sich nicht mehr umdrehen, nicht mehr die Waffen benutzen. Germanicus nahm seinen Helm ab. Er schwitzte vor Angst. Er bekam Panik in dieser drangvollen Enge. Wo waren sie bloß gelandet! Wo waren sie bloß hineingeraten! Das Ganze war fürchterlich und beängstigend.

Irgendwann brach im Tal Panik aus, als die Soldaten versuchten, ins Freie zu gelangen. Nur, wenn sie wieder herauswollten, mussten sie zurück. Sie mussten sich den Weg durch die Germanen bahnen.

Wenn sie wieder heraus wollten mussten sie kämpfen!

Den Schild an der Brust, die Hand am Schwert, stachen sie auf die Germanen ein, auf die ungeschützten Gesichter, auf die ungeschützten Körper und bahnten sich ihren Weg durch die Reihen der Germanen. Sie metzelten alle nieder, die sich ihnen in den Weg zu stellen versuchten.

"... contra miles, cui scutum pectori adpressum et insidens capulo manus, latos barbarorum artus, nuda ora foderet viamque strage hostium aperiret, ..."

Beide Parteien mussten die Stellung halten, eine Hoffnung lag in der Tapferkeit, das Heil im Sieg. Die Germanen hatten sehr viel Mut, das wurde jetzt auch von den Römern anerkannt.

Lassen wir Tacitus sprechen: Annalen II,21,2a *(1)*
„Germanicus hatte den Helm abgenommen,
um besser erkannt zu werden und rief,
sie sollten mit dem Morden fortfahren,
sie sollten nicht nachlassen;
denn Gefangene wollten sie nicht machen,
das Ende des Krieges könnte nur
durch Völkermord erreicht werden."

"... et Germanicus, quo magis adgnosceretur detraxerat tegimen capiti orabatque, insisterent caedibus: nil opus captivis, solam internicionem gentis finem bello before."

Oben am Tal Rand sah man Ingioumerus vorbei reiten. Die Tal Wände waren sehr steil. Man sah nur seinen Kopf, obwohl er auf seinem Pferd ritt. Es sah aus, als flöge nur sein Kopf vorbei.

Arminius war nicht mehr kampffähig, entweder weil er den ständigen Gefahren ausgesetzt war oder weil ihn seine neuerliche Wunde behinderte. Sogar Inguiomerus, der überall war, verließ sich mehr auf das Glück als auf seine Tapferkeit. Die Reiter kämpften unentschieden.

Am Ende waren die Germanen unterlegen, einmal durch die Art des Kampfes und zum anderen auch durch ihre Waffen. Die Germanen hatten überlange Lanzen, die sie in dem engen Raum nicht vorstoßen konnten, sie konnten sie auch nicht zurückziehen, sie konnten keinen stürmischen Angriff starten und auch die Schnelligkeit ihrer Körper konnten sie nicht ausspielen. Der Kampf spielte sich auf der Stelle ab. Dagegen hatte das römische Heer einfach die besseren Bedingungen.

Wo könnte die Schlacht gewesen sein?
Der Wasserfall des Höllenbaches an der Höllenmühle in Langenfeld gehört zu den Höhepunkten des Hohensteingebietes im Süntel und ist der einzige natürliche Wasserfall in Niedersachsen. Die Wasserfälle im Harz wurden von Menschenhand geschaffen.

Der Wasserfall liegt in einer Höhe von 298 Metern über dem Meeresspiegel. Das Wasser des Höllenbaches stürzt hier 15 Meter senkrecht in die Tiefe.

Noch bis 1922 lieferte der Höllenbach Energie für die 1782 erbaute Höllenmühle. Heute erinnert nur noch der malerisch gelegene Mühlteich vor dem Gebäude an diese „bewegte" Vergangenheit. Nach wenigen Metern auf dem Waldweg gelangt man dann zur Aussichtsplattform des Langenfelder Wasserfalls[101].

Blutbach

Die Römer verfolgten nun die Germanen, die ins nächste Tal[102] auswichen. Sie erwischten viele und brachten sie um. Der Kampf war erst zu Ende, als die Nacht hereinbrach.

Erst spät am Abend zog Germanicus eine Legion heraus, um das Lager für die Nacht zu erstellen. Sie hatten sowieso kein Gepäck, keine Zelte. Ihre Ausrüstung befand sich auf den Schiffen.

Der Tag war fürchterlich und schrecklich gewesen. Die Soldaten (Prätorianer) hatten nichts zu essen, nichts zu trinken, sie wurden zu Kannibalen, sie sättigten sich am Blut der getöteten Germanen.

Lassen wir Tacitus sprechen: Annalen II,21,2b *(1)*
„Erst spät am Tage zog er eine Legion heraus, um das Lager zu errichten; die Übrigen wurden bis zur Nacht durch das Blut der Feinde gesättigt. Die Reiter kämpften unentschieden."
„*Iamque sero diei subduxit ex acie legionem faciendis castris; ceterae ad noctem cruore hostium satiatae sunt. Equites ambigue certavere.*"

Das war ein Kampftag! Vom frühen Morgen bis zum späten Abend immer nur morden. Was für ein Tag! Die Einkesselung war ganz schlimm gewesen. Sie sahen alle ihr letztes Stündlein gekommen. Das erinnerte sie ganz stark an Varus, der auch in seinem Dreilegionen-Lager eingeschlossen gewesen war.

An diesem Abend beschloss Germanicus umzukehren, den weiten Weg bis zur Elbe auf das nächste Jahr zu verschieben. Germanicus und seine Prätorianer waren bedient, sie waren fix und fertig. In diesem Jahr konnten und wollten sie nicht weiter nach Osten vorstoßen. Sie wären fast gestorben.

Tropaeum Nr. 2
Germanicus berief am nächsten Morgen eine Heeresversammlung ein. Er lobte seine Soldaten als große Sieger. Sie errichteten einen Siegeshügel aus den erbeuteten Waffen mit der stolzen Inschrift: „Nach Besiegung der Völker zwischen Rhein und Elbe durch das Heer des Tiberius hat das Heer dieses Denkmal den Göttern Mars, Jupiter und Augustus geweiht."

Über sich fügte er lieber nichts dazu, er hatte zu viel Angst gehabt. Die Germanen hatten auch ihn in einen Hinterhalt gelockt, auch er war in die Falle getappt. Er musste an Varus denken und an seinen Vater, der bei Aberloh auch in einen Hinterhalt geraten war. Sein Vater hatte sich mit Mühe und Not gerade noch retten können, aber Varus war umgekommen und mit ihm drei Legionen.

Dieses Denkmal mussten sie unbedingt den Göttern widmen, dieses Denkmal nur dem Kaiser zu widmen, das war zu wenig. Diesen Hinterhalt hätten sie fast nicht überlebt. Sie hatten dem Tod ins Auge geblickt.

Nach der Angrivarier Schlacht

Aber halt, es war noch etwas zu erledigen. Die Angrivarier, die inzwischen wieder abgefallen waren, mussten erneut zur Ordnung gerufen werden. Sie hatten wieder den Cheruskern geholfen. Germanicus beauftragte Stertinius, erneut in das Gebiet der Angrivarier einzufallen, die sollten sich sofort ergeben. Die demütig Bittenden wurden wieder in Gnaden aufgenommen. Germanicus war wie immer großzügig.

Das große Heer war inzwischen weitergezogen und hatte bereits Hameln erreicht. Auch die Schiffe mit dem vorausgeschickten Nachschub waren bereits in Hameln angekommen.

Der Sommer war schon vorgerückt. Es erschien nicht ratsam, den Feldzug zur Elbe fortzusetzen. Germanicus beschloss den Rückzug.

Rückzug

Germanicus teilte das Heer erneut auf. Die vier Legionen, die Caecina befehligte, sollten, wie auf dem Hinweg, jetzt auf dem Rückweg auf dem Landweg von Hameln aus zu Fuß nach Aliso zurückgehen, damit sie über die Lippe zurück nach Köln bzw. Xanten ins Winterlager gelangen konnten.

Die anderen Soldaten, die Legionen des Germanicus und die Prätorianer, kehrten ebenfalls um und gingen denselben Weg, den sie gekommen waren, wieder zurück.

Sie überquerten bei Vlotho wieder die Weserbrücke und marschierten an Hiddenhausen und an Osnabrück vorbei nach Rheine.

In Rheine wurden sie auf die Boote verteilt und fuhren über die Ems in die Nordsee. Stromabwärts, mit der Strömung, ging die Reise wunderbar. Die Flotte machte wieder einen imposanten Eindruck. Die Schiffe waren schaurig schön anzusehen. Die Fratze des Süntelsteins[103] schaut ihnen nach.

Das Unwetter

Zuerst war die Nordsee ruhig und friedlich. Die Sonne schien. Die Soldaten waren guten Mutes. Sie wollten nach Hause und freuten sich schon auf die Heimkehr. Die 1.000 Schiffe kamen zügig voran, bei Ostwind mit gesetzten Segeln, und mit Rudern, wenn der Wind gedreht hatte. Der Weg ging nach Westen an der holländischen Küste entlang, zwischen dem Festland und den Inseln hindurch.

Dann schlief der Wind ein und es bewegte sich nichts mehr. Das Wetter schlug um. Wie aus dem Nichts, türmten sich riesige Wolken auf. Die Sonne verfinsterte sich. Es braute sich etwas Bedrohliches zusammen. Plötzlich schlug der Wind in die Segel, und ein Hagelschauer brach aus. Die Sonne verschwand, sie war nicht mehr zu sehen. Die Sicht war behindert, alles war grau in grau, sie konnten das Land nicht mehr erkennen. Die Sicht wurde immer schlechter, sie konnten den Kurs nicht halten.

Sie wussten nicht mehr, in welche Richtung die Boote fuhren. Die Winde kamen scheinbar aus allen Richtungen, die einzelnen Boote schlugen hin und her. Die Wellen türmten sich auf, sie wurden immer höher, es entwickelten sich Riesenwellen, das Wasser schlug über die Bordwand, die Boote nahmen Wasser auf. Es war alles ganz schrecklich.

Die Holländer fehlten. Sie vermissten jetzt schmerzlich die Holländer. Die Bataver, die eigentlich das Kommando auf See übernehmen sollten, hatten sie an der Weser bereits beerdigt. Die Holländer fehlten an allen Ecken und Enden.

Die Soldaten wurden immer ängstlicher, sie waren die Seefahrt nicht gewohnt. Sie wurden seekrank. Sie waren unerfahren. Sie standen oder saßen im Weg und behinderten die erfahrenen Matrosen, so dass die Manöver nur mit Mühe ausgeführt werden konnten.

Dann schlug das Meer um von der Flut zur Ebbe. Die Strömung wechselte die Richtung. Der Wind hatte inzwischen auf ablandig gedreht. Er kam jetzt von Süden und trieb die Boote auf die der Küste vorgelagerten Inseln oder weit hinaus aufs offene Meer. Der Himmel wurde immer schwärzer und bedrohlicher. Der Wind wuchs sich zum Sturm aus und peitschte über das Meer.

Der Wind kam von den Bergen und Tälern Germaniens, er wurde durch unzählige Wolken verstärkt, durch das strenge Klima im Norden war er viel schrecklicher als alles was die Römer kannten.

Die Boote konnten nicht mehr gesteuert werden, sie waren dem Wind total ausgeliefert. Die Schiffe wurden vom Sturm erfasst und in den offenen Ozean (Nordsee) getrieben oder an die Inseln verschlagen, die Klippen und Untiefen waren gefährlich. Hatte man die Klippen gerade umschifft, blieben die Boote an den Sandbänken und anderen Untiefen hängen, die Anker fassten nicht.

Die Boote nahmen Wasser auf oder schlugen leck. Sie konnten gar nicht so schnell das eindringende Wasser ausschöpfen. Sie warfen allen Ballast ab, Pferde, Vieh, Gepäck, und sogar Waffen warfen sie über Bord, sie warfen alles aus den Booten, um die Schiffe zu erleichtern, in die immer mehr Wasser eindrang durch überschlagende Wellen und oder zerschundene und zerschlagene Bordkanten.

Einige Schiffe sanken, andere strandeten an Sandbänken oder wurden an weit entfernt liegende Inseln verschlagen.

Die Soldaten hatten nichts zu essen, nichts zu trinken, einige schlachteten die zerschundenen Pferde, um sich notdürftig zu ernähren, denn auf den Inseln war Ackerbau unbekannt.

Erst als der Wind nachließ, konnten sie aufatmen, die Boote entleeren und das eingedrungene Wasser ausschöpfen. Die Nordsee war viel schlimmer als die anderen Meere, die den Römern bekannt waren. Sie glaubten, dass hinter dem Meer die Erde zu Ende sei und sie dort von der Erdscheibe hinunterfallen oder hinunterrutschen könnten.

Diese Niederlage war fürchterlich, das unbekannte Meer machte ungeheure Angst, das Ausmaß der Beschädigungen überstieg alles, was sie bisher erlebt hatten, ringsum gab es nur feindliches Gestade, Himmel und Land zeigten sich grau in grau, sie waren nicht unterscheidbar.

Das Schiff, die Trireme des Germanicus war nicht mehr steuerbar und landete im Land der Chauken, sie trieb einfach dorthin. Germanicus war untröstlich. Er saß am Ufer und wartete sehnsüchtig auf die verschwundenen Boote. Er war sehr unglücklich über dieses weitere Missgeschick.

Er hielt sich Tag und Nacht an den Klippen und den Landvorsprüngen auf, er wartete auf die Rückkehr seiner Soldaten. Er wollte sich schon in die Fluten stürzen, aber seine Freunde hinderten ihn daran.

Trireme

„Eine Trireme (Dreiruderer) war ein rudergetriebenes Kriegsschiff des Altertums mit drei gestaffelt angeordneten Reihen von Riemen. Die Römer führten zur Zeit des Augustus die Enterbrücken (Corvus) ein und bewaffneten die Schiffe mit Wurfmaschinen, um die Kampfkraft des Schiffes zu steigern.

Die Länge der Trireme betrug maximal 37 m, die Breite 4,5 m plus 1 m für die Ausleger der Riemen. Jeder Riemen wurde von einem Ruderer (Rojer) bedient. Die Steuerung erfolgte durch zwei seitliche Balanceruder oder durch asymmetrische Riemenbedienung. Das Schiff besaß zur Fortbewegung auf längeren Strecken Schiffsmast und Rahsegel. Die Verdrängung des Schiffes betrug ca. 45 Tonnen. Es wurde eine Höchstgeschwindigkeit von 7 Knoten (13 km/h) erreicht.

Die Trireme[104] war eigentlich nicht hochseetauglich. Die leichte Bauweise und der niedrige Freibord machte sie sehr anfällig für Stürme, denn der Schwerpunkt lag sehr hoch über dem Wasserspiegel".

Trireme

auf griechischer 1-Cent-Münze

Nach dem Unwetter

Als der Sturm vorbei war, hatte das Meer einen Teil der Schiffe verschlungen, andere waren auf den Inseln verstreut, oder sogar bis England abgetrieben worden. Endlich, als sich nach Tagen das Meer beruhigt hatte, kamen die beschädigten Schiffe zurück. Der Wind stand jetzt günstig. Er hatte auf Nordwest gedreht.

Die Ruder waren zerschlagen oder verloren gegangen, die Segel zerrissen oder verloren, viele Boote mussten abgeschleppt werden, die verlorenen Segel hatten sie notdürftig durch aufgespannte Kleidung ersetzt. Die besser erhaltenen Schiffe hatten andere, mehr zerstörte Schiffe, ins Schlepptau genommen.

Die Boote wurden so gut es ging repariert und schnellstens wieder ausgeschickt, um die Inseln abzusuchen und nach den anderen Booten Ausschau zu halten. Durch diese Maßnahmen und Bemühungen wurden viele Soldaten wieder aufgesammelt. Einige wurden auch von den Angrivariern wieder losgekauft oder zurückgegeben. Andere Schiffe, die bis nach Britannien verschlagen worden waren, wurden von den dortigen Häuptlingen zurückgesandt.

Die Soldaten, die aus weiter Ferne zurückkehrten, erzählten Wunderdinge von der Gewalt der Stürme, von Meeresungeheuern oder Zwittergestalten, von unerhörten Vögeln, oder von Wesen aus Mensch und Tier, die sie wirklich gesehen hatten oder glaubten, gesehen zu haben. Tatsächlich gesehenes vermischte sich mit ihrer Angstvorstellung.

Im Lande verbreitete sich das Gerücht, die Flotte sei untergegangen. Aber nein, noch waren die Römer im Lande. Doch die Verluste an Menschen und Material waren sehr groß.

Bestrafung der Germanen
Die Nachricht vom Verlust der Flotte verbreitete sich sehr schnell und weckte bei den Germanen die Hoffnung auf baldige Beendigung des Krieges. Aber davon wollte Germanicus nichts wissen, er musste diese Niederlage sofort in einen Sieg umwandeln.

Er konnte und wollte dieses neuerliche Missgeschick nicht auf sich sitzen lassen und sann auf Gegenmaßnahmen. Er brauchte unbedingt noch einen Sieg. Das angeschlagene Selbstbewusstsein musste aufpoliert werden. Er musste unbedingt noch irgendetwas gewinnen. Dazu war ihm alles recht. Er musste seine Überlegenheit gegenüber den Germanen ausspielen. Er musste Angst und Schrecken verbreiten. Es ging um seine Ehre.

Er beschloss, mit einer Expedition die Germanen zu bestrafen. Seine eigene Angst sollten auch die Germanen spüren. Er musste noch in diesem Herbst einen Raubzug starten.

Raubzüge zu den Chatten und Marsern
Neulich war Mallovendus, der Führer der Marser, zu den Römern übergelaufen. Germanicus hatte von ihm erfahren, dass bei den Marsern noch ein Adler der 17. Varus-Legion im nahegelegenen Hain vergraben war. Dieser Adler wurde kaum bewacht. Jetzt hatte er einen Grund für seinen Angriff. Er beschloss, den Adler zurückholen.

Er befahl dem C. Silius, mit 30.000 Mann Fußtruppen und 3.000 Reitern gegen die Chatten zu ziehen. Die Germanen sollten abgelenkt werden, damit er selbst mit noch mehr Truppen in das Gebiet der Marser einfallen konnte.

Eine erste Abteilung wurde vorausgeschickt, die die Marser von vorn angreifen sollte. Eine zweite Abteilung sollte die Marser umgehen und von hinten im Rücken den Adler ausgraben.

Beide Abteilungen machten ihre Sache so gut, so dass Germanicus mit seiner Mannschaft schnell in das Landesinnere vordringen konnte. Während der Plünderungen mordete und brandschatzte er auf grausamste Weise. Die Germanen wagten nicht, sich aufzulehnen und Widerstand zu leisten.

Er zwang die Gefangenen zu erklären, dass sie sich in ihrem Leben noch nie mehr geängstigt hätten als bei diesem Angriff von Germanicus, dass sie in ihren Leben niemals mehr Furcht gehabt hätten als an diesem Tag. Germanicus verlangte von ihnen, die Römer als unbesiegbar anzuerkennen, und dass sie trotz des Unglücks auf See immer noch unbesiegbar waren.

Denn trotz des Verlustes der Flotte waren die Römer immer noch genauso stark wie zuvor. Die Römer konnten trotz des Missgeschicks auf See immer noch mehr Soldaten aufbieten als je zuvor. Auch wenn viele Soldaten auf der Nordsee ihr Leben verloren hatten und die Pferde und die Waffen dazu, seien die Römer immer noch unbezwingbar.

Winterlager

Das Heer wurde zurückgeführt in die Winterlager. Die Soldaten waren froh, dass sie das Unglück auf der Nordsee mit einem erfolgreichen Schlag gegen die Marser und Chatten ausgeglichen hatten. Sie hatten den Germanen wieder einmal gezeigt, dass sie stärker waren als jedes germanische Heer.

Und sie hatten die Niederlage, das Unglück auf der Nordsee mit der Bestrafung der Germanen ausgeglichen und gerächt und in einen Sieg umgewandelt, wunderbar.

Sie waren trotz des Verlustes der Flotte und des Verlusts der Waffen an der Nordsee, und obwohl die Strände von Pferde- und Männerleichen übersät waren, unerschrocken und voller Tapferkeit. Sie waren sogar mit erhöhter Truppenstärke bei den Marsern eingefallen. Germanicus war stolz auf sich und seine Soldaten.

Germanicus war freigebig, er konnte jetzt jedem Soldaten seinen beantragten Schaden in der erforderlichen Höhe ersetzten. Er hatte keinen Zweifel, dass jetzt endlich der Widerstand der Germanen gebrochen war und dass sie um Frieden bitten würden, so dass im nächsten Jahr der Krieg beendet werden könnte.

Tiberius' Pläne

Aber Tiberius hatte andere Pläne. Er wollte, dass Germanicus nach Rom zurückkehren sollte, sein Triumph war schon lange beschlossene Sache. Germanicus hätte inzwischen genügend Erfolge aufzuweisen und auch genügend Rückschläge erlitten. Er habe große und erfolgreiche Schlachten geschlagen, aber er solle auch daran denken, was das Wetter, der Wind und das Wasser an schweren und schrecklichen Verlusten angerichtet hätten, freilich ohne Schuld des Germanicus.

Tiberius selbst sei auch in Germanien gewesen, von Augustus neunmal dorthin gesandt. Er habe mit klugen Verhandlungen und List mehr erreicht als durch Kriege und Gewalt.

Die Sugambrer seien als Überläufer in den Verbund der Römer aufgenommen worden (8 v. Chr.), die Sueben mit ihrem König Marbod seien durch Friedensvertrag gebunden (6 n. Chr.), die Cherusker und die anderen rebellischen Stämme seien untereinander sehr zerstritten (9 n. Chr.). Man solle sie mit ihren Streitigkeiten sich selbst überlassen. Sie würden sowieso bedeutungslos. Die Rache Roms sei nun groß genug gewesen.

Auch als Germanicus inständig bat, ein weiteres Jahr die Kämpfe weiterzuführen, er wollte das Begonnene zu Ende bringen, bot Tiberius ihm ein weiteres Konsulat an, das seine Anwesenheit in Rom erforderte.

Wenn es erforderlich sei, dass in Germanien noch mehr Kriege geführt werden müssten, so solle er das seinem Bruder Drusus (minor) überlassen, denn es gab als Feinde nur noch die Germanen, und für

Drusus gäbe es nur noch in Germanien etwas zu gewinnen. Nur in Germanien könne Drusus den Imperatortitel und den Lorbeerkranz erreichen.

Germanicus zögerte nun nicht länger und willigte ein, nach Rom zurückzukehren. Er sah ein, dass alle diese Gründe nur vorgeschoben waren und ihm der schon erworbene Ruhm streitig gemacht werden sollte.

Das Jahr 17 n. Chr.

Triumph

Germanicus war schon lange ein Triumph zuerkannt worden. Im Jahr 17 n. Chr. war es endlich so weit. Germanicus zog am 26. 5. 17 mit seinen Truppen durch Rom um seine Siege zu feiern. Das Volk stand schaulustig am Straßenrand. Da er seinen Widersacher Arminius nicht gefangen genommen hatte, führte er dessen Frau Thusnelda und den kleinen Sohn Thumelik in seinem Gefolge mit.
Segest, der Vater der Thusnelda war Ehrengast. Er durfte dem Triumphzug von der Tribüne aus zusehen.

Maruboduus

Arminius war wütend, er war sauer auf den Markomannenführer Maruboduus, die Markomannen mit Maruboduus hatten wieder nicht geholfen. Er fühlte sich von den Germanen verraten. Maruboduus hatte immer noch sein Riesenheer zur Verfügung, aber er beteiligte sich nicht am Kampf gegen die Römer.

Im Jahr **17 n. Chr.** stellte er Maruboduus zur Rede. Aber Maruboduus war ganz anderer Ansicht als Arminius. Er war der Meinung, dass der Sieg über Varus sowieso nicht ruhmreich gewesen sei, er hätte nur drei (leere) schlafende und dann kopflose Legionen umgebracht, und diese Idee sei noch von Ingiuomerus und nicht von ihm gewesen. Die ganze Durchführung sei sowieso nur eine Lappalie gewesen.

Das sah Tacitus ganz anders.

Lassen wir Tacitus sprechen: Annalen II.88

„Arminus war ohne Zweifel der Befreier Germaniens, der nicht in der Anfangszeit des römischen Volkes, so wie andere Könige und Führer das römische Reich angegriffen hatten, sondern er hat das blühendste Reich herausgefordert als es auf dem Höhepunkt seiner Macht stand. In den einzelnen Schlachten war er nicht immer erfolgreich, im Kriege blieb er unbesiegt.

Sein Leben währte 37 Jahre, zwölf seine Herrschaft. Noch heute besingen ihn die Germanenstämme, während er den Geschichtswerken der Griechen, die nur ihre eingenen Taten bewundern, unbekannt ist und bei uns Römern auch nicht recht gewürdigt wird, weil wir nur das Altertum preisen und uns um neuere Ereignisse gar nicht kümmern."

Lassen wir Tacitus sprechen: Annalen II.88

„Übrigens hatte Arminius Schwierigkeiten, nachdem die Römer abgezogen und Maroboduus vertrieben war, da er König werden wollte, mit dem Freiheitssinn der Landsleute, und mit Waffen angegriffen kämpfte er mit wechselndem Erfolg, (schließlich) fiel er durch die Arglist der Nächsten (Angehörigen)."

Zeittafel

30 v. Chr.	Augustus wird Kaiser in Rom.
16 v. Chr.	Die Sugambrer überschreiten den Rhein und schlagen den römischen Statthalter Lollius.
15 v. Chr.	Drusus und Tiberius erobern Rätien. Noricum wird römisches Protektorat.
15-13 v.Chr.	Augustus am Rhein und in Gallien. Vorbereitung der großen Offensive gegen das rechtsrheinische Germanien. Bau der ersten Kastelle am Rhein.
12 v. Chr.	Beginn der Germanenkriege unter Drusus. Expedition zur See längs der Nordseeküste. Chauken und Friesen unterwerfen sich. Baubeginn des Kanals [fossa drusiana].
11 v. Chr.	Zweiter Feldzug des Drusus. Vom Niederrhein aus gegen die Sugambrer, Cherusker und Chauken, Kastell am Zusammenfluss von Lupia und Elison. Überfall bei Aberloh.
10 v. Chr.	Von Mainz aus gegen die Chatten. Kastelle im Chattenland, wahrscheinlich im Taunus. Tiberius erobert das Burgenland.
9 v. Chr.	Zweiter Feldzug von Mainz gegen Chatten, Sueben, Cherusker. Siegesdenkmal an der Elbe. Drusus stürzt vom Pferd und stirbt. Tiberius tritt seine Nachfolge an.
8-5 v. Chr.	Tiberius erreicht von Vetera aus die Elbe. Teile der Sugambrer auf die linke Seite des Niederrheins umgesiedelt. Germanien „fast" Provinz. Tiberius zieht sich nach Rhodos zurück. Gründung des Markomannen Reiches in Böhmen durch Marbod.
4 v.Chr.	Domitius Ahenobarbus und M. Vinicius Statthalter in Germanien.
4 n. Chr.	Tiberius wieder in Germanien. Teile des römischen Heeres überwintern erstmals in Germanien.

5 n. Chr.	Die römische Flotte fährt über die Nordsee und in die Elbe. Germanien scheint besiegt.
6 n. Chr.	Tiberius wegen des pannonischen Aufstands abberufen. Nachfolger Varus.
7-9 n. Chr.	Tiberius braucht 15 Legionen, um den pannonischen Aufstand niederzuringen.
9 n. Chr.	Die Germanen vernichten die 3 Legionen des Varus im Teutoburger Walde.
10 n. Chr.	Tiberius wieder am Rhein.
12 n. Chr.	Germanicus übernimmt den Oberbefehl über die Rheinarmee.
14 n. Chr.	Tod des Augustus. Es rebellieren die Legionen in Pannonien und am Rhein. Zug des Germanicus gegen die Marser.
15 n. Chr.	Germanicus fällt in das Land der Chatten und Cherusker ein. Er bestattet die Gebeine der im Jahre 9 gefallenen römischen Soldaten.
16 n. Chr.	Germanicus besiegt Arminius bei Idistaviso und am Angrivarierwall. Tiberius ruft Germanicus ab und gibt Eroberung Germaniens auf.
21 n. Chr.	Arminius wird von seinen Verwandten umgebracht.

(4)

Literaturverzeichnis

(1) KESTERMANN, Dieter: Quellensammlung zur Varus-Niederlage, Verlag Burkhart Weecke, Horn

(2) BECKERMANN, WJ: Arminsieg, Verlag Neuwiese, Bensheim

(3) www.CLADES-VARIANA.com

(4) PÖRTNER, Rudolf: Mit dem Fahrstuhl in die Römerzeit

(5) DELBRÜCK, Hans: Geschichte der Kriegskunst/2. Teil. Die Germanen

(6) MOMMSEN, Theodor: Römische Geschichte Bd.8

(7) GERLACH/WACKERNAGEL, Tacitus Germania, In der Schweighauserischen Buchhandlung, Basel

Quellenverzeichnis

1 http://www.Kalkriese-Varusschlacht.de/Varusschlacht-2000-Jahr

2 http://de.wikipedia.org/wiki/Arminius

3 http://de.wikipedia.org/wiki/Varusschlacht

4 http://de.wikipedia.org/wiki/Geschichte_der_R%C3%B6mer_in_Germanien

5 http://de.wikipedia.org/wiki/Ulpia_Noviomagus_Batavorum

6 http://de.wikipedia.org/wiki/Birten

7 http://www.praehist.-archäologie.de/wissen/forschungsgeschi...

8 http://de.wikipedia.org/wiki/Auxiliartruppen

9 http://www.umweltkarten.niedersachsen.de/hydro/

10 http://de.wikipedia.org/wiki/Drömling

11 https://de.wikipedia.org/wiki/Gro%C3%9Fer_Graben_und_Schiffgraben

12 https://de.wikipedia.org/wiki/Oschersleben_(Bode)

13 http://de.wikipedia.org/wiki/Bode

14 http://de.wikipedia.org/wiki/Aller

15 http://de.wikipedia.org/wiki/Drusus

16 http://de.wikipedia.org/wiki/Marbod

17 http://de.wikipedia.org/wiki/Brukterer

18 http://www.clades-variana.com/der_drususkanal.htm

19 http://de.wikipedia.org/wiki/IJssel

20 http://de.wikipedia.org/wiki/Ems-Vechte-Kanal

21 http://de.wikipedia.org/wiki/Emmer_(Weser)

22 http://de.wikipedia.org/wiki/Cherusker

23 http://www.externstein-aarstein.de/aliso-arbalo

24 http://www.rg2000.de/hist_quellen.htm

25 http://de.wikipedia.org/wiki/Schlacht_von_Arbalo

26 http://zocher-regel.gmxhome.de/ArbaloSchlacht/CassiusDioElison.html

27 Jellinghaus, Hermann „Die westfälischen Ortsnamen nach ihren Grundwörtern" Verlag Ferdinand Schöningh, Osnabrück, (1923) S.133

28 http://de.wikipedia.org/wiki/Mogontiacum

29 http://de.wikipedia.org/wiki/Chatten

30 http://de.wikipedia.org/wiki/Sueben

31 http://de.wikipedia.org/wiki/Römerlager_Rödgen

32 http://de.wikipedia.org/wiki/Römerlager_Hedemünden

33 http://de.wikipedia.org/wiki/Saale_(Leine)

34 http://www.aquesta.de/worte-index/marciam

35 https://www.hotel-westerburg.de/de/schloss/historie.html

36 http://www.festung-mainz.de/zitadelle/rundgang/drususstein.htm

37 http://de.wikipedia.org/wiki/Hildesheimer_Silberfund

38 http://de.wikipedia.org/wiki/Schatz_von_Boscoreale

39 http://de.wikipedia.org/wiki/Tiberius

40 http://de.wikipedia.org/wiki/Sugambrer

41 http://www.germanen-und-roemer.de/lex040d.htm

42 http://de.wikipedia.org/wiki/Marcus_Vipsanius_Agrippa

43 http://de.wikipedia.org/wiki/Augustus

44 https://de.wikipedia.org/wiki/Lucius_Domitius_Ahenobarbus_(Konsul_16_v._Chr.)

45 http://www.clades-variana.com/haltern.htm

46 http://de.wikipedia.org/wiki/R%C3%B6misches_B%C3%BCrgerrecht

47 http://de.wikipedia.org/wiki/Fossa_Drusiana

48 http://www.uhv96.de/bifurkation.htm

49 http://de.wikipedia.org/wiki/Hase_(Fluss)

50 http://de.wikipedia.org/wiki/Schiffe_ohne_eigenen_Antrieb

51 http://de.wikipedia.org/wiki/Else_(Werre)

52 http://forum.untertage.com/viewtopic.php?f=1&t=2567

53 http://de.wikipeda.org/wiki/Gertrudenberger_Höhlen

54 http://Zocher-regel.gmxhome.de/ArbaloSchlacht/FrontinusAdCaputJulia

55 http://www.gesmold-geschichte.de/10.html

56 http://de.wikipedia.org/wiki/R%C3%B6merlager_Anreppen

57 http://de.wikipedia.org/wiki/Werre

58 http://www.antikefan.de/forum/viewtopic.php?t=1065

59 https://de.wikipedia.org./wiki/Römische_Kreisgrabenanlage_auf der...

60 http://de.wikipedia.org/wiki/L%C3%B6hne

61 https://de.wikipedia.org/wiki/Börßum

62 https://de.wikipedia.org/wiki/Teutoburger_Wald

63 https://de.wikipedia.org/wiki/Wiehengebirge

64 http://de.wikipedia.org/wiki/Diedrichsburg

65 http://de.wikipedia.org/wiki/Markomannen

66 http://de.wikipedia.org/wiki/Publius_Quinctilius_Varus

67 http://de.wikipedia.org/wiki/Hiddenhausen

68 http://de.wikipedia.org/wiki/Brandbach

69 https://de.wikipedia.org/wiki/Gut_Bustedt

70 http://www.nw-news.de/lokale_news/herford/herford/4257207_Varus

71 http://www.osnabahn.de/rangierbahnhof-osnabruck

72 http://tw.strahlen.org/praehistorie/niedersachsen/grambergenopferstein.html

73 http://www.wallenhorst.de/index.php?id=228

74 http://www.osnabrück.de/6839.asp Teufelssteine

75 http://de.wikipedia.org/wiki/Germanicus

76 http://de.wikipedia.org/wiki/Prätorianer

77 http://www.der-mond.org/mondfinsternis/kurzuebersicht-von...

78 http://de.wikipedia.org/wiki/Novaesium

79 http://de.wikipedia.org/wiki/Marser_(Germanien)

80 http://www.nordhessen.de/de/infogudensbergde

81 http://www.archaeologie-online.de/magazin/nachrichten/archaeologen-erkunden-die-roemische-strassens

82 http://de.wikipedia.org/wiki/Petzen_(Tätigkeit)

83 https://de.wikipedia.org/wiki/Bahnstrecke_Elze-Bodenburg

84 http://de.wikipedia.org/wiki/Lituus_(Stab)

85 https://de.wikipedia.org/wiki/Hasbergen

86 https://de.wikipedia.org/wiki/Schlacht_an_den_Pontes_longi

87 http://de.wikipedia.org/wiki/Hümmling

88 http://de.wikipedia.org/wiki/Navis_actuaria

89 http://de.wikipedia.org/wiki/Aliso

90 http://de.wikipedia.org/wiki/Hannoversche_Westbahn

91 http://de.wikipedia/wiki/Holtrup

92 http://de.wikipedia.org/wiki/Vlotho

93 https://de.wikipedia.org/wiki/Veltheim_(Porta_Westfalica)

94 https://de.wikipedia.org/wiki/Todenmann

95 https://de.wikipedia.org/wiki/Wesergebirge

96 http://de.wikipedia.org/wiki/Bockshorn_(Naturschutzgebiet)

97 http://de.wikipedia.org/wiki/Idistaviso

98 http://de.wikipedia.org/wiki/Bockshorn_(Redensart)

99 http://www.stadtführung-herford.de/html/stadtschreiber_redewendung

100 http://de.wikipedia.org/wiki/Angrivarierwall

101 http://www.hessisch-oldendorf.eu/hessold/live/hessold_navi/liveinde...

102 https://de.wikipedia.org/wiki/Schlacht_am_S%C3%BCntel

103 http://de.wikipedia.org/wiki/Süntelstein

104 http://de.wikipedia.org/wiki/Triere

VI   Kartenteil
Einzugsgebiet der oberen Hase

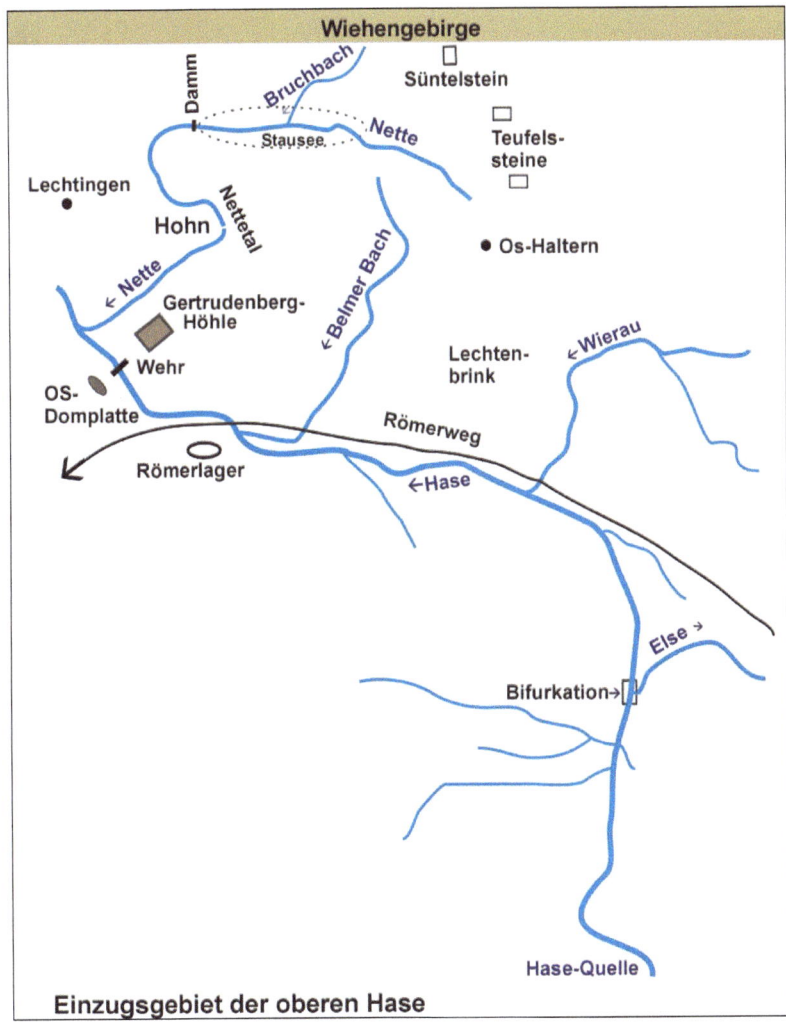

Einzugsgebiet der oberen Hase

Staustufen

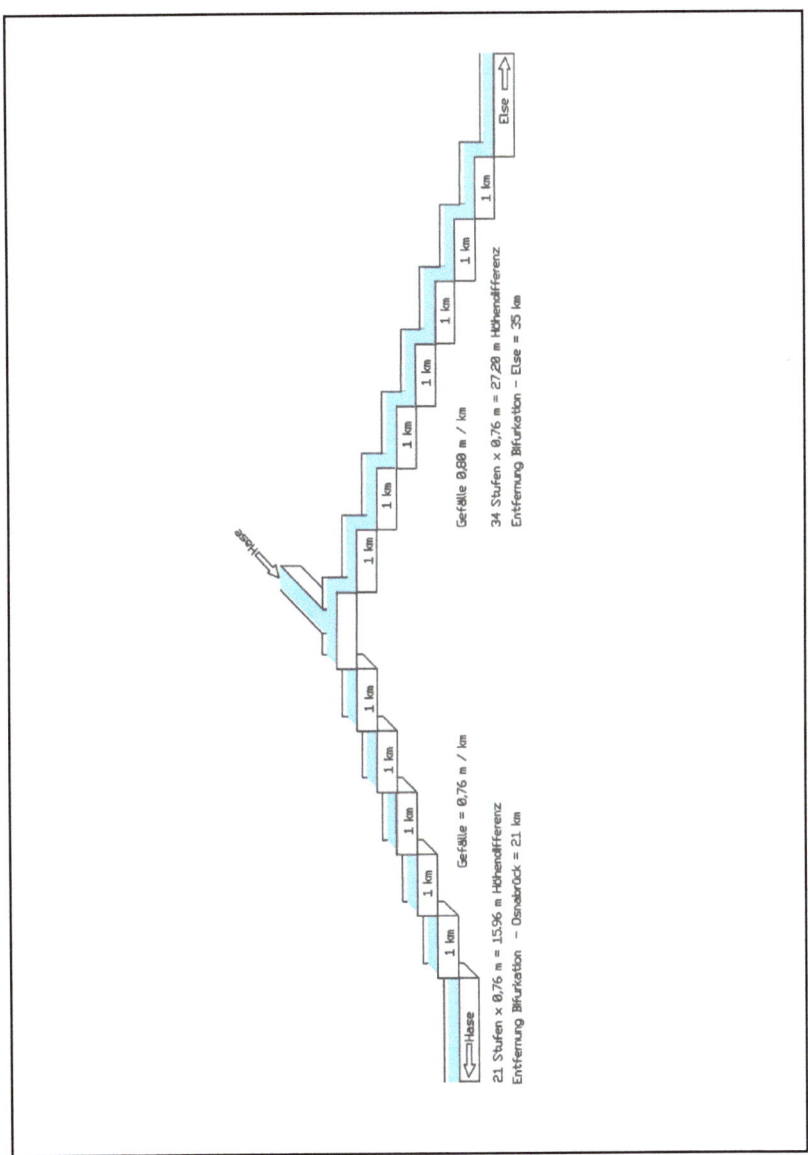

Treidelpfade

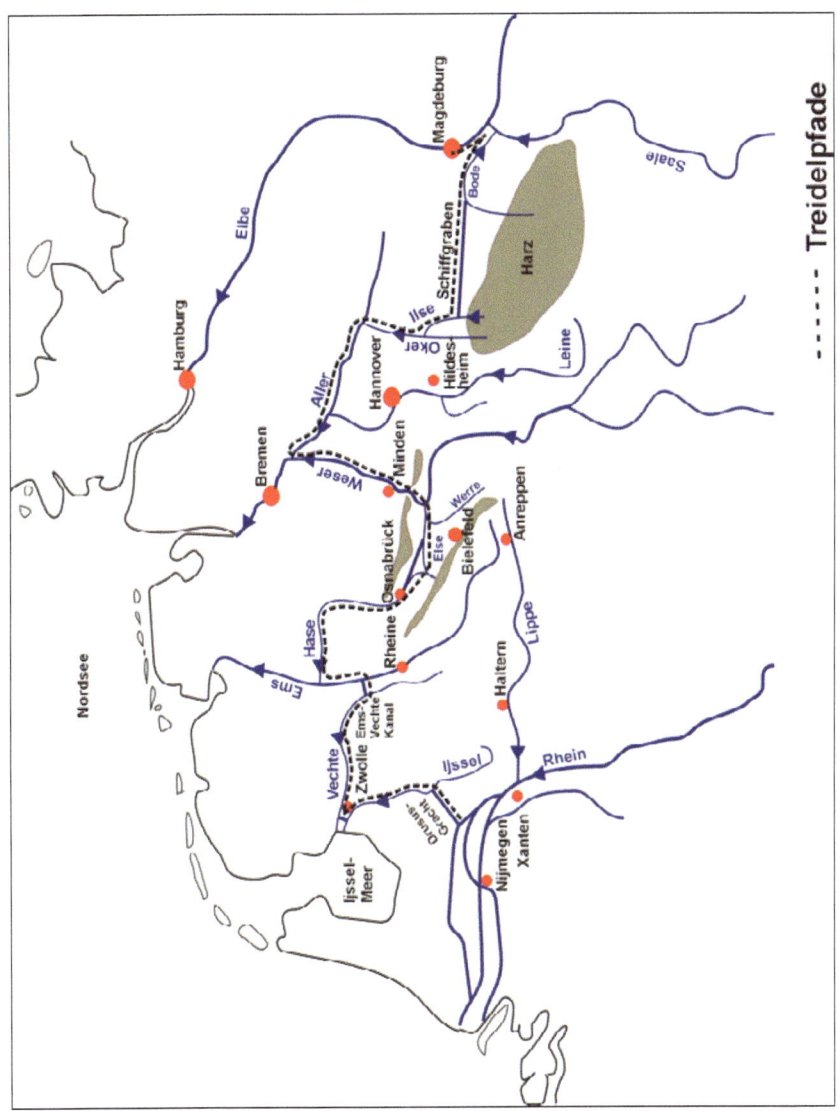

Fußwege der Römer

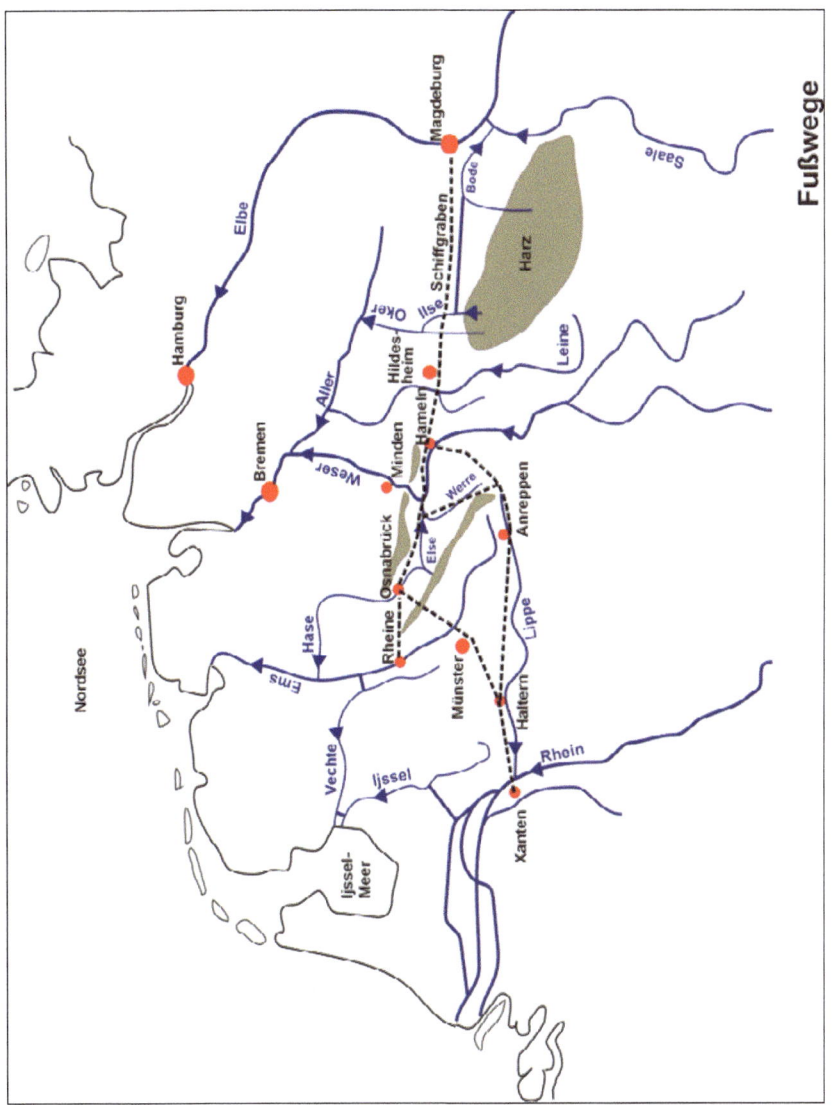

Großer Weserbogen

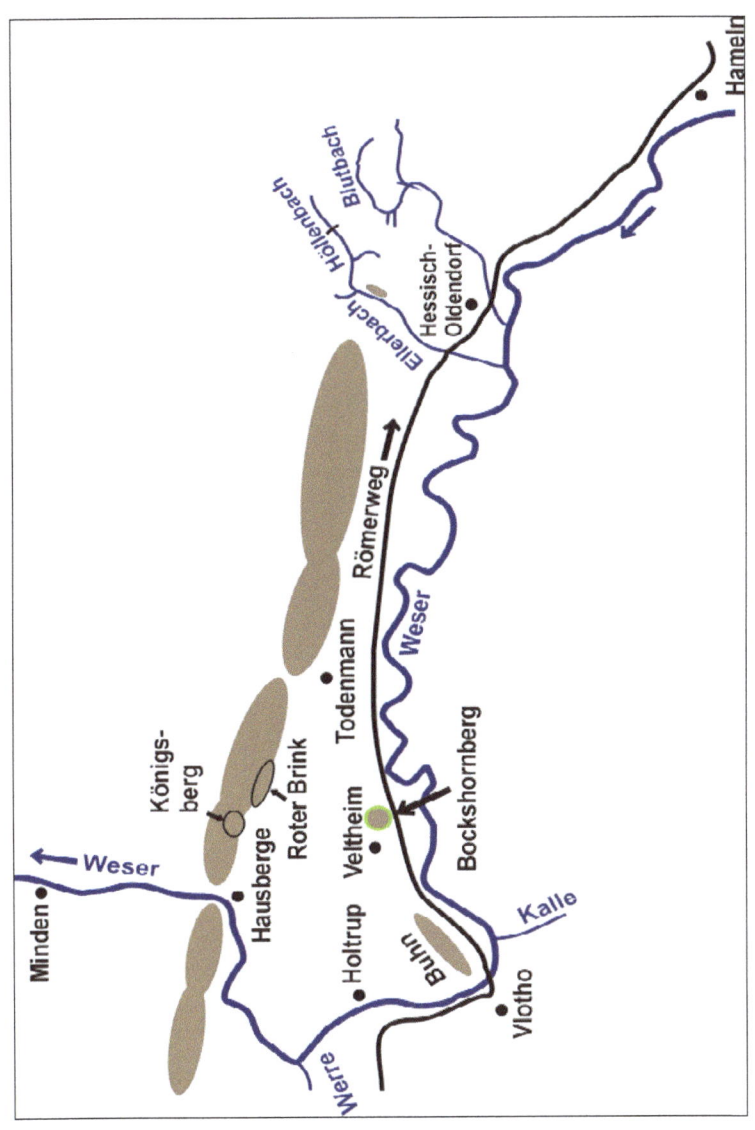

Höhenprofil Wartturm bis Lager Anreppen

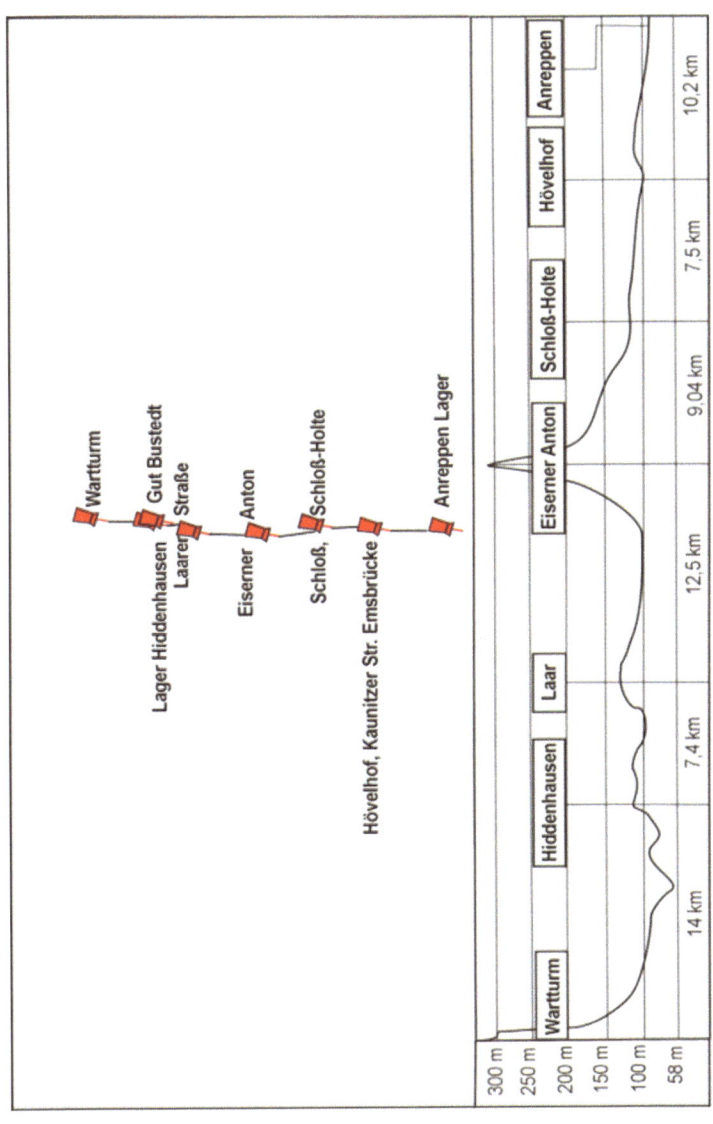